하야시 다다스(林董)

하야시 다다스 비밀 회고록

1900~1910년 일본 외교의 내막

하야시 다다스 비밀 회고록
1900~1910년 일본 외교의 내막

펴낸날 초 판 1쇄 1989년 6월 5일
개정판 1쇄 2007년 11월 30일
엮은이 A. M. 풀리
옮긴이 신복룡 · 나홍주
펴낸이 오 명
펴낸곳 건국대학교출판부
주 소 : 143-701, 서울시 광진구 화양동 1번지
전 화 : (02) 450-3891~3
팩 스 : (02) 457-7202
홈페이지 : http://press.konkuk.ac.kr
전자우편 : press@konkuk.ac.kr
등 록 : 제4-3호(1971. 6. 21)

책임편집 임 경 희
찍은곳 (주)동화인쇄공사
정 가 13,000원

ISBN 978-89-7107-482-4 03910

♠ 이 도서의 국립중앙도서관 출판시도서목록(CIP)은 e-CIP 홈페이지(http : //www.nl.go.kr/cip.php)에서 이용하실 수 있습니다.(CIP제어번호 : CIP2007003584)

하야시 다다스 비밀 회고록

1900~1910년 일본 외교의 내막

A. M. 풀리 엮음
신복룡 · 나홍주 옮김

건국대학교출판부

The Secret Memoirs of Count Tadasu Hayashi

Edited by

Andrew M. Pooley

G. P. Putnam's Sons, London

1915

옮긴이 재판 머리말

번역서에도 옮긴이의 재판 서문을 쓰는 것인지, 또 초판이 출판된 지 20년 만에 다시 쓰는 서문이 무슨 의미가 있는지 모르겠으나, 활판이 컴퓨터 조판으로 바뀌고 한글맞춤법마저 바뀐 상태에서 마음의 빚처럼 남아 있던 저술의 개정판을 내게 되니 어쨌거나 기쁘고 홀가분하다. 나도 이제 정년을 맞아 그동안 미진했던 구고(舊稿)들을 정리하는 심정으로 이 글을 다듬어 두었던 차에 출판사로부터 개정판의 요청을 받고 이 글을 정리하게 되었다.

이 책의 초판 번역을 낼 무렵만 해도 나의 의도는 대한제국 멸망에 대한 지적 탐구심 정도였고, 흔히 태프트-가쓰라 밀약(Taft-Katsura Agreement)에 의존하여 망국의 이유를 설명하려는 기존의 사관이나 학설에 대한 저항 심리가 크게 작용했던 것은 사실이다. 그런데 이제 나이 들어 원고를 개고하다 보니 이 책이 주는 함의(含意)도 다르게 느껴진다. 그래서 황산곡(黃山谷)이 말하기를, "어려서 책을 읽는 것은 문틈으로 달을 보는 것과 같고, 젊어서 책을 읽는 것은 툇마루에 나와 달을 보는 것과 같고, 늙어서 책을 읽는 것은 노대(露臺) 위에서 달을 보는 것과 같다."고 말했는지 모르겠다.

젊어서 이 책을 읽을 때는 망국에 대한 회한(悔恨)과 열강의 먹이가 된 조국의 운명에 대한 분노, 그리고 노회(老獪)한 일본의 한 외교관에 대한 원망 같은 것이 나를 사로잡았었다. 우리로서는 망국의 아픔이 절절한 시기에 일본의 외무대신으로서 그 아픔의 중앙에 있었던 하야시 다다스(林董)의 회고록은 특히 한국인에게 많은 회한을 느끼게 해준다. 그런데 이번에 이 책을 읽는 기분은 예전과는 전혀 다른 것이었다. 이제는 원망이나 분노보다는 필자의 혜안(慧眼)에 대한 감탄과 그의 조국애에 대한 경외심이 나를 압도했다. 특히 중국인에 대한 심리 분석이나 장차에 다가올 미 · 일 관계에 대한 진단은 놀라움을 자아낸다.

지성이 핍박당하지 않는 것을 높은 가치로 인정하는 일본에서 왜 아직도 이 책의 번역판이 출판되지 않았는지를 거듭 생각해 보게 된다. 일본에서는 유이 마사오미(由井正臣)가 편집한 『하야시 다다스회고록: 세월이 지난 후의 기억들(외)』(『林董回顧錄: 後は昔の記 他』, 東京: 平凡社, 1970)이 있지만, 이는 하야시가 태어나서부터 청일전쟁까지의 자서전, 그리고 비망록 형태의 영일동맹에 관한 기록으로서, 이 책만큼 자세하고도 조리 있게 기술되지 않았다.

책을 낸다는 것은 그만큼 많은 분들에게 빚을 지거나 폐를 끼치는 일이다. 그런 점에서는 이 책도 마찬가지이다. 출판계의 어려움에도 불구하고 좋은 책을 내겠다는 일념으로 애쓰는 건국대학교출판부 여러분들과 특히 편집 · 교정을 맡아주신 임경희(任瓊姬) 선생께 감사하며, 일본어 표기를 도와준 건국대학교 대학원의 우연희(禹姸熙) 선생과 컴퓨터 입력을 도와준 나의 충실한 조교 김재미(金在米) 양에게 고마움을 금할 수 없다. 그러나 여러분들의 도움에도 불구하고 이 글에 오류가 있다면 그것은 모두 역자들의 책임일 수밖에 없다.

2007년 10월 25일

역자를 대신하여 신복룡 씀

옮긴이 초판 머리말

[1] 메리암(Charles Merriam)은 대중이 정치에 대하여 혐오감을 느끼는 한 이유로서 정치인들이 정직하지 못하다는 점을 지적하고 있다. 정치인은 과연 얼마나 정직할 수 있을까? 좀 더 범위를 좁혀 말한다면 외교관은 얼마나 정직할 수 있을까? 우리는 이 질문에서 외교관의 도덕성과 현실성의 괴리를 느끼게 되며 '외교관이란 허가받은 거짓말쟁이'라는 워튼 경(卿, Sir Henry Wotten)의 경구를 문득 생각하게 된다.

[2] 그러나 진실은 어디엔가 간직하고 싶은 것이 인지상정인지라 여기에 소개하는 인물 하야시 다다스(林董)는 외교 현장에서 몸소 체득한 적나라한 진실들을 하나의 비록(秘錄)으로 남겨두고 싶었던 것으로 보인다. 여기에는 여러 가지 이유가 있었겠지만 주로 군부와의 마찰, 그리고 그로 인한 국론 분열을 우려했던 하야시는 그가 살아 있는 동안에 이 책을 출판하지 못했고 또 그 출판을 원치도 않았다. 그러기에 그의 유고는 몇 사람의 손을 거쳐 모국이 아닌 영국에서 풀리(Andrew M. Pooley)라고 하는 한 기자의 손으로 출판되기에 이른다.

여기에 담겨 있는 하야시의 글이 얼마나 정직했던가 하는 점은 그 자신만이 알 일이지만, 지성이 핍박당하지 않는 그들의 풍토에 비추어 볼 때, 이 책이 아직까지 그의 본국인 일본에서조차도 번역·출판되지 않았다고 하는 사실은 기이하게 여겨진다. 그의 저작이 그들의 국가적 이익이라고 하는 현실성과 어긋나기 때문에 아직도 이 책이 출판되지 못한 것이 아닌가 하는 생각이 든다. 따라서 이 책의 출판을 놓고 고민한 것은 하야시 자신뿐만이 아니라 오늘날 일본의 출판업자들도 마찬가지였던 셈이다.

[3] 20세기 초엽 일본의 외교계에서 주영 대사와 격동기의 외무대신을 지낸 하야시의 비록(秘錄)이 한국사 연구에서 차지하는 비중이 높은 것은 대한제국의 멸망을 국제정치적 역학 관계에서 이해하는 데에 많은 시사를 주기 때문이다. 이제까지의 대한제국멸망사의 외교적 배경은 1905년의 태프트-가쓰라(桂太郎) 밀약(Taft-Katsura Agreement)으로 설명하려는 경향이 지배적이었다. 그러나 이 비록을 읽어보노라면 일본의 조선 병합의 꿈은 이미 대영 외교에서 구체적으로 드러나기 시작했고, 그것이 영일동맹으로 나타났다고 하는 사실을 알게 된다. 따라서 "미국은 일본이 조선에서 특별한 이해관계가 있음을 양해한다."는 태프트-가쓰라 밀약 이전에 "영국은 일본이 조선에서 특별한 이해관계를 가지고 있음을 양해하고 일본은 영국이 청국(淸國)에서 특별한 이해관계를 가지고 있음을 양해한다."는 하야시의 말을 통해서 당시 국제 사회에서 조선이 어떻게 요리되었는가를 이해할 수 있을 것이다.

[4] 이 책은 우리 두 역자가 워싱턴의 미국 의회도서관에서 한국 현대사에 대하여 공부하던 중 발견하여 함께 번역하게 되었다. 우리는 대한제국 멸망의 이유가 기존 학설과는 다른 입장에서 설명되어야 한다는 데에 의견을 모았고 귀국과 더불어 윤문과

주석 작업을 거쳐 오늘에야 그 빛을 보게 되었다. 이 비록이 한국 근대사의 조명에 자그마한 보탬이 된다면 더 이상 바랄 것이 없다.

[5] 이 글의 원저자인 하야시의 생애에 관해서는 편저자인 풀리의 서문에 소상히 소개되어 있어 생략하고자 한다. 다만 풀리에 대해서는 여러 가지로 그 행적을 추적해 보았고 그가 근무했던 로이터(Reuter)통신 본사의 자료국에 조회해 보았지만, 그가 1912년 전후로부터 1914년까지 로이터의 도쿄(東京) 특파원으로 근무했으며, 이 책 이외에 『기로에 선 일본』(*Japan at the Cross Road*)과 『일본의 외교 정책』(*Japan's Foreign Policy*)이라는 두 권의 저술이 있다는 회신만 받았을 뿐 그 이외의 활동은 확인할 길이 없었다.

[6] 한 편의 글이 세상에 빛을 보기까지에는 많은 사람들에게 빚을 진다. 우선 일본어로 쓰여진 초고가 영역되어 출판된 것이기 때문에 인명과 지명의 확인이 매우 어려웠다. 다행히 와세다(早稻田)대학 아시다 다카아키(蘆田孝昭) 교수의 도움으로 많은 부분의 원명이 확인되었음을 감사한다. 외교부 주일대사관의 서현섭(徐賢燮) 학제와 나의 오랜 지우인 다키자와 마코도(瀧澤誠) 선생은 하야시에 관한 참고 자료를 조사·송부해 주어 이 책의 완성에 큰 도움을 주었다. 건국대학교 김명호(金明壕) 교수는 중국 관계 주석을 위한 자료를 헌신적으로 도와주었고, 특히 난해한 이홍장(李鴻章)과 장패륜(張佩綸)의 상소문 원본을 번역해 준 것을 고맙게 생각한다. 한인희(韓仁熙) 박사·한혜숙(韓惠淑) 여사 남매는 중국 자료의 주석과 일본에서의 자료 수집을 도와주었고, 강석찬(姜錫燦) 학제는 국내에서 구미(歐美)·러시아의 주석 자료를 수집하기 위해 수고했다.

영리를 떠나 좋은 책을 출판하겠다는 일념 아래 이 책의 출판을 맡아준 건국대학교 출판부장 이주영(李柱郢) 교수와 주홍균(朱弘均) 주임 그리고 교정을 위해 수고한 신채호(辛采鎬) 학제와 남현숙(南鉉淑) 여사에게 깊이 감사하며 원고 정리를 맡아준 건국대학교 정치외교학과의 박윤철(朴倫澈) · 배종문(裵鍾文) · 김영윤(金榮崙) · 한옥순(韓玉順) · 윤진영(尹眞榮) · 조재필(趙在弼) 학제의 수고로움을 고맙게 생각한다.

위와 같은 여러분들의 도움에도 불구하고 이 책의 번역에 오류가 있다면 그것은 전적으로 역자들 자신만의 책임일 뿐이다.

1989. 4. 20.

역자를 대신하여 신복룡 씀

차 례

엮은이의 머리말

풀리(Andrew M. Pooley)

하야시 다다스 백작의 생애

하야시 다다스(林董)는 1850년(嘉永 3년) 2월 에도(江戶)에서 태어났다. 그의 부친인 사토 다이센(佐藤泰然)은 봉건시대의 봉토(封土)인 사쿠라(佐倉) 지방의 고츠(小津)라고 하는 시골에서 살던 사람이었으며, 그곳에서 하야시 도카이(林洞海)라는 이름으로 하야시 가이샤(林介車) 집안의 양자로 들어갔다. 그는 양부의 가업을 이어받아 메이지유신(明治維新) 이전의 가장 유명한 의사들 중 하나가 되었으며 쇼군(將軍)의 특의(特醫)에까지 올랐다. 어릴 적에 젊은 하야시는 이토 마쓰노스케(伊藤松之助)와 더불어 요코하마(橫濱)에 있는 한 미국인 선교사 집에 머물게 되었는데 이곳에서 그는 재빨리 소위 '양이'(洋夷)의 방식에 스스로를 적응시키는 것을 배웠고 영어의 기초를 훌륭하게 쌓았다.

1866년에 파크스 경[1](Sir Harry Parkes)의 권고에 따라 막부(幕府)

1) 파크스 경(Sir Harry S. Parkes, 1828~1885) : 영국의 동방 전문 외교관. 샴(1855)에 진출한 후 광동(1860) · 상해를 거쳐 일본 공사(1865~1884) · 중국 공사(1883~1885)를 지냈으며, 이때 한영조약을 체결하였다.

는 그때까지 정부 선발 러시아와 네덜란드에 학생들을 파견하던 대신에 시험 삼아서 영국으로 약간의 학생을 보내기로 결정했다. 그 일행은 모두 14명으로 구성되었는데 이 중에는 하야시를 포함하여 후에 문부대신이 된 도야마 쇼이치[2](外山正一), 그리고 지금은 남작이 되어 메이지 시대에 자수성가로 유명해진 기구치 다이로쿠[3](菊池大麓)가 포함되어 있었다. 그 당시 불과 12세이던 기구치 남작만이 그 일행 중 지금(1915)까지 살아 있다.

파크스 경 덕분에 그 일행은 극동으로부터 되돌아가는 한 영국의 전함에 탑승하여 영국으로 여행할 수 있었으며, 이들 젊은이들은 종군 목사인 로이드 씨(Arthur Lloyd)의 보살핌을 받게 되었다. 그 항해는 1866년 9월에서 1867년 1월까지 걸렸다. 런던에 도착하자 영국 외무성에서는 로이드 씨가 이 젊은이들의 뒷바라지를 책임지도록 했기 때문에 이들을 위한 숙소를 마련해 주는 것이 그의 첫 번째 일이었다. 그는 이 젊은이들이 베이커 가(Baker St.)에 있는 한 집에서 함께 숙박하도록 주선해 주었는데 하야시는 이것이 못마땅하게 보였다.

하야시는 그들의 가정교사에게 만일 자신들이 함께 살게 되면 그들은 오직 일본말만 쓸 것이고 버릇에 따라서 가능한 한 일본식으로 살려고 할 것임을 지적했다. 그렇게 되면 그들은 그들 여행의 두 가지 목적인 유창한 영어를 말할 수도 없고 영국의 방식과

---

2) 도야마 쇼이치(外山正一, 1848~1900) : 교육자이며 시인, 도쿄(東京) 출생, 영국 유학. 도쿄대 교수 · 문부대신 역임. 창작시 『밧토타이』(拔刀隊)를 발표(1882)했고, 연극 · 미술 · 철학 · 종교 · 교육 등 다방면에 걸쳐 계몽적인 역할을 수행했다.

3) 기구치 다이로쿠(菊池大麓, 1855~1917) : 수학자이며 과학행정가, 이학박사(理學博士), 도쿄 출생, 영국 유학. 서양 수학을 수입해 이의 보급을 위해 노력했다. 도쿄대 총장(1898) · 제1차 가쓰라 타로(桂太郎) 내각의 문부대신(1901) · 교토대 총장(1908) · 학사원장(1910)을 역임했으며 이화학연구소를 창립하여 초대 소장(1917)이 되었다.

관습을 알지도 못하게 될 수 있다는 것이다. 그러나 로이드 씨는 정부 당국의 시혜를 받아 이루어진 이 여건을 변경시킬 수 없었으며 다만 그 소년들이 스스로 외무대신에게 청원서를 제출해 보도록 권유했다. 하야시는 이 권고를 진지하게 받아들여 자기의 견해를 제시하고 자기들 일행이 서로 떨어져서 각기 다른 일반 가정집에서 생활할 수 있도록 허용해 줄 것을 요청하는 내용의 첫 번째 외교문서를 초안했다. 이 청원서는 순조롭게 인정받아 수락되었다.

그 다음에 할 일은 어느 정도 정식의 영어 교육을 받는 것이었으며 이를 위해 이 유학생들은 1867년 가을에 가우어 가(Gower St.)에 있는 런던대학교 인문과학대학(University College School)에 입학했다. 그러나 그들이 입학한 지 몇 달 지나지 않아 일본으로부터 메이지유신이 일어났다는 소식이 들어왔다. 그러고 나서 도쿠가와(德川) 막부의 관료들이 이들 유학생 일행 모두를 즉시 소환했다. 그들 일행이 파리에 도착해 보니 소환 명령만 있고 그들이 여행 시 지불할 여비는 지급되어 있지 않았다.

그 결과 그들 일행 14명은 의복과 런던에서 샀던 육혈포(六穴砲) 및 군수품을 휴대한 채 발이 묶이게 되었다. 다행히도 쇼군의 한 친척으로 도쿠가와 민부노다이오(德川民部大輔)인 미도 고산케(水戶御三家) 영주가 그 당시 파리에 있었고, 그의 거처에는 일본의 대표적 재정가로서 이때부터 유명하게 되었던 시부사와 에이이치[4](澁澤榮一, 이제는 남작이 됨) 씨가 있었다. 그가 이 젊은이들이 프랑스 우편선 편으로 요코하마(橫濱)까지 돌아가도록 주선해 주었다.

---

4) 시부사와 에이이치(澁澤榮一, 1840~1931) : 메이지·다이쇼(明治·大正) 시대의 실업가, 사이타마현(埼玉縣) 출생. 일본 최초의 회사인 상법회소(商法會所, 1868)·최초의 주식회사인 제일국립은행을 설립(1872)했고, 민간 산업의 자본주의적 경영에 착수하여 왕자제지(1873)·공동운수회사(1882)를 설립했다. 또한 일본 자본의 해외 진출의 선구자적 역할을 수행했다.

이 젊은이들 일행은 우에노(上野) 전쟁에서 도쿠가와막부(德川幕府)군이 괴멸된 직후에 일본에 도착했다. 하야시는 당장에 하코다데(箱館)로 가서 도쿠가와막부 추종자들 중에서 가장 완강했던 에노모토 다케아키[5](榎本武揚) 제독의 주위에 모여들었던 장군의 잔존 병력에 합류했다. 에노모토 다케아키 제독은 하코다데와 마쓰마에(松前)의 양 전투에서 완강하게 싸웠으나 쇼군파 세력이 분산된 후 포로로 잡혀 스스로 확신했듯이 지하 감옥에 투옥되어 처형을 기다리고 있었다.

비록 메이지유신의 배후에 있는 실제 중심 세력이 도쿠가와막부의 압제하에 굴종해 왔던 큰 다이묘(大名)들, 특히 사쓰마(薩摩)와 조슈(長州) 다이묘들의 야망에서 나온 것이지만, 그 제국주의 지도자들은 아주 먼 앞날을 내다보고 있었기 때문에, 비록 적군에 대한 비인도적 조치가 그 땅의 풍습에는 전적으로 합당한 것이었음에도 불구하고, 그렇게 함으로써 그들 자신들이 수립하고자 하는 과두정치를 토대로 한 왕정의 장래를 위태롭게 하려 들지는 않았다.

따라서 새 정권하에 나라가 안정을 찾게 되자 투옥되어 있던 쇼군의 지지자들이 석방되었으며 하야시도 그의 동료들에 못지않게 행운을 잡았다. 메이지(明治) 천황이 안전하게 왕위에 앉게 되자 새로운 제반 국내 질서의 개편을 공표하기 위해 이와쿠라 도모미[6]

---

5) 에노모토 다케아키(榎本武揚, 1836~1908) : 메이지 시대의 정치가, 에도 출생, 해군조련소 교수(1858). 막부가 멸망하자 북해도에 공화정을 수립하여 메이지정부에 저항했으나 관군에 의해 진압되었다. 투옥 3년 만에 사면되었으며, 해군 중장 겸 러시아 주재 전권공사(1874)가 되었고, 청국 주재 전권공사로 천진조약을 체결했다. 제1차 이토 히로부미(伊藤博文) 내각 당시 체신대신, 구로다 기요타카(黑田淸隆) 내각 당시에 농상무대신・문부대신을 역임했고, 마쓰카타 마사요시(松方正義) 내각 당시 외무대신으로 메이지 외교에 상당한 기여를 하였다.

6) 이와쿠라 도모미(岩倉具視, 1825~1883) : 메이지기의 정치가, 교토(京都) 출생. 육해군 사무총독 겸 회계사무총독(1868)・구미 사절의 전권대사(1871)를 역임했으

(岩倉具視) 공을 단장으로 하는 한 대표단이 서양 열강에 파견되었다. 하야시는 영어 실력 덕분에 통역관으로서 2등 서기관의 자격으로 그 대표단에 배속되었다.

하야시와 이 대표단과의 관계는 그의 온당치 못한 사소한 불복종 사건으로 말미암아 런던에서 돌연히 끝났다. 이와쿠라 공은 어떤 사람의 환대를 받고서 점심 때 들었던 사과의 맛이 좋다고 말했다. 이에 그를 초대했던 사람은 이와쿠라 공이 떠날 때 같은 종류의 사과 한 상자를 선물로 그에게 주었고 공은 이 사과를 일본에 보내라고 하야시에게 명령했다. 그 사과가 극동에 도착할 때쯤이면 상해서 먹을 수 없게 되거나 보기에도 흉한 것이 될 것이라고 생각한 하야시는 자기 동료 서기관들에게 사과를 먹어버리도록 하고 이와쿠라 공에게는 이런 사정에 관하여 아무런 말도 하지 않았다. 사과는 하야시의 말이 떨어지자마자 먹어 없어졌다.

그러나 불행하게도 그 사과가 먹고 싶어서였든지 아니면 하야시가 의심스러워서였든지 간에 그 다음 날 이와쿠라 공은 그 사과가 발송되었는지 여부를 물어보았다. 당황하는 하야시의 태도에서 이와쿠라 공은 의심을 품게 되었고 마침내 그 사과가 어떻게 처분되었는지를 알게 되었다. 그의 분노는 격렬해서 처음에는 하야시를 불러 불명예스럽게 도쿄로 송환해 버리려고 했다. 그러던 순간에 다행히도 일본 정부가 그 일행 중 제2인자인 기도 다카요시[7](木戶

며, 일본철도회사 설립(1881)했다. 일본의 입헌군주정치 확립을 위해 노력했고, 정한론을 반대해 하급 무사들로부터 피습을 당하기도 하였다.

7) 기도 다카요시(木戶孝允, 1833~1877) : 메이지유신의 공신. 조슈(長州)의 번사(藩士)로서 요직에 있으면서 존왕도막(尊王倒幕)의 선봉적인 역할(1862)을 하였다. 사이고 다카모리(西鄉隆盛) 및 오쿠보 도시미치(大久保利通)와 함께 메이지유신 삼걸이라 불렸다. 무사 계급의 불만을 해소하기 위해 초기에는 정한론(征韓論)을 주장했으나 후에는 이를 반대하였다. 참의원 의원(1871)과 제1회 지방장관회의 의장(1875)을 역임했다.

孝允) 공작을 급히 귀국토록 지시했고, 기도의 요청으로 하야시는 그의 부속실 근무로 전속되었다. 하야시가 일본에 돌아온 것은 적어도 어떤 호의에서 이루어진 것은 아니었다.

1874년경 하야시는 가나가와현(神奈川縣)의 통역관으로 임명되었다. 후에 백작이 된 무쓰 무네미쓰[8](陸奥宗光)가 그 당시 지사였는데 그는 지방관서와 외국인 촌 사이에 발생한 많은 어려운 문제들을 처리하면서 하야시가 발휘한 솜씨에 매우 감명을 받았다. 무쓰는 하야시가 외교관이 될 것을 강력히 권고하고 그를 위해 런던 주재 일본 공사관에 자리를 따주었다. 그 후 일본에 돌아온 그는 다시 가나가와현에 근무하게 되었고 이어서 공부대서기관(工部大書記官)을 거쳐 1886년에는 황실 태정관(太正官) 대서기관이 되었다. 이 두 보직은 하코다테에서의 그의 전 상관인 자작 에노모토 다케아키의 지원에 힘입은 것으로 보인다. 에노모토도 대부분 장군의 추종자들이 그러했던 것처럼 황실에서 근무한 적이 있었다.

1889년에 하야시는 효고현(兵庫縣) 지사가 되어 상당한 명성을 떨쳤다. 헌법의 실시와 더불어 외국과의 조약을 개정하려는 일반 국민들의 요구가 팽배해지자 외무대신 무쓰는 장차 상의하게 될 일뿐만 아니라 그런 일에 관한 외국인들의 태도에 대하여 잘 알고 있는 사람이 외무성에 있으면 이롭다는 것을 깨닫게 되었다. 가나가와현에 있을 때 자기의 보좌관이었던 사람보다 더 적합한 사람은 아무도 없다는 것이 분명했다.

---

8) 무쓰 무네미쓰(陸奥宗光, 1844~1897) : 메이지 시대의 외교가・정치가, 백작, 와카야마(和歌山) 번(藩) 출신. 가나가와현 지사(1871)・지조개정국장(地租改正局長, 1872)・미국 공사(1889)・마쓰카타 마사요시(松方正義) 내각의 농상무대신・정무부장(1891) 등을 역임했다. 이토(伊藤) 내각의 외무대신(1892)으로 영일통상협정을 성사(1894)시켰다. 청일전쟁 당시에는 영국과 러시아가 서로 견제하도록 만드는 데 성공하였다. 그의 외교 비사로서 『겐겐록』(蹇蹇錄)이 있다.

따라서 하야시는 1881년에 외무성 부대신으로서 중앙 정부에 들어가기 위해 지방 정부를 떠나게 되었다. 그가 외무성 부대신의 직책을 아주 성공적으로 수행했던 것은 하나의 역사적 사실이다. 무쓰 대신은 자기가 모든 외국과의 가장 중요한 조약 개정을 이룬 것이 근본적으로는 하야시의 지칠 줄 모르는 노력, 실수 없는 감각, 그리고 재간 때문이었다는 기록을 남겼다.

하야시와 자작 아오키 슈조[9](青木周藏) 사이에 불화가 시작된 것은 이 무렵이었다. 베를린 주차 일본 공사였던 아오키 슈조는 1894년에 성공적으로 기한이 만료되는 영일조약의 개정을 영국의 킴벌리 경[10](Lord Kimberley)과 협상하기 위해 특별히 런던으로 파견되었다. 하야시는 이 조약 개정에서 아오키가 유보 조항에 동의함으로써 도리어 일본의 위신을 떨어뜨렸다는 견해를 가지고 있었다. 아무리 그렇다고 하더라도, 아오키로서는 실제로 영국의 조건을 수락하는 것 외에는 달리 대안이 없었다. 이 두 중견 정치인들은 그 후부터 항상 냉랭한 관계가 되었다. 그 두 사람 사이의 견해 차이는 매우 현저했다.

물론 하야시는 극히 친영국적이었고, 아오키는 그의 결혼 경력과 베를린에 오랫동안 체재했기 때문에 친독일적이었다. 아오키는 야마가타 아리토모[11](山縣有朋)-가쓰라 타로[12](桂太郎) 계의 사람

---

9) 아오키 슈조(青木周藏, 1844~1914) : 메이지 시대의 외교관, 조슈(長州) 출생. 독일·영국 공사(1891)로 활약했으며 외무대신(1898)·미국 공사(1906)를 역임했다.

10) 킴벌리 경(Lord John W. Kimberley, 1826~1902) : 영국의 정치가. 글래드스톤(W. Gladstone) 내각에서 옥새관(1868~1870)과 두 차례(1870~1874, 1880~1882)에 걸쳐 식민지상을 지냈다. 또한 인도 담당상(1882~1885, 1892~1894)을 역임하고 로즈베리(Sir Rosebery) 내각에서는 외상(1894~1895)을 지냈다.

11) 야마가타 아리토모(山縣有朋, 1838~1922) : 메이지 시대의 군인·정치가, 공작, 조슈(長州) 출생. 요시다 쇼인(吉田松陰)의 문하에서 교육을 받았다. 서구의 군제(軍制)를 조사·연구하기 위해 서구를 시찰(1869)했고, 병부성 차관보(1870)·육군 중장(1872)·

이었으나, 하야시는 아무런 정치적 · 혈연적 계파 관계가 없었다. 이 두 사람의 관계는 1907년에 위기를 맞이했다. 그때 하야시는 이민 문제에 관한 대미 협상과 관련하여 전격적으로 아오키를 소환해 버렸다. 그 후의 사건들이 증명했듯이 이 일은 아오키가 옳았고, 하야시는 개탄할 정도로 과오를 범한 것이었다.

무쓰 무네미쓰의 건강이 악화되자 시모노세키(下關)에서의 협상을 떠맡은 이토 히로부미[13](伊藤博文)는 아오키 슈조가 반대했던 요동반도 관계 조항을 수락하라고 이홍장(李鴻章)에게 압력을 가했다. 하야시는 도쿄에 남아 있으면서 오직 대련 반환에 관한 교섭의 책임만을 맡고 있었다. 무쓰는 시모노세키조약(Treaty of Shimonoseki)을 서명하기 며칠 전에 결국 그의 일생을 마치게 한 고통스러운 병마의 엄습을 받았다.

무쓰는 사실 이 병의 치료차 대련(大連) 반환 칙령(The Recession Edict)이 나오기 전에 미국으로 떠났었다. 시모노세키조약의 제2장 부속서로서 구성된 놀랄 만한 계획은 소위 3국 간섭이 있은 후에 기술되었다. 그 후에 일어난 사건들에 비추어 볼 때 이 부속서는

초대 내무대신 겸 농상무대신(1885)을 지냈다. 야마가타(山縣) 내각을 조직(1890)했으며, 사법대신 · 추밀원(樞密院) 의장 · 육군대장(1892)을 역임했다. 청일전쟁 시 육군대신이었고 제2차 야마가타 내각을 조직(1898)했다. 러일전쟁 당시에는 육군참모총장이었다.

12) 가쓰라 타로(桂太郎, 1847~1913) : 군인 · 정치가, 야마구치현(山口縣) 출생, 독일 유학(1870). 육군 차관(1885) · 나고야(名古屋) 사단장 · 대만총독(臺灣總督)을 역임하고 육군대신(1898)을 지냈다. 1901년 이래 3차에 걸쳐 수상 직에 있으면서 영일동맹 체결, 러일전쟁을 감행(1904)했다. 가쓰라-태프트(桂-Taft) 밀약 체결(1905)과 한일합방을 감행(1910)했다.

13) 이토 히로부미(伊藤博文, 1841~1909) : 정치가, 조슈(長州) 군벌 출신. 일찍이 요시다 쇼인(吉田松陰)의 문하에 들어가 근황(勤皇) 사상에 감동. 런던 유학(1862) 후 귀국하여(1864) 막부 타도의 선봉에 나섰다. 신정부에 참여(1868), 내무경이 된 후 제국헌법을 기초(1878)했다. 초대 내각의 총리대신 겸 궁내대신(1885) · 귀족원 의장(1889) · 제3차 내각 총리(1898) · 제4차 내각 총리(1900) · 초대 한국통감(1905) · 추밀원(樞密院) 의장(1909) 등을 역임했다. 안중근(安重根)에 의해 살해(1909. 10)되었다.

극동 역사상 가장 흥미로운 문서의 하나로 인정되어야 마땅하다.

하야시가 외무성 부대신으로 재직할 당시에 있었던 일을 소개하면서 빠질 수 없는 것은 일본 특유의 신문에 그가 끼친 영향이다. 《지지신보》(時事新報)의 주주였던 후쿠자와 유키치[14](福澤諭吉) 씨와의 인연으로 그는 이 신문에 특별한 관심을 두었으며, 그 신문은 그가 죽을 때까지 그의 견해를 대변하는 기관지가 되었다. 하야시는 붓(筆)을 이해하고 그 힘을 이용한 일본 최초의 정치가였다.

세상 사람들이 대체로 도쿄에 있는 신문들에 대하여 어떤 진지한 관심을 갖기 시작한 것은 단지 청일전쟁 기간뿐이었다. 그 전까지만 해도 도쿄에서 발행되는 신문들은 심심풀이로 취급되고 있었다. 주요 신문들과의 친밀한 관계를 통하여 하야시는 그때 이후 지금까지 일본 관료주의 특색의 하나로 남아 있는 신문 통제라고 하는 특이한 제도의 기초를 세워 놓았다.

언론에 대한 하야시의 이러한 활동이 일본 신문에만 한정되지 않은 것은 유감스러운 일이었으며 일본 정부의 보조금을 받는 기관으로 스스로 전락한 외국 신문에 대해서도 유감스러운 일이었다. 그는 어디를 가든지 신문국 직원을 데리고 다녔다. 그렇지만 그가 공사로서 북경(北京)에 부임할 때 3명의 신임하는 신문 기자들을 공식 수행원에 포함시킨 것은 그의 현대적 방식의 한 상징이 되었다. 그가 시작한 이러한 제도는 그 이후 극대화되어 몇 년 전에는 런던에 주재한 회계 직원의 예산 집행 내역을 일본 의회에 제출할 것을 대장대신(大藏大臣)이 거부한 사례에서 볼 수 있다. 그 당시 대장대신이 이를 거부한 것은 문제의 금전 내역에 런던의

14) 후쿠자와 유키치(福澤諭吉, 1835~1901) : 일본의 사회・경제 사상가・교육가, 오사카(大阪) 출생, 일본 근대 사상의 계몽・개척자. 《지지신보》(時事新報)를 창간했으며 게이오의숙(慶應義塾)을 설립했다.

기자들을 접대했던 다양한 비목(費目)이 포함되어 있었기 때문이다.

하야시는 1895년 5월에 북경 주재 일본 공사로 임명되었으며, 시모노세키조약 부속 협정의 완결과 만주에서의 철군에 대비한 사전 조정을 수행하기 위해 즉시 임지로 향발했다. 그는 15발의 예포와 관병식으로써 영접을 받으면서 1895년 6월 11일 대고(大沽)에 도착했다. 한 전함이 그가 탄 기선을 호위했고, 이홍장(李鴻章)은 하야시의 상륙을 위해 자기의 요트를 보내 주었다. 하야시는 그해 6월 22일 북경에 도착한 이래 처음부터 좋은 인상을 주었으며, 그의 영어 실력이 이를 더욱 뒷받침해 주었는데 그의 영어는 억양이 없는 것이 특이했다.

일반적으로 청국의 고관들이 불경하다고 해서 그들을 상대로 공식적으로 항의서를 제출하는 일이 태반이었는데 그의 첫 번째 임무는 그런 문제를 해결하는 것이었다. 두 개의 공식 문서에서 어사대(Board of Censors)가 일본 사람들을 '섬나라 오랑캐들'(island barbarians, 島倭)이라고 지칭하자 하야시는 이에 강력히 항의했고 그 결과 이를 책망하는 칙령이 나오게 되었다. 물론 이제는 일본이 최혜국조항에 해당되어 관리들이 '섬나라 오랑캐'라는 말을 사용하면 곧 조약에 정한 권리를 위반한 것이 된다는 웨이드 경[15](Sir Thomas Wade)의 조치로 혜택을 누리게 된 것이다.

하야시가 북경 주재 일본 공사관 재직 기간에 어려운 문제로 시달린 적이 없다고 말할 수는 없다. 청불협약(Franco-Chinese Convention)과 청국의 동방조약(Chinese Eastern Agreement)은 그에게 외교 재능을 발휘할 기회를 주었으며, 반면에 조선의 명성황후(明成皇后) 시해

15) 웨이드 경(Sir Thomas F. Wade, 1818~1895) : 영국의 군인・외교관이며 중국학자. 북경 주재 영국 공사(1871~1883)를 역임하고, 케임브리지대학 교수(1888)로 있으면서 중국어의 웨이드식 표기법을 창안하였다.

사건[乙未事變]과 그 불행한 조선 내에서 잇따라 일어난 러시아 공사 웨베르[16](Karl I. Waeber)의 은밀한 모의로 하야시가 걱정을 많이 했던 것은 의심의 여지가 없다.

세인트 페테르부르크로부터 나온 로이터 통신(Reuter)의 반공식적인 부인이 《르뗑》(*Le Temps*)에 의하여 반공식적으로 제기된 견해와 상충되자 《타임즈》(*The Times*)의 홍콩 특파원이 1895년 10월에 제목 없이 그 거래를 폭로한 적이 있었던 것도 역시 기억되어야 마땅하겠지만 카시니협약(Cassini Convention)에 관하여 《노드 차이나 데일리 뉴스》(*North China Daily News*)가 미리 1896년에 발표함으로써 그것이 유산된 것에 대한 궁극적 책임이 하야시에게 있었던 것으로 일반적으로 이해되고 있는 점은 흥미롭다.

북경에 도착한 후 곧 남작의 작위에 오른 하야시는 1897년에는 세인트 페테르부르크로 전임되었는데, 이 비밀회고록에는 그곳에서 근무할 때의 일들이 상당히 많이 포함되어 있다. 하야시는 그곳에서 조선을 통제하려는 무라비에프[17](N. V. Muravieff)와 알렉시에프[18](E. I. Alexieff)의 은밀한 계략을 견제하는 일에 항상 몰두해 있었다.

1899년, 휴가차 도쿄에 돌아온 하야시는 가토 다카아키[19](加藤高

---

16) 웨베르(Karl I. Waeber, ?) : 제정 러시아의 외교관. 북경과 천진에서 외교관으로 있다가 1884년 멕시코 공사로 전임되었다. 1897년까지 주한 공사・총영사로 부임하여 러시아 남진에 기여했다.

17) 무라비에프 백작(Count Nikolai V. Muravieff, 1850~1908) : 러시아의 법학자이자 외교관. 재판관(1894)과 헤이그 법원장(1903)・이탈리아 대사(1905~1908)를 역임했다.

18) 알렉시에프(E. I. Alexieff, 1845~1917) : 러시아의 해군 제독. 청일전쟁 당시 극동함대에 배치되어 있었으며, 러일전쟁 당시 극동함대사령관이었으나 패전의 책임을 지고 퇴역하였다.

19) 가토 다카아키(加藤高明, 1860~1926) : 메이지・다이쇼 시대의 정당정치가・외교관, 아이치현(愛知縣) 출신, 도쿄대 법학부 제1회 졸업. 영국에 유학하여 해운업과

明)의 후임으로 런던 주재 일본 공사의 자리를 제의받았다. 그는 영일동맹(Alliance between England and Japan)에 관한 희망을 결코 등한히 한 적이 없었으므로 기꺼이 그 제의를 수락하고 그 다음해에 런던 주재 공사로 부임했다. 하야시는 청국에서 일어난 의화단(義和團)의 난과 관련하여 즉시 명성을 얻었는데 그 뒷마무리에서 일본이 취한 온건적 태도가 런던 주재 일본 공사인 하야시의 발상에 크게 의존되었다는 것은 누구나 다 아는 일이다. 그렇게 함으로써 일본 공사는 영국의 감정을 달래고 극동 문제에서 영국과 공동행동을 취할 수 있는 기반을 구축할 수 있다고 본 것이었다.

하야시 생애의 최고 절정은 1902년 영일동맹에 서명할 때와, 1905년에 보다 광범위한 기조 위에서 그 동맹을 갱신했을 때였다. 이 동맹의 갱신은 일본 내에서 하야시에게 최고의 영예를 가져다주었을 뿐만 아니라 이를 계기로 런던 주재 일본 공사관이 대사관으로 승격되었다. 하야시는 영국 왕실(St. James Court)에 부임한 최초의 일본 대사가 되었고, 그 반면에 맥도널드 경[20](Sir Claude Macdonald, K.C.B., G.C.M.G.)은 도쿄에서 이에 상응한 승진을 하게 되었다.

1906년 5월에 가토 다카아키가 갑자기 사임하자 하야시는 제1차 사이온지 긴모치[21](西園寺公望) 내각에서 외무대신이 되었다. 하야

의회 제도를 연구(1883)하고, 외무대신 재직 시에 조선을 일본의 지배 아래 놓을 방안을 강구(1900)했으며, 주영대사로서 영일동맹을 성사(1909)시켰다. 입헌동지회(立憲同志會) 결성(1912), 제1차 세계 대전 당시 외무대신 · 총리대신으로서 최초의 정당내각제 수립(1925), 총리대신 재직 당시 25세 이상의 성인 남자만의 보통선거제를 확립하였다.

20) 맥도널드 경(Sir Claude M. Macdonald, 1852~1915) : 영국의 군인이자 외교관. 의화단사건(1900) 당시 북경 주재 공사관의 방위를 명령받았다. 도쿄 주재 공사(1900~1905)와 대사(1905~1912)를 역임했으며, 영 · 일 간의 우호 관계를 증진시키는 데 기여하였다.

21) 사이온지 긴모치(西園寺公望, 1849~1940) : 메이지 · 다이쇼 · 쇼와 시대의 정치

시에게는 러일전쟁 후 만주에서의 어려운 사정, 미국 이민 문제 그리고 러일전쟁 후 격변한 극동의 안정을 다루는 일들이 맡겨졌다. 그는 현상 유지를 위해 프랑스 및 러시아와의 협정을 교섭했으며, 포츠머스 조약에서 예기되었던 어업 협정과 기타 협약들을 체결했다. 하야시의 외무성 재임이 매우 성공적이었다고는 말할 수 없으며 그 이유 중의 얼마만큼이 하야시 자신 때문이었고, 얼마만큼이 그 환경 때문이었다고 말하기는 어렵다. 아마도 그 책임은 양쪽에 있었다고 해야 마땅할 것이다.

하야시는 사전에 확고한 복안을 가지고 외무대신의 직책에 부임했는데 그것은 군부의 목표에 대항하는 것처럼 나타났다. 일본 외교의 신용을 지킬 필요가 있다는 것을 잘 알고 있던 하야시는 만주에서의 철수를 주장했으나 군인들은 이를 강력하게 반대했다. 1906년 9월에 하야시는 명목상 건강을 이유로 외무대신의 직책을 사직했다. 그러나 실제로는 그도 가토 다카아키처럼 자기가 승인하지 않는 정책을 지지하는 일을 피하기 위해서였다. 결국 메이지 황실이 그에게 외무성 복귀를 명령함으로써 그는 이 싸움에서 이기게 되었지만 이로 인하여 가쓰라 타로 공과 야마가타 아리토모 공의 적의를 샀다. 이것은 곧 하야시가 일본제국 내에서 가장 권력이 강력했던 세 사람, 즉 이토 히로부미, 야마가타 아리토모 및 가쓰라 타로의 반감을 산 것을 의미한다.

항상 친러·반영의 입장을 취해왔던 이토 히로부미는 하야시가 영일동맹에서 얻은 명성을 결코 인정한 적이 없었다. 일본 사람들

가, 공작, 교토(京都) 출생, 프랑스 소르본느 대학에 유학(1871). 메이지법률학교 설립(1881)과 급진적 보수주의 성향의 《도쿄자유신문》(東京自由新聞)을 창간했다. 오스트리아 공사·독일 공사·법전조사회(法典調査會) 부총재·귀족원(貴族院) 부의장·추밀(樞密)고문관·문부대신을 역임(1894, 1898)했다. 또한 정우회(政友會) 총재(1903)·파리강화회의 수석 전권 대사(1919) 역임과 정당내각제 확립에 기여하였다.

이 흔히 이토 히로부미는 '지혜롭다'[上手]기보다는 오히려 '교활하다'[猾]고 말한 것은 의미 있는 일이었다. 그러나 비록 하야시가 군부의 충동적 행동과 욕구를 두려워했지만 그는 만주에서의 일본의 입장이 위협을 받을 때면 조약상 권리나 외교상 정직성의 범주를 초월하여 항상 자진해서 군부를 지원했다. 법고문(法庫門) 철도사건[22]은 그가 조약상 권리나 외교상 정직성을 초월하면서까지 군국주의자들의 만주 계획을 지원할 채비가 되어 있었다는 것을 보여주었다. 영일동맹을 체결한 바로 그 하야시가 청국의 주권과 그 영토보전에 관한 맹서를 얼마나 쉽사리 저버릴 수 있었고 문호개방주의가 실제로 얼마나 무의미하고 어리석은 표어였던가를 이 세상에 증명해 보여야 하는 외무대신이었다는 것은 하나의 운명의 장난이었다.

그럼에도 불구하고 하야시의 외무성 재임이 일본의 장래 정책에 중대한 영향을 끼치지 않은 것은 아니었다. 1895년에 그가 일본 문제에 대한 장래의 행동 계획을 발표한 것과 꼭 마찬가지로, 그는 1907년에 일본이 항상 견지하고 있는 목적, 즉 동양의 지배를 성취하기 위해 일본이 반드시 취해야 할 정책 노선을 설정해 놓았다. 그가 열거한 바와 같이 일본의 외교 정책의 전체적 기초는 정치적·상업적 침투를 동시에 수행하는 것이었다.

그러한 정치적 목적은 비록 일본의 정책에 유리한 것이 되지 못하더라도 그 목적을 방해하지 않는 거미줄과 같은 외국과의 협정과 관련을 맺으면서 해군과 육군의 작전에서 언제나 충돌을 야기하면서 달성되는 것이었다. 상업적 목적은 일본의 보조금을 받은 재정가, 해운회사 및 무역업자들을 계속 밀어줌으로써 달성되

---

22) 법고문(法庫門)은 만주 심양(瀋陽, 奉天) 북쪽 100km 지점에 있는 도시이다. 일본의 군부는 심양(瀋陽)-장춘(長春)철도의 지선으로 법고문까지의 연장선을 꾸준히 요구하였다.

는 것이었다. 정치적 통제가 상업적 이권을 포함시키는 것과 꼭 마찬가지로 상업적 이권은 정치적 통제로 이어지도록 되어 있었다.

매우 약삭빠른 일련의 협정을 통하여 일본은 그러한 협정이 없었더라면 일본의 진로를 가로막았을는지도 모를 서양의 장애물들을 감소시킬 수 있었다. 일본은 영국, 프랑스, 러시아 및 미국과 체결했던 협정들로 말미암아 청국 안에서 현실적으로 자유롭게 행동할 수 있었다. 여러 나라들이 관여했던 다른 경우들을 고려할 때 일본에게는 행동의 자유가 전적으로 주어졌다. 일본과 관련해 볼 때, 유럽 내에서 위치가 확고해지기 전까지 아시아에서 독일의 위치는 무시할 정도였기 때문에 독일은 문제가 되지 않았다.

영국, 프랑스 그리고 러시아만 제거된다면 일본도 그때그때 상황에 따라 타협적 방법을 쓰든가 그렇지 않으면 힘으로 뒷받침된 음모를 통하여 청국을 여유 있게 야금야금 먹어 들어갈 수 있었다. 바로 이것이 하야시의 계획이었다. 그가 그 계획을 뒤죽박죽으로 만들더라도 그 계획의 장점은 결코 감소되지 않는다. 이 계획은 오늘날 일본 외무성이 맹세코 지키는 정책으로 남아 있다.[23) 하야시가 과오를 범한 것은 조선과 청국에 대한 미국의 관심을 과소평가한 데 있었다. 그의 전 생애를 통하여 그가 저지른 오직 한

---

23) 하야시는 아마도 청나라에 대한 일본의 행동을 승인하지 않았을 것이라고 1915년 4월에 《재팬 타임즈》(*The Japan Times*)에 게재한 바 있다. 영국과 일본 간의 동맹에 관한 그의 논문에 나타난 바와 같이, 하야시는 일방적 침략의 위험성을 완전히 예견하고 있었다. 그는 다음과 같이 기술하고 있었다.

"영일동맹의 가치와 중요성은 변하지 않을 것이며, 그 동맹이 장기간 존속될 것이라는 점도 의심할 여지가 없다. 오직 한 가지 일본이 지켜야 할 점은 무분별한 침략 정책을 억지하는 것이다. 일본은 오히려 반드시 평화 정책에 늘 집착해야 하며, 지금까지 확보해 놓은 것을 최대한 활용하고, 평화 정책을 통하여 일관성 있게 일본의 이익과 발전을 증진하기 위해 노력해야 한다. 만일 일본이 무분별한 침략 정책을 채택한다면 영일동맹의 존속 문제는 물으나마나가 될 것이다."(편자 주)

가지 심각한 과오는 그가 방문해 본 적이 없었던 나라인 미국과 관련된 것이었다.

중국의 격언인 "학사(學士)는 자기 방 밖으로 나가지 않고서도 국사를 다스릴 수 있고"와 일본의 격언인 "암소는 자기가 개울물을 다 마셔버릴 수 있는 것으로 생각한다."에서처럼 미국 문제를 다루면서 하야시는 일본 격언 중의 그 암소였고, 중국의 격언 중의 그 학사였다. 그는 너무도 자기 자신과 자신의 능력을 믿었다. 아오키 슈조와 하야시는 모두 청국이 일본과 미국 사이에 존재하는 난제의 핵심이라는 점을 인정했다. 아오키는 청국의 문제가 안정되면 일본이 워싱턴에서 신용을 유지할 수 있을 것이라는 점을 알고 있었다. 왜냐하면 학교 및 이민 문제가 미국에서 난관에 봉착했으며, 이러한 문제에서 일본이 도리에 맞는 입장에 섰었는지도 분명치 않았기 때문이었다.

하야시는 미국이 보다 가까운 곳에 터전을 만들려는 것에 난관을 야기함으로써 미국이 청국에 들어오는 것을 봉쇄시켜 버리려고 시도했다. 그는 미국인들이란 마음의 밑바탕에 감상적인 격류가 흐르고 있는 외골수의 사업가 족속이란 것을 이해하지 못했다. 만주 문제와 관련한 미국인들의 강력한 항의에 대하여 그는 학교 문제를 제기함으로써 미국인들을 역습했다. 미국인들이 이에 이민 문제를 끄집어냈기 때문에, 그제야 하야시는 과거 50년 동안 일본이 미국 내에서 그렇게도 조심스럽게 쌓아왔던 신용 모두를 자기 스스로가 되돌려 받는 데 두 배나 더 빠르게 되돌아오는 부메랑(boomerang)을 던진 격이 된 것을 알게 되었다. 몇 달이 못 되어 그는 오랫동안 미국과 일본 간에 존재했던 우정을 깨뜨렸으며, 그 우정 대신에 한편으로는 공개적으로 표현되는 혐오와 의심으로, 다른 한편으로는 관권으로 억눌러 겨우 관리할 수 있는 증오로

대체시켜 놓은 것이다.

아오키는 자기가 소환된 후에 하야시에게 대항하기 위해 가쓰라 타로와 음모를 꾸몄다. 그리고 추밀원에서 하야시를 축출하는 데 성공했다. 추밀원 의석은 그의 탁월한 봉사에 대한 보답으로 주어졌음에 틀림없었던 자리였다. 그를 축출하는 대외 명분은 그가 런던에 주재할 당시에 어떤 비밀 결사(Freemason)의 일원이었다는 점을 여러분들은 기억할 것이다.

사이온지 내각은 붕괴되었다. 결코 재기하려는 의지도 없었다. 그의 붕괴에 대한 외면적 이유는 재정 문제였으나, 실제 원인은 권력에 복귀하려는 가쓰라 타로의 커다란 야망 때문이었다. 그러나 하야시는 용의주도하게 연구한 영토 확장 정책으로 일본 외무성에 하나의 전설을 남겼다. 그 정책의 성공에는 청국 영토 주권의 보전 여부와 열강 중에 일본의 위치 여부가 달려 있었다. 자작 우치다 고사이[24](內田康哉)가 워싱턴에서 돌아오는 동안 하야시는 제2차 사이온지 내각(1911~1912)에서 외무대신 서리직을 맡았으며, 체신성(遞信省) 담당 영구직 각료가 되었다.

1912년의 군부 위기 때 하야시는 조슈(長州)파의 주장에 반대하여 공작 사이온지를 철저히 지지했다. 이 내각이 사퇴했을 때 그는 가쓰라 파를 격렬히 비난했다. 그가 하야마(葉山)로 떠나갈 때 후임자인 남작 고토 신페이[25](後藤新平)가 그를 위해 특별히 마련한

---

24) 우치다 고사이(內田康哉, 1865~1936) : 외교관, 구마모토현(熊本縣) 출생, 도쿄대 법학부 졸업. 오스트리아・미국 대사・사이온지 긴모치 내각의 외상을 역임(1911) 했으며, 만주사변 시에는 자주・강경 외교를 주장하였다.

25) 고토 신페이(後藤新平, 1857~1929) : 이와테현(岩手縣) 출생, 영문학과 의학을 공부. 아이치(愛知)병원장 겸 아이치의학교장(1880)을 지냈으며 정치가로 변신(1882)했다. 대만에 건너가 대만은행을 설립(1896)했으며, 초대 만철(滿鐵)총재(1906)・가쓰라 내각・데라우치(寺內) 내각의 체신대신・내무대신・외무대신, 도쿄시장 등을 역임했다. 러・일 국교 회복에 진력하였다.

열차를 이용하지 않고 초만원인 2등 객차를 타고 가족 및 시종들과 함께 여행을 떠났다. 그는 상당 기간 동안 심한 당뇨병으로 고생을 했으며, 1912년 12월부터는 하야마에 있는 그의 별장에서 완전한 은둔 생활을 했다.

1913년 6월 하야시는 가마쿠라(鎌倉)에서 돌아오던 중에 인력거에서 떨어져 허벅지 골절상을 입었다. 그는 준덴토((順天堂)병원에 이송되어 절단 수술을 해야 한다는 진단을 받았다. 그는 수술을 받은 후 기력을 제대로 회복하지 못한 채, 1913년 7월 10일 사시(巳時, 오전 10~11시)에 세상을 떠났다. 그는 같은 해 7월 13일 아오야마(青山) 공동묘지 내의 외무성 구역에 안장되었다. 일본에 대한 그의 탁월한 봉사가 다소 늦게나마 그의 주권자로부터 인정받게 된 것을 회고함은 기쁜 일이다. 일본 천황은 장례비로서는 아주 파격적 금액인 5,000엔을 그의 유족에게 하사했다.

하야시는 만년에 오히려 어렵게 살았다고 하며, 국가에 대한 자기의 봉사가 충분히 보답받지 못했다고 불평을 했다고 하지만 그를 뒷받침할 만한 증거는 희박하다. 하야시는 매사에 철저히 명예를 지켰으며, 개인 복리를 위해 자기 직위를 이용하는 것을 꾸짖었다. 노기 마레스케[26](乃木希典) 장군처럼 그는 일본 내정의 동향에 깊은 관심을 가졌으며, 국내 정치의 장래에 대하여 크게 우려했다. 그는 일본이 국가의 이익을 위해서가 아니라 오직 자기들의 이익을 위해서 권력을 행사하는 사람들의 손에 재빨리 빠져 들어가는 것을 보고 그 전도(前途)를 몹시 슬퍼했다.

---

26) 노기 마레스케(乃木希典, 1849~1912) : 메이지 시대의 군인・육군 대장, 조슈(長州) 출생. 청일・러일전쟁에 출진했으며, 특히 러일전쟁에서는 제3군의 사령관으로서 악전고투 끝에 여순(旅順)을 공략하는 데 성공했다. 이 공로로 백작을 수여받았고 학습원장을 역임했다.

정치가들이 재산을 모으는 것이 일반화되어 있는 나라에서 그는 아주 예외적이었다. 그는 사생활을 위한 수단이 없었으며, 그것을 추구하지도 않았다. 그는 도쿄에 있는 자기 집을 팔고 시골에서 작은 금액의 연금으로 생활했다. 그의 죽음은 일본에 대한 손실이었다. 그는 구시대의 학문을 배운 사람이었으며 메이지유신 시대의 분위기 속에서 훈련을 받았던 소수 정치인 중의 한 사람이었다. 그는 골수분자 '에도코'[27]로 불렸다.

하야시는 조용하고 잘난 척하지 않았으며, 학자이고 신사이며, 강력한 자기 의견을 가진 사람이었고 또한 투사였다. 그는 연회를 잘 베푸는 주인공이었고, 화술이 좋았으며, 예술과 음악에 조예가 깊었으며, 바둑의 명수였다. 그가 가장 즐기던 취미는 노래와 춤이었다. 그는 당대에 많은 유명한 게이샤(藝者)의 후원자였고, 탁월한 서예가였으며, 그의 작품은 고가에 높은 평판을 받았다.

하야시 다다스 백작의 저술 활동

고 하야시 백작은 영어 소설 『국민을 위해』(*For the His People*, Harper, 1903)를 썼으며, 스테드(Alfred Stead)가 쓴 『중국의 신비』(*Mysteries of China*), 로이드(Arthur Lloyd)가 쓴 『일본의 일상 생활』(*Everyday Japan*)이란 책의 서문을 썼다. 위의 책들 중에서 첫 번째 것은 그의 출생지인 사쿠라(佐倉)의 봉건주의 시대에 있었던 시골 이야기를 다룬 하나의 모험담이다. 봉건 영주 홋다(堀田)의 지역

---

27) 에도코(江戸っ子) : 일본 소설가들이 한 특수한 타입의 성격을 표현하기 위해 흔히 사용하는 술어로서, 대담하고 믿음직하고 의협심이 있고 친절하고 높은 교양이 있고 돈을 물 쓰듯 하는 낭비벽을 그 주된 속성으로 한다.(편자 주)

내에 있는 이나와시로코(猪苗代湖) 부근 촌락 마을인 고쯔(小津)의 촌장이었던 가나이케 소고로(金池宗五郎)란 사람이 봉건 영주의 폭정에 항거하여 동료들을 봉기시킨다. 그들의 피해 보상을 받는 데 실패한 가나이케는 장군에게 직접 호소하는 극단적이고 용서받을 수 없는 절차를 취하기로 결심했다.

그는 장군에게 직접 호소한 데 대하여 홋다가 죽음을 내린다고 할지라도 농민들을 위해 막부가 직접 개입만 한다면 그것은 자신의 죽음보다 더 값진 대가를 얻으리라는 생각에서 그와 같은 조치를 취했던 것이다. 가나이케는 자기의 계획을 실행하여 그의 청원서를 도쿠가와막부에게 전달하는 데 성공했다. 그의 부인과 아이들이 사형 언도를 받고 십자가에 못 박히고 목이 잘렸다. 가나이케는 마지막 순간에 복수를 맹세하고 자기 영혼에게 영주인 홋다의 가족들이 다 죽어 넘어질 때까지 그에게 붙어 다니리라고 공언했다. 이 저주는 결국 이루어졌다.

하야시 백작이 이 소설을 출판한 목적은 일본 사람들에게 생기를 북돋아 준 그 정신력, 이를테면 한 번 결심한 사항에 대한 그들의 집념, 그리고 멸시와 학대에 대한 그들의 복수심에 관한 것을 서양 사람들에게 가르쳐 주려는 것이었다. 그 소설은 오늘날 영국풍의 일본인 저자들이 그들의 독자를 괴롭히는 소위 괴상한 영어와 비교해 볼 때 우수한 영문으로 씌어졌다는 점에서 주목할 만하다. 『국민을 위해』는 메이지유신 이전의 한 시기를 성실하게 묘사하고 있다는 점에는 의심할 바가 없다.

하야시 가문이 살던 사쿠라 지방과 막부와의 밀접한 관계로 보아 에도(江戶) 궁정의 관습 및 백성들에 관한 묘사는 충실할 수밖에 없다. 스테드와 로이드의 책에 대한 그의 서문은 짧게 핵심을 찌르고 있다. 전자의 경우 독자는 중국인의 성격에 관한 필자의 폭넓은 지식을 짐작할 수 있다. 그는 중국인들이야말로 죽은 사람들의 명부 관리자들이며, 사라진 과거사에 대한 맹목적인 숭배자라고 사실적으로 요약하면서도, 그 과거가 현재와 미래에 대한 장애이기도 하지만, 그들의 찬란한 과거를 솔직히 인정한다. 그는 이렇게 말한다.

> 위대한 성인들의 정치적 교훈의 요체는 통치자 개인의 도덕성에 귀착되는 것이지만 실제로 팽배한 그 요체의 정신은 극단의 보수주의를 형성하는 골동품에 대한 강렬한 존경심이다. 이러한 성인들의 교훈의 영향으로 중국인들의 마음은 완전히 노예가 되어버림으로써 정치적 · 윤리적 문제에 대한 비교 연구 같은 것은 그 마음에서 전적으로 사라져 버렸다. 그러므로 감수성이 예민한 보다 위대했던 시기에 이루어진 문명은 주의 깊게 보존되었지만 거기에서 더 나아가는 모든 발전은 완전히 중지되어 버리는 결과가 불가피하게 나타났다.

로이드의 책을 소개하는 중에 하야시 백작은 극동 문제에서 일본이 담당해야 할 중요한 역할과 대부분의 세계가 일본에 관하여 가능한 모든 것을 알아야 할 필요성을 강조하고 있다. 이 비록(秘錄)의 일부에서 분명해지듯이 그는 펜의 힘을 잘 이해하고 있었지만, 일본에 관한 모든 서적은 일본 생활의 좋은 면만을 노출시켜야 한다는 그의 대부분의 동료들의 견해에는 동조하지 않았다.

하야시는 일본 내에서나 해외에서 너무 많이 외국인들과 어울려 다녔기 때문에 어느 나라나 어두운 면이 있고 어느 정부에나 시정할 비정(秕政)이 상당히 많이 있다는 것을 모를 수가 없었다. 그러나 그가 말하는 것처럼, "고기는 물을 보지 못한다." "다른 사람들이 우리를 보듯이 우리들 자신을 보는 능력"은 개인에서와 마찬가지로 한 국민에게도 값있는 것이다.

만일 하야시 백작이 생존해 있었다면 그는 이 비록을 출판하지는 않았을 것이라고 많은 사람들이 주장해왔다. 그러나 이러한 말을 뒷받침할 만한 아무런 증거도 없다. 오히려 그는 이 비록이 반드시 출판되어야 한다는 명확한 지시를 남겨 놓았다. 그의 전 생애는 그가 자기 나라를 비판하면서 부끄러움이 없었다는 사실을 입증해 주고 있다. 내가 도쿄에 도착한 직후 그를 만났을 때인 1912년 1월의 대화에서 다음과 같이 말했다.

> 가시를 다루는 것을 두려워하지 마시오. 그것이 당신과 우리들을 위해 좋은 것이 될 것이요.

조선에서 일어난 음모 사건의 재판, 일본과 조선의 감옥에서 일어나는 고문 행위, 그리고 1912년 사이온지 내각의 붕괴에 관하여 《지지신보》(時事新報)에 개재한 그의 논설이 잘 보여주듯이 그 자신도 가시(荊)를 다루는 것을 두려워하지 않았다. 그는 일본어로 『이탈리아사』(伊太利史)를 출판했으며 밀(J. S. Mill)의 『정치경제학』을 번역하여 출판했다.

내가 알고 있는 한 하야시는 자기의 직책상 일본 신문에 자기 명의로 논설을 게재한 것은 드문 일이었으나, 실제로는 여러 해에 걸쳐 대외 문제에 관한 《지지신보》의 입장을 좌우했다. 그리고 그는 《지지신보》와 《주오고론》(中央公論)에 익명으로 많은 논설을 발표했다. 모든 외교 정책에 대하여 《지지신보》가 항상 높은 수준의 평판을 받으면서 더욱 더 친영국적 입장으로 나간 것은 적지 않게 이 신문의 소유주인 후쿠자와 유키치(福澤諭吉)와 외교관인 하야시와의 관계 때문이었다.

나는 하야시가 실제로 관료 사회와 신문을 연계시킨 것에 대하여 앞에서 언급한 바 있다. 그것은 매우 중대한 사항이다. 오랫동안 영국과 미국 신문의 도쿄 주재원들이 너절한 글을 썼으며, 오늘날도 그것은 마찬가지 형편이다. 그동안 일본 정부와 일본 언론 간의 긴밀한 유착 관계가 간과되어 왔던 것은 슬픈 일이다. 만일 일본은행, 일본 대장성 및 외무성과 같은 기관이 각각 공보실을 가지고 있고, 모든 지도적 정치인들이 각기 자기들의 견해를 대변하는 신문을 가지고 있었다는 것을 알았더라면 런던에서 일본어로 발표된 성명에 관한 당국의 순박한 부인에 대하여 실제로 그랬던 만큼의 신빙성을 부여하지는 않았을 것이다.

제2차 사이온지 내각이 붕괴된 후 나는 하야시 백작과 같은 객차를 타고 도쿄(東京)에서 요코하마(橫濱)까지 여행한 적이 있다. 그는 그때 하야마에 있는 그의 별장으로 가고 있는 도중이었다. 대화를 나누는 중에 그는 자기가 보다 더 젊었더라면 신문 기자가 되고 싶었노라고 말했다. 그 후 약 1년이 지나 나는 현 외무대신인 남작 가토 다카아키(加藤高明)와 함께 오이소(大磯)에서 도쿄까지 여행했다. 고 하야시 백작에 관한 얘기를 하면서 가토 남작은 하야시가 실제로 언론계에 투신하려고 했으며, 노련한 기자였던 브링클리[28](Frank Brinkley) 선장의 사망으로 1년 전에 주재원이 공석이었던 《타임즈》(*The Times*)에 일본 문제에 관한 정기 기고를 희망했었다고 말했다.

여기에 발표하는 이 비록은 1902년, 1903년, 1906년, 1907년

28) 브링클리(Frank Brinkley, 1841~1912) : 영국의 신문기자・군인. 1867년에 일본에 건너가 요코하마의 일본 주둔군 중위로 시작하여 해군포술학교 교두(教頭, 1871)・고우베(工部)대학 수학 교수(1876) 등을 역임했다. 《재팬 메일》(*The Japan Mail*)의 주필(1881)이 되어 영일동맹의 체결을 지원했으며, 만년에는 일본의 역사와 예술에 심취하여 『어학독안화』(語學獨案火, 1873), 『일본과 중국』(日本と中國, 1903), 『일본국민사』(日本國民史, 1912)를 저술하고 도쿄에서 병사하였다.

및 1908년에 기록된 것이다. 고 하야시 백작의 의도는 '외교계의 한 작은 화제 거리로서' 그가 외교관 생활을 시작했던 1871년부터 1908년 첫 번째 사이온지 긴모치 내각의 붕괴로 인하여 외교계를 은퇴했던 때까지의 일본 외교사를 서술해 놓으려고 했던 것이다. 이러한 작업은 사실상 메이지 시대라고 하는 주목할 만한 시기 전체의 완전한 역사가 될 수도 있다. 그 기간 동안에 일본은 자체 내에 굉장한 변화를 초래했고, 이 나라는 신용을 얻지 못했던 한낱 무명의 섬으로부터 세계열강의 하나로 부상하게 되었다.

불행하게도 하야시 백작은 외교 활동에서는 조직적이었지만 저술하는 데는 매우 난삽했다. 그는 역사를 자기의 일기와 신문에 기고한 자기의 논설에 기초하여 쓰려고 의도했음이 분명하다. 그는 자기 생애를 전반적으로 쓰려고 계획을 세웠으나, 실제로는 그 분량을 다 쓰지 못하고 영국과 일본과의 동맹과 자신의 외무성 재직 기간을 다루는 몇 개의 장밖에는 쓰지 못했으며 심지어 외무성 재직 중의 일에 관한 것까지도 완성치 못했다. 왜냐하면 미국 이민 문제와 법고문(法庫門) 철도를 다루는 데 필요한 부분이 여의치 못했기 때문이다. 이 두 가지 문제에 관하여 그 당시의 여건에서 상당히 재미있는 판단이 조리 있게 관조되었을지도 모른다는 점에서 볼 때 그 부분이 탈고되지 못한 것은 상당히 유감스러운 일이다.

이 비록 안에는 일부 미완성된 원고이기는 하지만 일본의 신문지상에 기고했던 논설이나 또는 미완성의 장도 포함시켰다. 하야시 백작에 관한 이야기를 총망라하기 위해서는 그러한 자료도 삽입시키는 것이 바람직한 것으로 생각되었다.

1913년 5월부터 도쿄에서 명성이 있으나 잘 알려지지 않은 월간지인 《주오고론》이 어떤 은퇴한 외교관의 회고 형식을 빌려 일련의 항목들을 단편적으로 발표하기 시작했다. 1913년 7월 29일에 《지지신보》가 '영국과 일본의 동맹의 역사'라는 제목으로 《주오고론》을 인용하여 일련의 논문을 발표하기 시작했다. 《지지신보》는 이 논문이 하야시 백작의 구술(口述)이라고 발표했다.

그 다음 날 두 번째 논문이 게재되었는데, 여기에는 훨씬 더 상세한 정보가 들어 있었고 고인이 된 그 정치가의 일기임이 분명했다. 신문 발행인이 하나의 주석을 붙였는데 그 내용은 이 논문이 사실은 고 하야시 백작의 일기를 전재(轉載)한 것으로서, 이는 유언 집행자들에 의하여 그 일기가 동 신문사의 처분에 맡겨졌던 것이며 앞으로 신문사에서도 계속하여 이를 발표할 것이라고 말했다. 그 다음 날인 7월 31일에 《지지신보》는 동 신문사가 다음과 같은 서신을 일본 외무성으로부터 접수했다고 공표했다.

> '영국과 일본의 동맹의 역사'라는 제하의 내용은 역겨운 것으로 생각된다. 따라서 귀사는 이 이상 그 논문을 연재하지 않기를 요구한다. 본인은 외무성 대신의 지시에 따라서 이 서신을 쓰는 바이다.
>
> 외무성 대신 개인 비서관
> 요시다 요사쿠(吉田與作)(서명)

8월 21일에 《지지신보》는 이 논문의 연재물 개요를 포함한 부록을 서둘러 만들었다. 그러나 그 부록은 즉시 경찰에 의하여 압수되었으며, 발매가 금지되었다. 그리고 그 번역물의 일부분이라도 해외로 빠져나가지 못하도록 하기 위한 모든 조치가 취해졌으며, 전보나 편지도 중단되었다. 나는 다행히도 하나의 번역물을 런던으로 밀반출하는 데 성공했으며, 런던에서 그것이 출판되어 놀라운 반응을 일으켰다. 그 당시에는 이 비록의 어느 부분도 더 이상 입수될 수 있을 것이라고 기대하지 않았다. 왜냐하면 일본 외무성이 하야시 가(家)나 《지지신보》가 가지고 있던 모든 자료를 압수해 버렸고, 그들로부터도 이 이상 더 비록의 어느 부분도 출판하는 것을 지지하거나 권고하지 않을 것이라는 약속을 힘들게 받아냈기 때문이다.

1913년 10월에 하야시 백작이 쓴 한 원고를 가지고 있으며, 또 특별히 그 원고를 가지고 있던 사람에게 하야시 백작이 그 원고를 발간하라는 지시를 내렸다. 그 일본인이 나에게 접근해 왔다. 그 원고의 소유자는 서예의 본보기가 될 만큼 달필로 쓰인 그 원고를 미끼로 돈을 빌렸으며 그 빌린 돈만 내가 갚는다면 그 원고를 사용할 수 있게 되는 것이다. 동시에 그 원고가 법률상으로 문제의 그 일본인 소유라는 보증을 나에게 해주었다. 그 원고를 받을 때 나는 하야시 백작이 그 소유자 앞으로 보낸 다음과 같은 내용의 서신을 발견했다.

> 내가 은퇴한 후 또는 어떤 적절한 기회에, 귀하가 이 원고를 발간하도록 한다는 의도에서 나는 이 원고를 귀하에게 주는 바이다.
>
> 하야시(서명)

나는 그 원고 중 가장 중요한 부분을 번역하도록 했으며, 그 번역물들은 48시간 이내에 런던과 상해(上海)로 송부되고 있었다. 며칠이 지나서 나는 이 원고를 다시 빌려 번역을 완성하고 그것을 점검할 수 있었다. 선택적으로 발췌한 내용을 발간하기 바로 전날 하야시 가의 한 대표가 나에게 접근하여 유고 발간의 중지를 요청했다.

어떻게 하여 그들이 그 발췌문에 관하여 알게 되었는지 알 수 없었지만 누군가가 말하여 주었을 것이라고 짐작했다. 그들은 내가 사용했던 원고가 《지지신보》의 어떤 사원이 만든 한 사본이라고 믿고 있었으며, 나에게 접근했던 그 사람도 결코 전에 들어보지 못했던 자료가 포함되어 있다는 것에 매우 놀랐고, 또 하야시의 가족도 전혀 알지 못한 것이었다고 나에게 말했다.

하야시 가의 어떤 사람이나 또는 《지지신보》의 어떤 사람도 신의를 저버렸다는 비난을 받지 않도록 하기 위해 나는 다음과 같은 편지를 외무대신에게 보냈다. 나의 서한을 접수했다는 확인을 받지 못한 것이 아마도 놀라운 일은 아니었을 것이다.

> 일본제국 외무대신 남작 마키노 노부아키[29](牧野伸顯) 각하
>
> 본인의 회사(Reuter)가 현재 런던 및 상해에서 발간을 계속하고 있는 고 하야시 백작의 비망록과 관련하여 본인은 하야시 가나 《지지신보》사의 어떤 사람도 이 원고와는 아무런 관계가 없다는 것을 각하에게 통보해 드립니다. 그들은 본인이 활용하고 있는 이 원고의 내용을 전혀 알지 못하고 있으며 또한 그러한 원고가 존재하고 있다는 사실마저도 전혀 알지 못합니다. 신의를 저버렸다는 어떠한 비난도 그들에게 가하여지지 않도록 하기 위해 본인은 이 편지를 씁니다.
>
> A. M. 풀리(Sgn.)

하야시 가와 그 친구들의 명성을 보호하기 위해 나는 이 서한의 사본을 도쿄에 있는 각 신문사에 보냈다.

1914년 4월에 나는 일본인 친구들을 통하여 이 비록의 또 다른

---

29) 마키노 노부아키(牧野伸顯, 1862~1949) : 정치가・외교관, 가고시마(鹿兒島) 출생, 메이지유신의 3걸 중의 하나인 오쿠보 도시미치(大久保利通)의 2남. 문부대신 재직 중 의무 교육을 6년으로 확대했다. 파리강화회의(1919)의 전권대사・내대신・궁내대신 등을 역임했으며, 친미파로 군부와 우익의 표적이 되었다.

원고가 있으며, 어떤 전당포 주인이 실제로 그것을 소유하고 있다는 것을 알았다. 나는 그것에 접근하여 내가 가지고 있는 원고와 비교해 볼 수 있었다. 그 원고는 약 40장의 매우 불완전한 내용이었으며, 가치를 부여할 만큼 충분히 완성된 상태에 있는 것은 거의 없었다. 그 원고는 대부분 이미 신문에 기고했던 논문들로 구성되어 있었다.

이 비록의 발매 금지와 관련하여 가장 흥미 있는 점은 영국왕 조지(King George)의 대관식 날 하야시가 영일동맹의 협상에 관하여 개괄적이면서도 무난한 내용을 《재팬 타임즈》(*The Japan Times*)에 발표했다는 사실이다. 그 후 3일이 지나 그는 그 협상에 관해 보다 광범위하고 분명히 비공식적인 내용을 《아사히신문》(朝日新聞)에 발표했으나 그 기사에 서명하지는 않았다. 이 신문에 실은 것이 다소의 관심을 불러일으켰지만, 모든 사람들은 이것을 신문의 추측 기사라고 조소했다. 심지어 그렇게도 날카로운 비판지인 《재팬 크로니클》(*Japan Chronicle*)까지도 '역사를 무엇으로 알고 그러는가!'라는 제목 아래 그 번역물의 내용을 다루었다.

청일전쟁

이홍장과 이토 히로부미 백작이 서명한 천진조약(天津條約, 1885)에 의하여 청국의 속국인 조선에 대한 청국과 일본의 상대적 입장이 규정되었다. 이 조약의 마지막 구절에는 양국 중 어느 한쪽도 다른 한쪽의 체약국에 통고함이 없이는 조선에 군대를 파견해서는 안 된다고 규정되어 있다. 조약 당사국의 어느 한 국가가 조선에 군대를 파견할 필요가 있다고 생각할 경우에는 다른 한 국가도 같은 숫자의 병력을 조선에 파견할 권리를 마땅히 가진다.

이 조약은 조선에 대한 청국의 종주권을 무효화시키고 일본에 대하여는 조선 내에서 청국과 동등한 권리를 부여했기 때문에 일본은 천진조약을 하나의 외교적 승리라고 생각했다. 그럼에도 불구하고 이 조약이 일본 사람에 대하여 조선 사람들과 조선의 조정이 가지고 있는 적의를 완화시켜 주지는 못했다. 청국의 조선 주재관 원세개(袁世凱)와 1888년에 조선과 육로통상조약을 체결한 바 있는 서울 주재 러시아 공사 파블로프[30](P. A. Pavloff)에 의해서도 그러한 적의는 꾸준히 조장되었다.

일본 당국은 1885년 이래로 조선 문제를 평화적으로 해결하는 것이 불가능하게 될 경우에는 무력으로써 조선 문제를 해결할 준비를 하고 있었다. 일본의 육군과 해군은 그 장비와 인력에서 꾸준히 개선되어 왔으며, 머지않아 실제 사건들이 보여준 것처럼, 놀라울 정도로 높은 수준에 이르고 있었다. 그럼에도 불구하고 요행스러운 연속적 사태 발전이 없었더라면 일본의 정치가들은 1894년에 일어난 제반 사항을 하나의 위기로까지 몰고 가지는 못했을 것이다.

1894년 2월, 여러 해 동안 일본에서 살았던 조선 정치 망명가의 한 사람인 김옥균(金玉均)이 조선 조정 대표들과의 협상을 구실로 상해에 유인되어 그곳에서 살해되었다. 김옥균의 살해는 원세개의 머리에서 구상된 것이라는 소문이 자자했다. 이것이 사실이든 아니든 간에 김옥균이 죽음으로써 일본 외무성은 일본과 조선의 개화파

---

30) 파블로프(Pavel A. Pavloff, 1892~1924) : 러시아의 군지휘관이자 외교관. 1919년 공산당원이 되었다. 모스크바 군사훈련학교장(1921)과 중앙아시아에 있던 제13 보병 군단의 사령관(1923~1924)을 역임했으며, 1924년 4월 손문의 군사 고문으로 중국에 파견되어 근무하였다.

간에 중개자로 일본 외무성이 신뢰하여 왔던 매우 유용한 담보물이 무대에서 제거된 것이다.

김옥균의 죽음은 정한파(征韓派)를 형성하는 기회를 만들어 주었다. 이 집단은 적극적인 조선 정책을 일본제국 정부에 강요하는 것이 그 목적이라고 공언한 정치 결사였다. 반관(半官)의 기관들이 이 결사의 대부분의 재정을 부담했으며, 이들과 정부 당국자들과의 접촉은 조선 정치에 관한 말썽꾼으로서 악명이 높은 오카모도 류노스케(岡本柳之助)에 의하여 이루어졌다.[31]

일본의 정한파의 음모와 일본으로부터 받은 재정 지원으로 동학도(東學徒)들은 조선의 남부에서 1894년 5월 말 반정부 운동을 시작했다. 소요 자체는 그리 심각한 것이 아니었으며 조선의 운명이나 그곳에 주재하고 있는 외국인들에게 실질적인 위험으로 부각된 것도 아니었다. 청국과 일본은 각기 군대를 조선에 파견하는 데 이 기회를 이용했으며, 서로 천진조약의 규정에 따라 상대방에게 군대 파견의 취지를 통고했다. 이홍장이 조선에 군대를 파견하지 않으려고 고심했던 것은 의심할 나위도 없는 것이지만 일본 군대가 먼저 그곳에 도착할까 두려워했던 그가 원세개의 의견에 결국 따른 것은 상당한 시간을 지체한 이후였다.

이홍장과 원세개가 러시아의 영향을 받았다는 사실, 즉 이홍장은 카시니 백작(Count Cassini)의 영향을 받았고 원세개는 파블로프의 영향을 받았던 것은 의심할 여지가 없다. 왜냐하면 아주 약삭빠른 이들 두 외교관은 어느 쪽도 서울에서 청국의 영향력이 일본의

31) 결국 조선 정부를 억압하여 오카모도 류노스케(1853~1912)는 군사고문관이 되었다. 그는 1895년에 일단의 암살단을 지휘하여 조선의 명성황후(明成皇后)를 살해했다. 후에 그는 1911년의 신해혁명(辛亥革命)에 참여한 일본인들을 지휘했으며, 상해에서 죽었다.(편자 주)

것으로 바뀌는 것을 보고 싶지 않았기 때문이다. 따라서 이홍장은 3,000명의 군사를 아산만(牙山灣)으로 파견했다.

요코하마의 《이스턴 월드》(*Eastern World*)가 지적한 바와 같이 그렇게 많은 군대를 파견할 필요가 전연 발생하지 않았음에도 불구하고 같은 해 6월 9일 1개 혼성사단 병력인 8,000명의 일본 군대가 조선에 상륙했다. 1894년 6월 16일, 청국은 동학혁명이 진압되었다고 발표하고 자신의 군대를 조선에서 철수시키고자 한다고 일본에 통고하고 일본군도 철수하기를 요구했다.

1주일이 경과된 후 일본은 청국의 제의를 거부한 것으로 알려졌으며 천진 주재 《타임즈》(*The Times*)의 기자는 청·일 양국 간의 관계가 심각하게 되었다고 보도했다. 6월 24일에 청국의 1개 함대가 제물포로 항해하라는 명령을 받았다. 6월 25일에 나온 일본의 한 공식 성명서는 동학도들의 반란이 아직 진압된 것이 아니라고 주장했으며, 설령 동학도들은 진압되었다고 하더라도 재발 방지를 위해 이번에는 일본이 제반 조치를 취하는 것이 필요하며 조선에 대한 일본의 경제적 이해가 청국보다 더 크기 때문에 이러한 조치는 일본에게는 중대한 문제라고 주장했다. 따라서 일본은 청·일 양국의 공동 개입에 동의하지 않는다면 단독으로라도 조선에 개입하겠다고 응답했다.

조선의 사정은 동학혁명의 결과로 일본의 정책 수행에 유리하게 전개되었다. 조선 내의 여러 가지 조건, 특히 조선이 일본에 바로 인접하여 있는 지역에 있다는 여건은, 비록 동학도 자체가 미약한 것이었고 또 일본 측에서 그것을 부추기고 있는 것은 의심의 여지가 없는 것이기도 하지만, 그것은 일본으로 하여금 이에 간섭할 명목적인 정당성을 제공해 주었다. 일본의 내정 자체에도 또한 극적인 행동을 선호하는 주장이 없었던 것은 아니다.

오랫동안에 걸친 일본의 정계 내의 강력한 움직임은 일본이 외국 열강과 체결한 기존 조약의 개정과 조약상 개방토록 된 항구의 원상회복을 주장하는 것이었다. 일본은 이러한 요구 사항을 성취하는 데 실패했기 때문에 내각은 연이어 붕괴되었다. 또한 협정 개정 운동의 야기와 정당에 의한 정부를 수립하려는 이다가키 다이스케[32](板垣退助) 백작의 노력이 우연의 일치로 동시에 일어난 것은 불행한 것이었다. 이것은 당장에 국내 정치 문제의 하나가 되었다.

대부분의 외교 문제에 대하여 전혀 지식이 없고 또 정치의 기본 바탕도 알지 못하는 사람들로 구성되었던 일본 의회는 계속되는 해외 원정과 더불어 무장에 필요한 막대한 금액의 지출을 조정해 줄 수가 없었다. 이로 인하여 의회와 내각 사이에 격렬한 싸움이 일어났고, 1893년 12월부터 1894년 6월까지의 기간에 의회가 두 번 해산되었는데, 첫 번째 해산된 의회는 불과 1개월 만에, 그리고 그 다음번 것은 18일 만에 해산되었다. 이 두 의회는 강력한 대외 정책을 추구하던 행정부보다도 더 강한 야당의 주장 때문에 해산되었다.

일본이 조선에 대규모의 부대를 투입한 목적은 일차적으로 일반 국민의 감정을 달래려는 것이었다. 청국의 요청에 의한 파견 부대의 철수는 정치적으로 이토 히로부미와 무쓰 무네미쓰를 실각시키는 것을 의미하는 것이기 때문에 일본 내에서 아주 심각한 결과를 불러일으킬 수밖에 없었다.

---

32) 이다가키 다이스케(板垣退助, 1837~1919) : 정치가, 토사번(土佐藩) 출생, 막부타도의 급진론자. 정한론을 옹호하고 애국정당을 설립하여 번벌(藩閥) 타파와 민권신장을 주장(1875)했으며, 일본 최초의 정당인 자유당을 결성(1881)했다. 제2차 이토 내각의 내무대신 역임(1896), 자유당을 해체하고 진보당과 제휴하여 헌정당을 결성, 오쿠마 시게노부(大隈重信)와 함께 내각을 조직하여 내무대신(1898)이 되었다.

조선의 사정과 일본 국내의 정치적 여건 외에도 주의해 볼 만한 또 하나의 충격적 사건이 있었다. 1893년 이래로 무쓰 내각은 영국과 일본 간의 협정을 개정하기 위해 영국 정부와 교섭 중에 있었다. 이 협상 활동은 베를린 주재 일본 공사인 자작 아오키 슈조가 맡았다. 조선의 위기 상황이 발생하자 새로운 영일협정 초안에 쌍방이 합의에 이르렀으나, 영국의 킴벌리 경은 협정이 개정되어 실제로 만족스럽게 시행되는 것을 보기 전에는 새로운 협정의 발효를 거부했다.

영국과의 협정 개정은 이토 히로부미가 일본 의회로부터 정정당당하게 찬사를 요구할 수도 있었던 외교상의 성공이었다. 그러나 무한정으로 그 시행이 연기될 수 있는 협정 개정이란 쓸모없는 것이라기보다는 사태를 더 악화시킬 수 있는 것이었다. 반면에 만일 조선에로의 진출이 성공한다면 그것은 모든 분야를 단합시킬 수 있을 뿐만 아니라 일반 국민의 관심을 협정 개정의 문제로부터 다른 데로 돌릴 수도 있으며, 아마도 다른 열강들과 이미 체결된 협정을 개정하는 데에도 도움이 될 수 있었을 것이다.

이상에서 지적한 것이 일본이 취한 행동의 직접적인 이유가 되었다. 그런데 여기에 일본 의회 정치의 장래나 이토 히로부미와 무쓰의 의회 활동의 장래보다도 더 큰 문제가 위태롭게 등장했다. 일본은 여러 해 동안 청국 내의 모든 비밀문서를 입수하고 있었는데, 1882년에 청국의 어사대(御史臺)에서 황제에게 조선 문제에 관한 상소문을 올렸다. 훗날 이홍장의 사위가 되었던 장패륜[33](張

33) 장패륜(張佩綸, 1848~1903) : 청말 양무파(洋務派) 관료, 자는 유초(幼樵)이며 직예 풍윤인(直隸豊潤人, 오늘날의 河北). 동치(同治) 연간에 진사에 합격하여 보정(寶庭)·황체분(黃體芬)·하금수(何金壽) 등과 같이 조정에 대한 일을 비평하여 소위 청류파라 칭했다. 1884(光緒 10년) 중불전쟁 당시 복건성에 파견되어 방비에 나섰으나 7척의 중국 군함이 격침되었기 때문에 그 책임을 지고 파직되었다가 1888년(광서

佩綸)은 매우 현명하게 논리를 전개한 하나의 상소문[34]에서 황제에게 청국의 육군과 해군을 철저하게 혁신해야 할 필요성을 역설하면서 일본과의 전쟁을 위한 만족할 만한 하나의 핑계를 찾아내서 왜인(矮人 : 일본인들을 경멸하여 부르는 말)들을 완전히 쳐부숴 버릴 것을 주장했다. 그는 영국과 서방 열강들도 청국을 지원할 것이라고 믿을 만한 이유도 제시했다.

청국 황제는 이 상소문을 이홍장에게 보내어 그의 의견을 들었다. 이홍장도 청국의 육·해군을 혁신해야 한다는 주된 논거를 시인했으나 일본과의 전쟁을 위한 구실로서는 조선 문제보다는 유구열도(琉球列島)가 더 나을 것이라고 생각했다. 장패륜과는 반대로 그는 유럽 열강이 청국보다는 일본을 지원할 것이라고 생각했다.[35] 일본 외무성은 상소문의 사본을 가지고 있었으므로 장차 어느 날엔가는 일본과 시비를 걸어 싸우려고 하는 청국의 의도를 완전히 파악하게 되었다. 따라서 일본 정부는 그 날을 위해 여러 해 동안 미리 준비하여 왔으며 싸울 시기를 스스로 택할 결심이 되어 있었다.

도쿄 주재 《타임즈》(*The Times*) 특파원이며 이토 히로부미 백작의 가까운 친구였던 고 브링클리 선장(Captain Brinkley)도 자기가 소유하고 있던 《재팬 메일》(*The Japan Mail*)의 논설과 《타임즈》에 기고한 글에서 이러한 견해를 전적으로 장담하고 있다. 그는 일본이 만반의 태세를 갖추어 놓았으며, "탄약만 하더라도 청국과의 전쟁을 치르는 데 필요로 하는 양보다 더 많이 비축해 놓고 있다."고

14년)에 다시 복직되어 이홍장의 막료가 되었다. 저서로는 『윤간집』(潤干集), 『윤간일기』(潤干日記) 등이 있다.

34) 상소문 : 부록 A(본서 78-83쪽) 참조.

35) 부록 A(본서 84-92쪽) 참조.(편자 주)

말한다. 그는 일본의 대조선 조치가 박애 정신에서 나온 것이 아니라 일본을 위해 이득이 될 수 있는 이웃 나라로 조선을 변화시키는 것이었다는 점을 시인하고 있다. “일본은 조선을 합방하려는 야망을 가지고 있으며 이러한 일본의 야망이 열강들에 의하여 제한받을는지도 모른다는 것도 알고 있다. 그렇기 때문에 일본은 유럽과 다투는 일보다 더 두려운 것이 없다.”고 브링클리는 쓰고 있다.

일본이 조선 내에서 문제를 일으키고 청국에 싸움을 건 방식은 잘못된 것이긴 하지만 최악의 경우 일본으로서는 청국이 비슷한 행위를 취하는 것을 예방하고자 선수를 치고 있을 뿐이었다. 일본의 이러한 정책은 국내외 상황으로 볼 때 시의 적절한 것이었으며 특히 러시아와 긴밀한 국교 관계가 회복되어 가고 있던 청국에서는 더욱 그러했다. 결국 청국과 일본 간에 벌어지고 있는 조선의 문제는 누가 힘이 더 세냐 하는 문제였다. 일본은 이 문제를 힘으로 밀어붙였고 또 이에 대처할 준비가 되어 있었던 반면에 청국은 단지 말로만 준비를 이야기하고 있었기 때문에 일본이 승리한 것이다.

일본이 조선에 대한 간섭을 계속하기로 선언한 1894년 6월 25일부터 사태는 심각하게 발전하였다. 일본 내에서는 전쟁이 발발할 경우에 유럽 열강의 태도에 관하여 다소의 의구심이 일어났다. 고 무쓰 백작이 남긴 비망록은 이러한 의구심을 떨쳐 버리기 위해 나누었던 외교적 대화를 보여준다. 일본 외무성이 가능한 한 이 작업에 관한 문서의 사본을 압수하여 폐기해 버리고 또 이에 관한 그 이상의 출판을 금지시켜 버린 것은 유감스러운 일이다. 이러한 외교적 대화에 관한 다음과 같은 개요는 몇 개 남아 있지 않은 소수의 사본 중의 하나에서 내가 얻은 것이다.

일본이 자기 나라에게 적대 행위를 할까 두려워해야만 했던 나라는 오직 두 강국, 즉 영국과 러시아뿐이었다. 이 두 나라 중의 하나인 영국이 지금까지 중립을 지켜 주도록 설득할 수 있다면, 러시아가 외교적 항변 이상의 조치를 취한다는 것은 매우 가능성이 희박한 것이었다. 분명하게 규명되어야 할 첫 번째 요점은 혹시 영국이 청국과 비밀 협정을 체결하고 있어서 영국이 청국 대신에 자기 나라의 해군이나 육군의 작전을 취하도록 되어 있는가에 관한 것이었다.

런던 주재 공사 하야시는 이에 관한 영국 정부의 견해를 확인해 보라는 훈령을 받았다. 영국 정부 측에 접촉하여 얻은 결과는 일본에 대한 하나의 경고가 되었는데 그것은 영국이 어떤 종류의 적대 행위든지 발생되지 않기를 간절히 원하고 있으며, 청국 내에서의 영국의 이해를 해치거나 조선의 영토나 독립을 침범하는 어떠한 행동도 용납할 수 없음을 분명히 한다는 것이었다.

이상의 정보는 불충분하니 영국이 설정한 한계, 즉 무쓰가 '매우 애매한 것'이라고 기술한 그 한계를 범하지 않고 일본이 어느 정도까지 깊이 들어갈 수 있는지에 관하여 의견을 개진해 보도록 런던 주재 일본 공사에게 훈령을 보냈다. 또한 일본의 유일한 목적은 조선의 내정을 개혁함으로써 조선의 문제를 안정시키려는 것임을 영국 측에 분명히 해두라고 일본 공사에게 훈령했다. 이에 대하여 영국은 조선의 내정 개혁은 환영하지만 조선의 외교 문제에 어떤 구체적인 변화가 나타난다면 이를 무관심하게 지나칠 수 없으며, 조선 국왕의 소유로 되어 있는 영토의 어느 것도 일본의 소유로 이전되는 것을 묵인할 수 없다고 대답했다.

바로 이러한 명확한 영국의 입장을 드러냄과 동시에 영국은 한반도를 지배하려는 일본의 시도는 분명히 러시아의 개입이나 러시아가 조선의 항구를 점령하는 사태를 유발하게 될 것이라고 경고했다. 이상과 같은 의견서를 접수하자 무쓰는 현재 상황에서 어떠한 결과가 발생하더라도 일본은 조선 영토의 어느 부분도 점령할 의도가 없다는 것을 공식적으로 영국 당국에 보장하라고 런던 주재 일본 공사에게 훈령을 보냈다.

이러한 보장은 시의적절한 것이었다. 왜냐하면 극동의 외교가에서는 일본이 실제로 조선을 재빨리 채어 가려고 한다든가 또는 코르프(C. J. Corfe)[36] 주교가 점잖게 표현했듯이 "일본은 오직 조선의 합병을 원하고 있다."는 것이 일반적인 인상이었기 때문이다. 일본이 러시아의 반대를 두려워하는 데에는 그럴 만한 이유가 있었다. 이홍장은 러시아의 카시니 백작을 위한 작별 연설을 하던 중에, 청국이 조선에 파병한 것은 카시니 백작의 충고를 들은 결과였으며, 1894년 6월 25일 청·일 양국이 각기 병력을 조선에서 철수시킬 것을 서울 주재 외교단 명의로 원세개와 일본 공사 오토리 게이스케[37](大鳥圭介)에게 제출한 요구서가 명목상으로는 조선 국왕의 요구에 따라 제출한 것이지만 그 초안은 파블로프(P. A. Pavloff)가 작성했던 것임을 분명히 밝혔었다. 청국은 이 철병 요구서에 즉각 동의했으나 일본은 이에 끝까지 회답하지 않았다. 이해 6월 28일 이홍장은 다음과 같은 성명서를 발표했다.

---

36) 코르프(Charles J. Corfe, 高要翰, 1843~1921): 영국성공회 신부, 초대 한국 주교. 영국 솔즈베리 대성당의 반주자의 아들로 태어나 옥스퍼드대학을 졸업하고, 사제 서품을 받은(1867) 다음 종군 신부로 활약하던 중 중국의 지부(芝罘)에서 활동했으며 이때 조선에 대한 관심을 갖게 되었다. 1889년에 초대 조선 교구장으로 임명되어 1890년 9월에 조선에 입국하여 제물포에 정착했으며, 1904년 주교직을 사임하였다. 북경, 만주, 대련 일대에서 선교하다가 귀국하였다.

37) 오토리 게이스케(大鳥圭介, 1832~1911) : 메이지 중기의 외교가, 효고현(兵庫縣) 출신. 청국 주재 특명전권공사(1889), 조선 공사(1893~1895)로 재직하던 중 동학란이 일어났을 때 조선 내정의 개혁과 원세개가 이끄는 청군의 철병을 요구했다. 추밀 고문관을 역임(1894)했고, 남작을 수여(1900)받았다.

청국은 조선의 종주국이다. 청국은 조선으로부터 조공을 받으며 관직을 수여한다. 따라서 청국은 이 속국을 보호해 주어야 할 의무가 있다. 그러므로 청국은 조선 국왕의 요청에 따라 동학도의 반란을 진압하기 위해 군대를 파견했으며 1885년 천진조약에 따라서 이 사실을 일본에 통보했고 반란을 진압하자마자 군대를 철수시킬 것을 서약한다. 일본 역시 조선에 군대를 파견할 권리를 가지고 있다고 하더라도 일본이 개입할 필요성은 없다.

청국 군대가 나타나자 동학 반도(叛徒)들은 흩어져 버렸다. 이제 청국은 조선으로부터 철병을 바라고 있다. 그러나 일본은 청국과 더불어 조선에서 동시에 철병하기를 거절하고 청국과 함께 조선을 점령한 다음 재정을 관리하고 내정 개혁에 착수할 것을 제의하고 있다. 비록 청국은 일본이나 다른 나라들과 함께 조선의 국왕에게 내정 개혁이 필요하다고 건의하는 데 관심을 가지고 스스로 나서서 이런 일에 참여하고 싶다 할지라도 이러한 업무들은 청국이 결코 수락할 수 없는 일들이다.

일본의 태도는 동남아시아에 위기를 불러일으키는 위협이요, 일반적 통상을 위해 개탄할 일일 뿐만 아니라 청·일 양국에게 다 같이 위험스럽다는 것이 입증될 것이다. 북양대신 이홍장은 일본의 이와 같은 행동이 국제법과 기존의 조약을 위배하는 것이라고 생각한다. 그럼에도 불구하고 이홍장은 청국에 불명예가 되는 일 없이 평화를 보전하기 위해 노력할 것이다.

이 항의에 대한 이토 히로부미와 무쓰의 대답은 청국의 종주권 폐기, 청국의 조선 주재관 제도의 폐지, 인사 제도, 군사 제도 및 법률 제도의 개혁을 포함하여 철도 부설권, 채광권 및 자금 대출 특권 등의 지나친 사항을 일본에 허용할 것을 조선 국왕에게 요구했다.

이홍장은 러시아에 자문을 구했다. 러시아는 청국을 위해 칼을 뽑는 것에 마음이 내키지 않았고 또 그럴 만한 처지에 있지 못했다.

그러나 러시아는 조선에서의 현상 유지를 위해 조선에서 할 수 있는 만큼 많은 도덕적 지원을 자진해서 하려고 했다. 도쿄 주재 러시아 공사 히트로포(M. Hitrovo)는 일본 외무대신 무쓰 백작을 방문하여 하나의 각서를 전달했는데, 그 속에서 러시아 정부는 청국이 천진조약의 모든 조건을 분명하게 이행했으며, 더 나아가서 조선에서 청국 군대를 철수시킬 준비가 되어 있다고 말했다.

이어서 그는 일본도 그와 같이 조선에서 철병해야 마땅하며, 더 나아가서 만일 이 충고를 거부하고 그로 말미암아 평화가 깨어진다면, 오직 일본만이 이에 책임이 있다는 견해를 명시했다. 일본 외무대신은 러시아 공사에게 이 각서의 마지막 문장이 러시아는 외교적 지원을 넘어서 청국을 지원할 준비가 되어 있다는 것으로 자신이 이해해도 되는지 물어봄으로써 그 의도를 탐지하려고 했다. 그러나 러시아 공사는 자기는 이 각서 안에 포함된 것 이상의 어떤 훈령도 받은 것이 없다고만 대답했다.

만일 일본이 너무 지나치게 행동하면 러시아가 청국과 더불어 조선에 대한 합동 종주국임을 선언할 것이라는 호전적인 성명을 《노보예 브레미아》(*Novoye Vremya*)에 발표함으로써, 전혀 예기치 않은 사태의 전환이 초래될 때 러시아가 어느 만큼 깊게 조선 문제에 개입하게 될 것인지에 대하여 무쓰는 그때까지도 의심스러운 실정이었다. 이러한 상황은 만일 조선 문제의 안정을 위해 러시아를 개입시킨다면 그것은 단지 조선을 극동의 이집트로 만드는 결과가 될 것이라는 위협적 성명과 함께 독일을 이곳에 끌어들이게 했으며, 북태평양에 독일 전함들을 파견하는 결과를 가져왔다.

1894년 7월 16일에 영일동맹 조약(Anglo-Japanese Treaty)이 서명되었으며 7월 19일에 런던 주재 일본 공사는 영국 외무대신 킴벌리 경(Lord Kimberley)에게 일본은 무력을 써서라도 이 상황을 만족스럽게 해결하겠다는 입장을 통지했다. 이에 따라서 킴벌리 경은 로마, 베를린, 파리 및 세인트 페테르부르크에 전보를 쳐 열강 정부가 북경과 도쿄에 있는 자기 나라 공사들에게 평화 유지를 위해 모든 노력을 경주하라는 훈령을 내리도록 요청했다. 같은 시간에 미국 국무장관 그레샴[38](W. Q. Gresham)은 도쿄와 북경에 있는 미국 공사인 던(Edwin Dunn)[39]과 포스터[40](J. W. Foster)에게 전보를 쳐 미국이 중재자로서 노력을 제공하도록 지시했다. 이러한 전보 발송문은 일본 당국에 의하여 압류되었다.

7월 22일, 조선 국왕은 일본이 조선에서 즉각 철군한다는 조건으로 일본 측 요구 사항을 수락했다. 그러나 그 조건은 즉시 거부되었다. 7월 23일 서울에 주둔한 일본군은 조선 국왕을 유폐했으며 그에 잇달아 일어난 소요 사태에서 많은 수의 조선인이 살해되었다. 이 사건 뒤에 전쟁은 불가피하게 되었다. 영국은 전투 지역을 한정한다는 견지에서 상해의 중립을 일본에 요구했으며 일본은 이를 수락했다. 고승호(高陞號)의 격침 사건이 바로 잇달아 일어났으며 8월 1일에 공식적으로 선전 포고가 있었다.

---

38) 그레샴(Walter Q. Gresham, 1832~1895) : 미국의 법률가이자 군인. 1863년 육군 중장・1865년 총사령관에 임명되었다. 인디애나 지방재판소 판사(1869~1883)・제7 지방재판소 순회 판사(1884)・재무성 장관(1884)・국방장관(1893~1895)을 역임했다.

39) 던(Edwin Dunn, 1848~1931) : 미국의 외교관. 1873년에 일본으로 건너가 홋카이도(北海島) 농업국에서 10년 동안 근무했으며, 도쿄 주차 서기관(1884)과 주일 공사(1893~1997)를 지냈다.

40) 포스터(John W. Foster, 1836~1917) : 미국의 정치가. 멕시코 공사(1873~1880)・러시아 공사(1880~1881)・스페인 공사(1883~1885)・국무장관(1892~1893) 등을 역임했다. 청나라의 초청에 의해 1894년 일본과의 평화 협정 체결 시 청나라 측 판무관으로 근무하였다.

대련항(大連港)의 반환

하야시 백작이 말한 것처럼 러시아의 행동은 결코 예측할 수 없는 것이 아니었다. 전쟁이 일어나기 전 히트로포(M. Hitrovo)의 각서는 러시아가 청국의 편을 든다는 것을 분명히 보여주었다. 그리고 오직 러시아의 황제 알렉산더 3세[41](Alexander Ⅲ)의 죽음과 카르노 대통령[42](M. F. S. Carnot)의 암살만이 러시아로 하여금 외교적 항변 이상의 보다 효과적 대처를 취하는 것을 막을 수 있었다. 1895년 1월과 2월에 일본군의 압도적 승리가 전 세계에 명확하게 드러날 때 러시아는 다소 중요한 군사적 준비를 시작했다. 무수한 수송선이 오데사 항(Odessa)에서 극동으로 파견되었으며 시베리아 철도의 조사를 서두르라는 명령이 떨어졌고 블라디보스토크 함대(The Vladivostock Squadron)의 강화를 위한 준비가 진행되었다.

1895년 2월 1일, 러시아 외무성은 일본이 청국과 평화 협정을 맺을 때 허용될 조건에 관한 러시아 정부의 견해를 약술한 회람을 파리, 런던 및 기타 지역 주재 러시아 대사들에게 발송했다. 이 회람은 프랑스가 이미 러시아의 제의에 동의했으며 영국과 미국도 이 제의에 동의하게 될 것이라고 암시했다. 이 추측은 고통스럽게도 부정확한 것임이 증명되었다.

---

41) 알렉산더 3세(Alexander Ⅲ, 1845~1894) : 러시아 황제(재위 1883~1894). 아버지 알렉산더 2세의 암살과 더불어 등극하여 반외세・반유대의 반동적인 정책을 추구했으며 발칸반도에 진출하여 영국・독일과 마찰을 빚었다.

42) 카르노 대통령(Marie F. S. Carnot, 1837~1894) : 프랑스 공화국의 제4대 대통령. 공화당 국회의원(1871~1876)과 국회의장(1876~1880) 그리고 두 차례(1880~1881, 1885~1886)나 각료를 역임했다. 그레비(F. P. J. Grévy)의 뒤를 이어 대통령(1887~1894)에 당선됐으나, 1894년 이탈리아인 무정부주의자에 의해 암살당했다.

더 나아가서 이 회람은 일본이 부가적 평화 조건으로 허용받을 수 있는 것은 일부 도서의 할양, 전쟁 배상금 부과, 일부 무역항 및 지역의 개방, 그리고 일정한 상업적 이권 취득에 국한될 것이나, 어떤 경우에도 청국 본토에 있는 영토는 한 치도 영구 점령하는 것을 허용하지 않을 것이며, 다만 일본이 전쟁 배상금의 지불을 보장받기 위해 쌍방이 합의할 수 있는 일부 지역의 일시적 점령은 허용될 것이지만 전쟁 배상금이 지불되면 철수해야 한다고 언명하고 있었다.

평화 협상의 조건이 무엇이 되든지 간에 독일은 맨 처음부터 이 분규에 개입할 의사를 가지고 있었다고 하야시 백작은 가정하고 있다. 1895년 3월에 도쿄 주재 독일 공사는 일본에게 평화의 조건으로 청국 본토의 어느 일부라도 영구히 점령하는 것은 러시아의 개입을 자극하게 될 것이라고 경고하라는 훈령을 베를린으로부터 받았다. 하야시 백작은 특히 이 점에 대하여 언급하고 있다.

이 경고를 할 당시의 독일은 2월 1일자 러시아의 회람 내용을 접수하고 있었으며, 독일은 러시아가 여기에 개입하거나 또는 극동에서 어떤 결정적 위치를 억지로 확보할 사건이 발생하면 기꺼이 이 사건을 이용할 것이라는 의구심 때문에 일본에게 매우 우호적인 뜻으로 이 점을 경고했다. 뿐만 아니라 독일이 만일 스스로 동양에서 어떤 야망을 가지고 있었다면 1894년 7월에 일본의 위협이 있은 후 러시아의 어떠한 개입도 조선 문제의 이집트화만 초래할 것이라는 위협 때문에 러시아와 프랑스에 합류하지 않을 수 없었을 것이다.

이외에도 독일이 러시아의 항의에 합세하는 또 다른 동기가 있었다. 일찍이 독일의 카프리피 백작[43](Count Caprivi)은 러시아와 체결했던 재보장조약(Reassurance Treaty)이 유효 기간의 경과로 실효(失效)하도록 내버려 둔 다음 프랑스와 동맹을 체결했다. 청일 전쟁이 일어난 이래 호헨로헤 공[44](Prince Hohenlohe)이 카프리피 백작에 이어 독일 제국의 수상이 되었다. 호헨로헤 공은 비스마르크 백작[45](Count Herbert N. von Bismarck)의 신임을 통하여 철혈재상이었던 노 비스마르크(Otto von Bismarck)와 상당히 많은 접촉을 했다. 호헨로헤는 정권의 초창기에 전임자 카프리피가 저버렸던 러시아와의 관계를 다시 찾으려고 헌신적으로 노력했으며, 이러한 목적을 수행하는 단계의 하나로서 러시아의 제안에 거의 감상적으로 묵종(默從)했다.

그 외의 또 다른 이유는 카이제르 황제(Emperor Kaiser)의 개인적인 태도 때문이었다. 그가 강력한 식민지주의 정책과 강력한 해군력의 옹호자로 주시를 받게 된 것은 이 시기였다. 그가 독일국가위원회 위원 전원을 포츠담(Potsdam)의 야간 토론회에 초대하여 강력한 해군 함대가 절실히 필요함을 열렬히 강의를 한 것은 1895년 1월 9일이었다. 그 당시에 발표된 것처럼 그는 극동에서 일어났던 전쟁에 관한 무수한 예를 들면서 강연을 진행했다. 이 강의를 한 후 한 달 만에 그는 다시 마리남트(Marinamt)의 모든 장교들에게

---

43) 카프리피 백작(Count Leo von Caprivi, 1831~1899) : 독일의 군인 · 정치가. 1849년에 군에 입대하여 보불전쟁 당시 참모장(1870~1871)이 되고, 나중(1883)에 해군본부장이 되었다. 비스마르크를 승계하여 수상(1890~1894) · 각료회의 의장(1890~1892)을 역임했다.

44) 호헨로헤 공(Prince Choldwig K. V. Hohenlohe, 1819~1901) : 독일의 정치가 · 외교관. 파리 주재 독일 대사(1874~1878) · 베를린회의 독일 대표(1878) · 외무장관(1880~1885) · 수상(1894~1900) 등을 역임했다.

45) 비스마르크 백작(Count Herbert N. von Bismarck, 1849~1904) : 철혈재상이었던 비스마르크(Otto von Bismarck)의 아들. 보불전쟁(1870)에 참여했으며, 1873년 외교관 업무를 시작했다. 자신의 부친인 비스마르크의 개인 비서(1877~1881) · 런던(1882) 및 세인트 페테르부르크 주재(1884) 독일 공사관의 참사관 · 프러시아 국무장관(1886) · 수상(1888) 등을 역임했다.

다시 같은 내용을 강의하면서 더 많은 식민지 확보를 거듭 요구했다.

극동에서 장차 독일이 발전할 수 있는 가능성을 확보하기 위해 빌헬름 2세[46](William II)가 완전히 되살아난 것이 역력해졌으며, 시모노세키조약의 협상에 관하여 언급함으로써 이후 유럽이 아시아와 행하는 모든 협상에 독일이 발언권을 가질 자격이 생기는 것으로 이해하고 있었다. 일본의 우호가 어느 날엔가는 독일에게 가치 있는 것이 될는지도 모른다는 생각이 독일 정치가의 어느 누구 머릿속에도 떠오르지 않은 것은 분명하다. 그러나 이 점도 유색인종에 관한 카이제르 황제의 공개된 견해에서 보면 놀라울 것은 못 된다.

청국을 돕는 대가로 러시아 · 프랑스 · 독일의 3국이 청국으로부터 받아낼 값어치에 관한 모종의 합의가 그들 사이에 있었던 것은 의심할 나위도 없다. 한 러시아의 각서[47]에 의하면 프랑스가 협조해준 대가로 러시아는 인도지나 국경의 비준에 관한 프랑스의 종국적인 요구를 지원해 주기로 했으며, 독일의 도움에 대하여는 산업 및 상업적 특허에 관한 독일의 요구를 밀어 준다고 약속했다.

비록 3개 정부 간에는 이런 개입 정책에 합의가 되었지만 3국 국민으로부터는 결코 이에 대한 일치된 지지를 얻지는 못했다. 각국에 대한 특혜는 모든 나라에게 고르게 베풀어 주어야 할 것이 아니냐는 질문에 대하여 일본에서는 노동력이 저렴하기 때문에 20%의 감세로 이득을 본 것일 뿐이라고 독일 정부의 질문을 반박하자 독일의 산업계는 일본이 얻은 상업적 특권에 대하여 심하게

---

46) 빌헬름 2세(William Ⅱ, 1859~1941) : 독일 황제(재위 1888~1918). 강력한 독일을 꿈꾸며 동방에 진출하는 등 공세적 외교 정책을 전개했다. 제1차 세계 대전의 패전과 함께 네덜란드로 망명하여 일생을 마쳤다.

47) *Novoye Vremya*, April 22, 1895.(편자 주)

반발했다. 대만(臺灣)과 팽호열도(澎湖列島, Pescadores)를 일본에게 할양한 것은 중국해(中國海)와 발해만(渤海灣)을 일본의 호수(Japanese Lakes)로 만들어 준 것이라고 독일의 과격파들은 소리 높여 주장했다. 《호씨쉐 짜이퉁》(*Vossische Zeitung*)에서는 정부의 3국 간섭 정책에 대항하여 강력한 반대 운동을 이끌어 나갔으며 청국 내에 발붙일 땅을 갖고 있지 않기 때문에 독일은 결국 독일 산업계에 하나의 커다란 가치를 갖게 될 시장 개방에 대하여 일본에 덕을 보기는커녕 아무런 이득도 보지 못했다고 주장했다. 이 신문은 "어떠한 경우에도 독일은 극동에서 러시아나 프랑스와 같은 가상 적국의 기반을 강화하여 줄 이유가 없다."는 논지를 이어 나갔다. 《노이에스테 나크리히텐》(*Neueste Nachrichten*)지는 독일의 정책을 몹시 싫어하던 중에 신기하게도 예언자가 되었다. 그 신문은 이렇게 기록하고 있다.

> 프랑스나 러시아와의 투쟁에서 일본은 매우 유용한 하나의 동맹국이 될 수도 있으며, 일본군은 강력하여 상당한 부분의 러시아 군대를 서부 전선으로부터 떼어 놓기에 충분하다. 3국 간섭의 종말로 독일은 스스로의 행위에 대한 쓰라린 대가를 지불할 것이라고 우리는 심각히 우려하는 바이다. 왜냐하면 일본 사람들은 결국 복수의 길을 찾을 것이기 때문이다.

위의 기사를 쓴 사람은 아직 살아 있어서 자신의 추론의 정확성을 실제로 볼 수 있기를 바랄 뿐이다.

프랑스 《소라일》(*Soleil*)에서는 독일 정부의 실제적인 목적은 제정 러시아의 비위를 맞추어 주려는 것이라고 현명하게 표현했다. 《휘가로》(*Figaro*)에서는 영국이 다른 열강에 합류하는 것을 동의하지 않는 한 이 간섭 정책은 타당한 것이 아니라고 주장했다. '결국 청국에서 가장 큰 이해를 가지고 있는 영국이 소위 3국 간섭 정책을 적극적으로 묵인하지 않는다면 영국은 일본 시장을 활짝 열고 독점하는 반면에 프랑스는 소외될 것'이라고 《휘가로》에서는 지적했는데 이는 거의 완벽하게 적중했던 또 하나의 예언이 되었다.

영국은 러시아를 3국 간섭에 끌어들이는 것이 이미 수립된 국제관계의 원칙에 위배되며, 또 영국의 이해가 어떤 방법으로든지 위협받을 수 없다는 이유를 근거로 이를 거부했다. 오히려 영국은 전 세계를 통하여 일본이 청국에서 힘으로 빼앗은 산업 및 상업적 특권으로 상당히 혜택을 입었다. 영국 내의 여론은 청일전쟁이 가져다 준 일본의 발전에 대한 증거에 의하여 어느 정도 감상적인 영향을 받게 되었는데, 상업적으로는 런던 주재 일본 공사관이 발표한 성명서에서 앞으로 도쿄로부터 대량 주문 특히 새로운 함대 건설을 위한 주문이 있을 것이라는 내용이 영국의 여론에 작용했다고 볼 수 있다.

3국 간섭에 영국을 끌어들이려는 러시아의 초대에 대한 영국의 거부는 확실히 일본 외교에 커다란 음성적인 덕이 되었다. 영국의 거부는 3국 간섭을 순전히 대륙 영토의 양여 문제에 국한시키게 했으며 팽호열도의 반환과 러시아가 조선의 보호국임을 선언하려는 로바노프 계획(The Lobanoff's Programme)의 뒤통수를 쳐서 무산시킨 것이다. 3국 간섭의 결과로 일본의 천황 정부는 대련항의 양도에 관한 구절을 철회하고 그 대신에 더 많은 전쟁 배상금으로 300만 냥을 수락했으며 이 금액은 청국에 대한 러시아의 차관으로 기채(起債)되었다.

시모노세키조약의 서명에 수반되거나 그의 후속 협상에 관한 한 쌍방 간의 흥정에서 취한 진실로 동양적인 방식을 간과하고서는 그 어떤 것도 완전한 설명이 될 수 없다. 이토 히로부미와 무쓰가 3국 간섭을 예상했고, 외국의 반대가 있을 경우에는 많이 양보할 심산으로 청국과 흥정을 추진했던 것은 오직 그 당시의 국제 환경 때문이었다고 하야시 백작은 지적하고 있다. 실제로 일본은 금전적 배상이 없다손 치더라도 대련항을 되돌려줄 준비가 되어 있었다는 것은 새삼스러운 비밀이 아니다. 이러한 취지의 한 성명서가 실제로 그리고 공식적으로 도쿄에서 발표되었다. 무쓰는 요동반도에 관한 구절의 삽입을 강력히 반대했었으나 그는 이토 히로부미와 일본의 군부에 승복하지 않을 수 없었다.

한편으로 이홍장도 그들에 못지않게 교활한 사람이었다. 포츠머스에서의 위테 백작[48](Count de Witte)처럼 그는 사전에 준비하지 않은 것은 아무것도 승복하지 않았으며 전쟁 배상금을 제외하고는 모든 것을 기꺼이 내놓았다. 그는 항상 대만(臺灣)이 청국에게 불행의 씨라고 생각했기에 이를 아주 기꺼이 일본에 넘겨주면서 일본은 대만에서 얻는 값어치보다 더 큰 골칫거리를 발견하게 될 것이라고 예리하게 추측했다. 이 추측에 관한 한 그는 스스로 예언자가 되었다. 왜냐하면 오늘날(1915)까지도 일본 사람들은 대만을 완전히 평정하는 데 실패했기 때문이다. 일본 헌병대가 극렬한 방법을 사용하고 있음에도 불구하고 반란은 빈번히 일어나고 있다.

요동반도에 관한 한 이홍장은 그것을 일본에 넘겨주는 서명도 기꺼이 할 각오가 되어 있었다. 왜냐하면 그는 일본이 요동반도를 점유하는 것을 러시아가 결코 허용하지 않으리라는 매우 결정적인

---

48) 위테 백작(Count Sergei de Witte, 1849~1915) : 러시아의 정치가. 재무장관(1892~1903)·각료회의 의장(1903)을 역임하고 러일전쟁의 전후를 수습하였다. 제정 러시아 초대 수상(1906)을 지냈다.

약속을 러시아의 카시니 백작으로부터 이미 받아 두었기 때문이다. 뿐만 아니라 이홍장은 러시아로부터 요동반도를 자기 나라에게 조차(租借)해 달라는 제의를 실제로 받고 있었다.

이홍장은 일본이 요동반도를 상실하는 데서 오는 일대 실망을 안겨 주기 위한 전제로서 우선 일본으로 하여금 요동반도를 소유한다는 감상만을 갖도록 하는 것이 즐거울 뿐이었다. 팽호열도의 문제만 하더라도 그것은 지금 청국에게 쓸모없고 또 과거에도 미국 상인들이 끊임없이 청국의 문호를 두드리는 결과로서 언젠가는 청국이 부딪칠 일이었다. 기계류의 수입 허가는 단지 뇌물을 주고 들여오는 관례를 법으로 전환하는 것뿐이었다.

이홍장은 일본에서 북경으로 돌아온 후 자기의 비망록에서 다음과 같이 기록하고 있다.

> 나는 오늘 세인트 페테르부르크에서 온 서한 번역문 뭉치를 숙독했는데 그 일부는 나의 친구인 카시니 백작에게서 온 것이다. 그것을 읽고 나니 나의 늙은 몸은 그 서한에서 불로장수약을 얻은 것처럼 보인다. 나는 비록 명예롭지는 않겠지만 보다 좋은 기분으로 남쪽으로 귀성할 수 있다. 이제 황제께서는 보다 더 우호적으로 다시 나를 맞아 주고 있으나 황후는 나를 대할 때 분명히 차갑다. 그러나 러시아의 만족스러운 보장들은 이 난세가 다가오던 작년에 내가 청국 대표로 러시아 궁정에 다녀온 결과라는 것을 황후도 인정했다는 것은 감사한 일이다.
>
> 우리들은 러시아의 서한 내용을 잠깐 토의했으며 황제와 황후께서는 지금이든 장래이든 일본이 만주나 청국 본토의 어느 부분도 점령하는 것을 러시아가 허용치 않을 것이라는 점에 대하여 마음 가득히 감사하고 있다. 어찌하여 나는 일본에 가기 전에 이와 같은 보장들을 미리 받지 못했을까?[49] 일본이 나의 휴전 제의를 받아들인

후에 만일 일본이 조선과 만주를 침략하는 것에 대하여 러시아 정부가 느끼고 있는 감정을 내가 알았더라면 나는 이토 히로부미에게 "전쟁을 할 테면 하자."고 말할 수 있었고 또 그렇게 했을 것이다.

이 유럽 국가들의 실제 목적이 과연 무엇인지에 관하여 아직도 나의 마음속에는 이따금 매우 심각한 의심이 일어난다. 그리고 나는 서양 외교관들 중 가장 능력 있고 명예로운 일부 외교관들이 남경의 매 사냥꾼만큼이나 쉽사리 거짓말을 할 것이라는 것을 발견했다.

1897년 6월 11일자에 이홍장은 다시 이렇게 쓰고 있다.

영국은 내가 모든 외교 활동에서 항상 러시아의 이익을 고려하고 있다고 주장해 왔다. 영국이 그 전의 다른 일에서도 여러 번 잘못 본 것과 같이, 이번에도 영국이 나를 아주 잘못 보았다. 내가 만일 러시아의 이해를 위해 일하는 것같이 보인다면 나는 그렇게 하는 것이 청국의 이익을 가장 잘 성취하는 것이라고 믿었기 때문이다.

영국 외무성은 러시아 정부와 맺은 만주협정으로 인하여 내가 공식적으로 질책(叱責)을 받도록 유도했다. 그렇지만 영국 정부는 우리가 일본과 싸우는 동안이나 그 후에 가서라도 빈말로라도 우리를 돕겠다는 말을 하지 않았다. 적어도 전쟁 말기에 러시아가 청국은 혼자가 아니라는 것을 일본으로 하여금 이해하도록 하고 있는 동안에도 영국은 그러지 않았다.

이홍장은 다음과 같이 말을 계속하고 있다.

일찍이 1873년 천진에 있는 영국인 무역업자들로부터 불평이 나왔을 때, 내가 황제에게 대만을 영국에 제공하여 이 참담한 섬을 영국인들이 적절히 처리하도록 할 것을 열렬히 진정했었던 것은

49) 이홍장은 그와 같은 보장을 미리 받아 두었다.(편자 주)

아마도 일반적으로는 알려지지 않았는지 모른다. 이 진정으로 나는 나의 직위뿐만 아니라 나의 목숨도 잃을 뻔했다. 나는 북경에 소환되어 청제국 영토의 일부분을 포기해야 한다고 말한 진의가 무엇인지에 관하여 추밀원으로부터 질문을 받았다. 이에 대하여 나는 대만이 청국에 이로움이 되기는커녕 도리어 장애가 된다고 대답했다. 만일 그 큰 섬이 팔리지 않는다면 그것을 영국에 주는 선물로 할 것을 주장했다.

나는 영국이 홍콩(香港)을 빼앗을 준비가 다 되어 있으므로 우리는 그에 대비하는 한 방편으로서 대만을 선물함으로써 영국의 요구를 상쇄시킬 수도 있다고 추밀원에 말했다. 이토 히로부미 후작이 주요한 평화 조건의 하나로서 대만의 할양을 규정했을 때 나는 즉각 대만을 할양하는 문제만 빼놓고는 거의 무엇이든지 합의하려고 한다고 선언했다. 그렇지만 내가 만일 다른 방에 나 홀로 있었다면 나의 체력이 허약했음에도 불구하고 나는 기뻐서 춤을 추었을 것이다.

사실 나의 심정은 매우 기뻤지만 나는 일본 천황이 적어도 그 큰 섬만은 갖자고 주장하지 말도록 말해 달라고 이토 히로부미에게 요청했다. 이토 히로부미는 다음 위원회의 회의가 개최될 때까지 그 문제를 꺼내지 않기로 약속했다. 그러나 나는 중간에 그가 마음을 바꾸어 일본 정부가 대만을 원하지 않는다고 선언할까 보아 전전긍긍했다.[50)]

영일동맹

어떤 외교 문서도 영일동맹조약만큼 그렇게 많이 토의되고 칭찬받고 또 남용되어 온 것은 없을 것이다. 하야시 백작이 취한 사전

---

50) 이홍장과 이토 히로부미와의 협상에 관한 이상의 내용과 기타 세부 사항 및 시모노세키조약에 관한 세부 사항은 포스터(J. W. Foster) 씨의 『이홍장 회고록』(*Memories of Li Hung-Chang*)을 참고할 것.(편자 주)

선전이나 서명 이전의 협상 관계는 어느 모로 보나 그 당시 영국이 겪어야 했던 음모와 대응 음모를 가장 권위 있게 설명해 주고 있다. 영국과 일본의 모든 관계가 너무 찬사로 뒤범벅이 되어 왔고 그 겉이 너무 후광으로 번쩍였기 때문에 19세기 말 마지막 10년 동안에 극동에서 일어난 여러 가지 사건의 진정한 실태가 거의 잊혀져 버렸다.

비교적 좁은 범위의 사회 일각을 제외하고는 청일전쟁 때까지 일본은 대개 깔끔하고 아름다운 음악과 우스꽝스러운 광경이 있는 신파극의 나라로 여겨졌다. 일본은 일차적으로 아가씨와 인상파 화가의 집이 있고, 주택과 손수건을 종이로 만들고, 사람들이 붓으로 글자를 쓰고, 발에 장갑을 끼고, 무사도(武士道)라는 이상한 것을 믿으며, 신기한 도덕을 가진 신비스러운 나라라고 생각되었다. 그런데 청일전쟁이 이 모든 것을 변화시켰다.

세상 사람들은 하나의 새로운 세력이 동양에서 일어났다는 것을 재빨리 인정했다. 많은 사람들이 그 세력은 큰 이로움을 줄 가능성이 있거나 아니면 크게 해로움을 주리라고 인식했다. 영국에서는 대체로 일본을 호의적으로 대하려고 했다. 일본이 성취한 발전과 일본이 발휘한 정신력은 일본을 좋게 보는 감상적 느낌을 일으키게 했으며, 그 감정은 《펀치》(*Punch*)에 그려 놓은 테니엘[51](J. Tenniel)의 만화에 잘 나타나 있다. 일본 외무성은 역사상 미증유의 놀랄 만한 보도 매체를 통하여 외국인들이 일본에 대하여 이러한 태도를 갖도록 조성했고 발전시킨 것이다.

옛날 신전에서 신탁을 받는 듯한 조심스러운 방법은 일본에 대한 진실한 느낌, 제반 정책의 취지 및 참된 의도에 대한 지식을

---

51) 테니엘 경(Sir John Tenniel, 1820~1914) : 영국의 시사만화가 · 삽화가. 《펀치》(*Punch*)의 시사만화가로서, 위엄과 온화한 풍자로써 명성을 날렸다.

외부 세계에 내보낼 수 있는 통상적인 통로를 폐쇄시켜 버렸다. 어떤 위대한 정치가도 고 브링클리 선장(Captain Brinkley)보다 더 일본의 운명에 결정적인 역할을 한 사람은 없다. 그렇지만 내가 아는 한 일본의 천황 정부가 추구하고 있던 실제 목표를 일반 사람들에게 알린, 중국과 일본에 관한 그의 불멸의 저서를 발간했던 1904년이 되기 전까지는 그 사람도 그것을 몰랐던 것이다. 그 책에서 그는 1894년에 청국에 전쟁을 강요한 일본의 목적에 관하여 언급하면서 이렇게 기록하고 있다.

> 일본은 아시아의 패권을 잡기 위해, 그리고 극동 최고 권력의 확보를 위해 싸우고 있다. 일본의 격언에 "수탉의 벼슬보다는 암소의 꼬리가 낫다."는 말이 있다. 청국을 패배시킴으로써 일본은 아시아란 수탉의 벼슬이 되었고 암소의 꼬리가 되기 위해 장차 계속 전진할 것이다.

일본에서 오래 거주했던 사람들은 일본이 영국과 우호적이라고 주장하는 일본 사람들을 냉소한다. 그들은 일본이 청국과 싸우던 시절을 회상한다. 그때 영국은 일본 사람들로부터 혐오를 샀고, 외국인들은 거리를 지나가다가도 정지당하고, 영국인인지 질문을 받았으며, 영국인이라고 말하면 불손하게 "지옥에나 가라."는 말을 들었다. "영국에 천벌을 내려라."는 말의 일본식 표현인 이 말은 그 당시 도쿄 거리에서 일반적으로 사용된 말이었다.

일본 지도자들은 항상 두 개 파로 갈라져 때로는 육군과 해군으로, 때로는 조슈(長州)와 사쓰마(薩摩)로, 때로는 반영국파와 친영국파로 호칭되었다. 육군파인 조슈파는 오늘까지도 강력한 반영국파이며, 해군파인 사쓰마파는 강력한 친영국파이다. 그들이 영국을 싫어하는 것은 부분적으로는 이토 히로부미로부터 물려받은 유산이며, 청일전쟁 당시(1895) 전투 지역에 관한 영국의 제한 조치에서 온 것이며, 또 일부는 그들의 독일식 군사 훈련과 독일에 대한 동정심의 결과로부터 온 것이다. 영국 사람들은 이 당시에 침묵을 지킨 사람들이야말로 청일전쟁 당시에 초연했을 뿐만 아니라 장차 많은 것을 얻을 수 있으리라고 기대할 만한 주요한 고객이라 하여 호의적으로 상대해 주었다.

히토미 이치타로(人見市太郎)가 1897년에 쓴 다음의 글은 그 당시의 사정에 관한 공정한 견해를 제공한다.

> 얼마 전 청일전쟁 당시만 해도 영국과 일본은 서로를 믿지 못했다. 영국 사람들은 부강한 청국이 극동의 여주인공이며 빈약한 일본은 아무것도 아니라고 믿었다. 이토 히로부미 내각은 늘 러시아의 호의를 모색했고 영국을 경원했다. 그러나 일본 사람들은 내각이 두려워하는 러시아를 거부했다. 그래서 이 내각도 러시아를 거부하게 되었다.

백인은 황인종에게 불행을 가져다주는 씨(種)라는 뜻의 하카바스(白人災殃) 운동은 2년 전에 일어난 캘리포니아의 소요 당시에 보여준 주목할 만한 부수적인 현상이었다. 그러나 이러한 현상은 이보다 18년 전에 나타났으며 그 난폭한 표현은 그때도 조금도 덜하지 않았던 원한의 재등장이었다. 이 두 번의 사건은 모두가 도쿠토미 이이치로[52](德富猪一郎), 오쿠마 시게노부[53](大隈重信) 및

---

52) 도쿠토미 이이치로(德富猪一郎, 1863~1957) : 본명은 도쿠토미 소호(德富蘇峰), 정치평론가, 일본예술원 회원이며 문학보국회 회장. 늘 부국강병과 천황주의를 주장했으며, 1890년에 《고쿠민신문》(國民新聞)을 창간하여 일본주의를 제창하였다.

53) 오쿠마 시게노부(大隈重信, 1838~1922) : 메이지・다이쇼 시대 정치가, 구 사가현(佐賀縣) 출생. 메이지유신 때 존왕양이(尊王攘夷)를 주장했다. 외국사무판사(1868)・

조슈파에 의하여 주도되었다. 일본에 관한 한, 일본과 백인 사이에 맺어진 어떠한 동맹도 정치적 수단의 하나임에 틀림없다. 이외의 어떤 다른 근거나 그것을 정당화할 만한 것이 있을 수 없다.

일본 사람들은 동양인이다. 그들이 서양 문명으로 겉치장을 했다고 해서 그것이 그들에게 다른 의미를 주기라도 한 것처럼 말하는 것은 터무니도 없는 일이다. 설령 중국인과 일본인 사이에 서로 악의적 경멸감이 깊숙이 박혀 있다고 하더라도(또 실제로 그렇기도 하지만) 그것은 일본 사람들이 모든 백인들에 대하여 극단적으로 가지고 있는 불타는 혐오감이나 타고나면서부터 가지고 있는 멸시와 비교할 때, 그것은 아무것도 아니다. 1895년 이래 이러한 감정은 일본 당국에 의하여 교묘하게 교육되고 심화되었으며 체임벌린[54] (B. H. Chamberlain) 교수가 아주 재간 있고 기탄없이 폭로했던 가장 유별난 종교, 즉 천황 숭배라는 수단을 통하여 이루어졌다.[55]

이 세계에는 일본만큼 그렇게 위대한 나라는 없으며 그 밖의 모든 나라는 무한정으로 열등하다는 이 개념이 씨로 뿌려지고 조성되어 하나의 국민적 신조로 성장했다. 공식 문서를 쓰는 대신(大臣)의 입에서나 국회에서 발언하는 국회의원의 입에서 한결같이 이러한 이상에 대한 몇 마디의 수식어를 뇌까리고 있다. 그 몇 마디 표현 중의 하나로 캘리포니아와 캐나다의 브리티시 콜롬비아(British Columbia)에서 토지로 인한 소요 사태가 일어나고 있는

참의원(參議員, 1870), 대만 정토 시에는 만지사무국장(蠻地事務局長, 1873)을 지냈다. 서남전쟁 시 정토총리사무국장관(1877)으로서 미쓰비시(三菱)와 특별한 관계를 유지하고 입헌개진당(立憲改進黨)을 결성(1882)했다. 도쿄전문학교(현 早稲田대학)을 설립(1882)하고, 외상(1888)·최초 정당내각의 수상(1898)·와세다대학 총장을 역임했다.

54) 체임벌린(Basil H. Chamberlain, 1850~1935) : 영국의 일본학 학자. 도쿄제국대학의 일본어 및 언어학 교수를 역임했다.

55) B. H. Chamberlain, *The Making of a New Religion*, London, 1911.(편자 주)

오늘날 기억해 둘 만한 것은 신성한 토지에 대한 오염이라는 이유로 외국인의 토지 소유를 거부하는 것이다.

일본과 관련한 모든 일에서 기억해 두지 않으면 안 될 것은 일본의 온 국민의 감정에 깊게 영향을 끼쳤던 시모노세키조약이나 포츠머스조약(Treaty of Portsmouth)을 체결한 직후와 같은 경우라든가 메이지(明治) 천황이 서거했을 때와 같은 경우를 제외하고는 일본 내에는 실제로 여론이란 없다는 사실이다. 오늘날 도쿄에서 거의 연중행사가 되어 있는 정치적 난동은 여론의 표현이 아니라 조심스럽게 조직된 '여당'에 대한 '야당'의 시위이다. 일본에서 동맹이란 예나 지금이나 하나의 정치적 방편이라는 사실은 바로 이러한 이유 때문이다.

만일 일본 사람들에게 자유스러운 선거 운동과 투표가 허용되었다면, 그 자체가 일본 사람들에게는 드문 일이었겠지만, 한때라도 그것에 깊이 감사했을 것이라고 나는 믿는다. 그러나 이러한 감사는 외교 정책상의 어떤 이유들 때문이 아니라 일본 사람들은 영국이 이미 도달한 것으로 그들이 알고 있는 정치적 자유와 수준 높은 민주주의를 스스로 성취하고자 하는 사람들이기 때문이다. 그러나 이러한 민주주의를 성취하기 위한 시간은 지나갔다. 이제 일본 사람들에게 동맹이란 한낱 소비의 증가, 계속적인 세금 인상, 생활비의 상승 이외에는 아무런 의미도 없다.

미국과 영국 작품의 무수한 번역물을 읽음으로써 이 나라가 반드시 국민에 의하여 그리고 국민을 위해 통치되어야 한다는 일반적 감각이 점차로 일어나고 있다. 야마가타 아리토모(山縣有朋) 공, 고 가쓰라 타로 공, 오우라 가네다케[56](大浦兼武) 자작 그리고

56) 오우라 가네다케(大浦兼武, 1859~1918) : 메이지 시대의 정치가, 남작, 사쓰마(薩摩) 출생. 경시총감(警視總監, 1898)·귀족원 의원(1900)·체신대신(1903)·농상무

오쿠마 시게노부 백작과 같은 사람들이 보인 개인의 인권에 대한 계속적인 무시, 점차로 누적되어가고 있는 부채 그리고 증가하는 과세 부담은 오래 가지 않아 반드시 폭발할 사회적 불안을 만들고 있다.

일본에서 일반인의 봉기가 천황의 칙령이나 대신의 상투어가 통하지 않을 정도의 큰 그릇이라는 판정을 받으려면 일반 국민의 신임을 받을 필요가 있음을 스스로 증명하고, 관직에 대한 뇌물이나 보답에 대하여 완강히 거부하는 그런 지도자가 출현하는 것이다. 그러한 날이 오면 동맹이란, 만일 그것이 발효 중이라면, 일본이 위기에 처할 때 군사적 지원을 확보하기 위한 하나의 외교 문서일 뿐만 아니라, 일본 사람들 자신을 위한 진정한 배려와 일본인들이 서양 문명과 자유의 참된 노선에 따라 발전한 것을 보려는 소망에 바탕을 두고 있음을 보여주는 것이 영국 정부의 의무가 될 것이다.

지금으로서는 영일동맹이란 단지 양국 정부 간의 정치적 유착에 불과하다. 정치적 유착이란 일본의 관료주의자들이 계속 추가적 군비 증강을 위해 내세우는 구실인 동시에 궁극적으로는 청국을 보호국으로 하려는 침략과 영토 확장 정책을 위한 매우 그럴듯한 구실로 이용되었다. 영국의 입장에서 볼 때 영일동맹이 의도했던 목적을 달성했는지의 여부는 의심스러운 일이며 이 동맹이 실제로 필요한 것이었는가 또는 바람직한 것이었는가의 문제는 빈번히 논란의 대상이 된다.

영국의 입장에서 볼 때 첫 번째 동맹 협정이 서명되었을 때 솔직히 말해서 그 체결의 가장 기본적인 이유는 러시아가 인도와 콘스탄티노플을 침략할는지도 모른다는 두려움 때문이었고 일본

대신(1908)·가쓰라 타로 내각에서 내무대신·경찰협회 회장 등을 역임했다.

의 입장으로서는 조선의 합병과 청국에서 우세한 입장을 확보하기 위한 것이었다. 그 순수한 결과로 태평양에 대한 러시아의 야심이 견제를 받았으나 그 야망은 페르시아, 중앙아시아 및 발칸 반도로 방향이 전환되었다. 러시아는 이들 지역으로 진출함으로써 인도와 궁극적 목적지인 콘스탄티노플에 그 전 어느 때보다도 더 가깝게 접근했다.

청국의 영토 보전과 조선의 독립을 규정했던 그 문서는 조선에게는 일본에 의한 합병을 가져다주었고 인도만큼이나 큰 청국 영토의 일부를 일본 통제권 아래로 넘겨주었다. 명목상으로는 청국 영토에서 청국의 주권을 보장한다는 내용의 영일동맹 조약에 서명했던 영국 정부는 광대하게 펼쳐져 있는 청국 주권을 폐지하는 데 적극적으로 가담한 도당이 되었다. 지난해(1914) 8월에 '한 조각의 종이'(a scrap of paper)에 대한 영국의 존경심을 보고 독일 사람들이 경의를 표시했던 것은 아마도 놀라운 일이 못 될 것이다.

두 번째의 영일동맹 조약은 독일이야말로 두려워할 적이라는 것과 영국이 러시아에 반대한 역할에 대한 일본의 보답을 명시한 것을 제외하고는 보다 넓은 기조 위에서 첫 번째 동맹 협약의 내용을 부연한 것이었다.

세 번째 동맹 조약은 미국에 대항하는 전쟁에 영국을 불러들일 수 있는 가능성을 제거함으로써 두 번째 협약 내용을 약화시킨 것이었다. 이것이 일본에서는 가장 커다란 불만의 원인이 되었다. 왜냐하면 미국은 일본이 청국을 마음대로 조종할 수 있는 상태로 두는 것을 막을는지도 모르는 하나의 두려운 세력이기 때문이다.

이 동맹 조약들이 어느 정도로 필요한 것이었으며 또 정치적 선견지명이 얼마나 부족했기 때문에 생긴 것이었는가에 대하여는 역사가가 결정할 일이다. 첫 번째 동맹 협정의 명목상 이유인 조선의 독립과 영토 보전은 물론 무의미한 것이었다. 영국은 조선에 큰 이해관계가 없다고 랜즈다운 경[57](Lord Landsdowne)은 선언했다. 그렇다면 그는 왜 은자의 나라의 문제에 영국을 개입시켰는가? 일방적인 조약이라고 그렇게 심각하게 우려했던 그 동맹 조약에 그는 어찌하여 서명을 했던가?

영국 정부는 일본과 러시아가 어느 날인가 조선 문제로 틀림없이 싸울 것이라고 1895년에 반복하여 경고를 받았다. 영국은 조선 문제에 개입해서 얻을 것이라고는 아무것도 없었다. 영국은 이 격투장에 유인됨으로써, 조선, 만주, 산동에서 자기 나라의 이해관계를 모두 상실했을 뿐만 아니라 청국 내에서의 위신을 많이 실추시켰다.

하야시 백작은 두 가지 중요 사항을 폭로하고 있다. 첫째, 러시아의 위테 백작(Count de Witte)이 1897년과 1898년에 영국과의 국교 회복을 제의했으나 신문과 런던의 태도 때문에 실패했다는 것이다. 일본이 어느 정도까지 영국의 신문과 런던의 태도에 영향을 끼쳤는지 알고 보면 재미있을 것이다.

둘째, 독일이 영국, 독일 및 일본의 3국 동맹을 제의했으나 독일이 결국 이를 외면당했다는 것이다.[58] 이 진술의 중요성을 축소시키기 위한 우선적인 시도가 관계 분야에서 여러 차례 시도되었지만 그럴 수는 없었다. 이 사건은 그 후 극동에서 일어난 모든 일과 유럽에서 일어난 많은 일에 대한 열쇠가 되고 있다. 1902년에 이렇게 독일을 배제한 것은 그 후 오랫동안 일어날 일련의 유사

---

57) 랜즈다운 경(Sir Henry C. K. Landsdowne, 1845~1927) : 영국의 정치가・외무대신(1900~1905). 재임 당시 일본과 동맹을 체결(1902)했으며, 영불협상(1904)과 베네수엘라 봉쇄(1903) 그리고 알래스카 국경 문제(1903) 등을 다루었다.

58) 베를린은 자신이 외면당했다는 진술을 부정했다. 오히려 나는 독일의 고위 외교관들이 그것을 인정했다고 들었다.(편자 주)

조치의 시작이었으며 각 조치가 있을 때마다 독일의 행동을 극동에서 봉쇄하려는 것이었다.

독일의 야망이 어느 정도까지 견제되었으며 동아시아에서 독일이 받은 대우의 형태로 인해서 영국에 대한 독일의 반감이 어느 정도까지 발전되었는가를 결정하는 것은 후대의 역사가들이 해야 할 하나의 중요한 의무가 될 것이다. 정치적 이상주의자는 만일 위에서 말한 두 가지 제의 중 어느 하나가 구체화되었더라면 무슨 일이 발생했을까에 관한 생각을 정리해 줄 자료를 발견하게 되었을 것이고 그런 후에 자신의 공허한 생각들이 외교적으로 발생했을는지도 몰랐을 것이라고 치부하고 말 것이다.

영일동맹에 관한 유일한 정당성은 유럽 내에서의 존립(existence)의 비중이 아시아에서의 이해관계(interests)보다 더 크다는 것이다. 냉혹한 회계사인 '시간'(時間)만이 유럽 내에서의 영국 존립에 대한 위협의 얼마만큼이 엉성한 외교 때문이었는지를 판정할 것이고, 또 영국이 아시아에서 치른 희생이 영국의 시련기에 어느 정도까지 보상을 받았었는지를 결정할 것이다.

청국이야말로 영국의 대극동 정책에 관하여 불평할 모든 이유를 가지고 있는 나라이다. 영일동맹이 청국의 권리와 영토를 실제로 안전하게 보호하기는커녕 이웃 열강에 의한 잠식과 침략 정책이 1902년 이래 보다 광범위하게 촉진되었다. 금년(1915)에 《신문보》(新聞報)에서는 그것을 다음과 같이 표현했다.

> 만일 영일동맹의 가치가 청국으로 하여금 단지 빨리 죽는 대신에 오래 끌며 죽어가는 것이라면 청국에 관한 한 그것은 아무런 가치도 없다. 목을 자르는 것이 칼로 천 번을 베어내는 것보다 말할 수 없이 더 좋기 때문이다.

일본은 가장 자제할 줄 모르는 침략자로 군림해 왔다는 것이 이제는 일반적으로 인정되고 있다. 그러나 일본이 이러한 침략 정책을 성공적으로 수행할 수 있는 위치를 유지하여 온 것은 1902년의 영일동맹과 그 동맹의 필연적 결과 때문이었다.

만일 몇 년 안에 영국이 극동에서 자기의 자금과 지원으로 독일만큼이나 강력하고 위험스러우면서도 지리적 위치 관계로 통제하기가 한없이 어려운 하나의 강력한 세력을 우리 스스로의 적으로 길러냈다는 사실을 깨닫지 못한다면 나는 매우 놀라지 않을 수 없다. 일본은 분명히 조심스럽게 대응해야 할 나라이며 영국의 정치가들이 현재 스스로 그 나라에 대하여 알고 있는 것보다 더 많은 것을 알아야 할 나라이다.

신을 주권자로 하는 신정관료주의(神政官僚主義)는 아마도 우리가 착안할 수 있는 것들 중에서 가장 효율적인 정부일 것이다. 복종은 관료주의의 표어이다. 이 세계가 가지고 있는 가장 고도로 조직된 현존의 관료주의 정치는 일본에 있다. 전임 미국 대통령 루즈벨트[59](T. Roosevelt)가 말했듯이 "일본 사람들은 독일도 지쳐 손들게 만든다." 일본 사람이란 일급 외교관들이며 외교 만능이라는 것 역시 기억하지 않으면 안 된다. 동양식 외교술에는 주저함이 들어설 틈도 없다.

외교란 전쟁터가 아닌 회의실에서 하는 전쟁이다.(Diplomacy is war in council chamber in stead of on the field.) 진정한 외교관이란 독사의 예지와 비둘기의 소박성을 함께 가지고 있다. 그들은 남들

---

59) 루즈벨트(Theodore Roosevelt, 1858~1919) : 뉴욕 태생, 하버드대학에서 법학 공부(1880~1881). 뉴욕 주지사(1899~1900)와 미국 부통령(1901)을 역임하고, 1901년 맥킨리(W. McKinley) 대통령의 서거로 대통령직을 승계했다. 1904년 대통령에 재선되어 1909년까지 재임했으며, 1905년 러일전쟁을 종결시키는 포츠머스조약(Treaty of Portsmouth)을 체결하여 그 공로로 1906년 노벨평화상을 수상하였다.

이 모든 것을 믿도록 영향을 미치려고 기도하지만 스스로는 실제로 아무것도 믿어서는 안 된다. 그들은 자기의 목표를 정해 놓고 그 목표에 도달해야 하거나 아니면 인간으로서 그것에 접근할 수 있는 한 가까이 가야 한다. 일본에서 활약하는 유럽의 외교관은 시중꾼의 아첨과 무사도의 분위기 속에서 생활한다. 그러나 그는 무사도의 윤리란 목적을 달성할 수 있는 한에서는 '음험한 수단이나 공허한 계략' 사이에는 아무런 차이도 없다는 것을 결코 잊어서는 안 된다. 따라서 나는 영국의 극동 정책이 하나의 정중한 준비를 갖춘 정책이 되어야 한다는 것을 다시 한 번 말하고자 한다.

사후에 일어났던 사건들에 비추어 볼 때 고 하야시 백작의 비록을 연구함으로써 당장 눈앞에 보이는 결과만을 추구하고 장래를 돌보지 않는 외교 정책이 얼마나 쓸모없는 것인가를 대중들에게 보여 줄 수만 있다면 이 회고록의 출판은 소기의 목적을 달성할 수 있을 것이다.

부 록 A

1. 은밀히 동쪽을 정벌할 계책을 정할 것을 청하는 상소문* (請密定東征之策摺)

장패륜(張佩綸)

은밀히 동쪽[日本]을 정벌할 계책을 정하시기를 청하여 아뢰는 것은 이것으로 번국(藩國)[1]을 굴복시켜 국위를 펴고자 함입니다. 공손히 상소문을 올려 영명하신 살핌이 있으시기를 바라옵니다.

신이 생각건대 도광[2](道光) · 함풍[3](咸豐) 이래로 천하에 네 가지 근심거리가 있었으니, 바로 월[4](粤) · 염[5](捻) · [6]회(回) · 양[7](洋)

---

* 장패륜과 이홍장의 상소문은 영문에 의하지 않고 원문을 옮긴 것이며 번역은 건국대학교 김명호(金明壕) 교수가 수고해 주었다. 장패륜의 상소문의 원문은 楊家駱(編), 『中日戰爭文獻彙編』(2)(臺北: 鼎文書局, 1972), 362-363쪽, No. 147에, 이홍장의 상소문은 『續修四庫全書』(507)(上海: 古籍出版社, 1995), 488-489쪽에 수록되어 있다.(역주)

1) 여기서 번국이라 함은 유구(琉球)와 조선을 의미한다.

2) 도광(道光, 1782~1850) : 청대 황제. 애신각라씨(愛新覺羅氏)족으로 연호는 도광이고, 묘호는 선종(宣宗). 가경제(嘉慶帝)의 둘째 아들로서 1820년부터 1850년간 재위하였다.

3) 함풍(咸豐, 1831~1861) : 청대 황제. 애신각라씨족으로 연호는 함풍이고, 묘호는 문종(文宗). 도광제(道光帝)의 넷째 아들로서 1850년부터 1861년까지 재위하였다.

4) 원래는 광동성(廣東省)을 의미하지만, 여기에서는 태평천국의 난(1851~1864)을 가리킨다.

5) 태평천국 시기에 북방에서 일어난 중요한 농민 기의(起義)를 가리킨다. 이들의 기원은 청초(淸初)까지 거슬러 올라간다. 초기에는 염자(捻子) 혹은 염당(捻黨)이라 불렀다. 북방 인민들의 반봉건 투쟁에 참가한 비밀 단체를 가리킨다.

6) 이슬람교를 믿는 중국 회족(回族)을 가리키며 특히 이들이 많이 살고 있는 섬서(陝西), 감숙(甘肅), 청해(靑海), 운남(雲南)에서 일어난 반란을 뜻하며, 특히 1854년 운남성과 1860년대 섬서 · 감숙성의 회족 반란을 가리킨다.

이 그것입니다. 황태후[8]께서 두 번이나 조정에 납시어 앞의 세 가지 못된 싹을 평정하셨고 오늘날 중국의 걱정거리로는 유독 양무(洋務) 한 가지만이 남아 있을 뿐이나, 동양의 걱정이 서양에 대한 것보다 더욱 긴박한 감이 있습니다. 뜻하건대 하늘이 그 독을 더하여 그들을 속히 멸망시키기 위해 우리 황태후와 황상[9](皇上)으로 하여금 그들의 죄를 성토하여 해동으로 군사를 움직이게 하여 고종[10](高宗)의 십분 완전했던 공을 계승케 하기 위함이신가.

일본이 개법(改法)한 뒤로부터 백성들이 그 통치자를 미워하니 처음에는 다시 봉건제도로 돌아가려다가 끝내는 민정으로 바꾸고자 했습니다. 사쓰마(薩摩)와 조슈(長州)의 두 당이 정권을 다투다가 서로 기우니 국채가 산처럼 쌓여 종이로 돈을 만들고, 항상 노역(勞役)을 일으킬 적마다 물가가 크게 올라 온갖 원망이 비등하고 있습니다. 비록 병제만은 태서(泰西)의 방식을 따라 대략 유사한 점이 있으나 밖으로는 싸울 만한 장수가 없고 안으로는 모신(謀臣)이 없습니다. 그들의 사선(師船)에 대하여 물어보면 부상함대(扶桑艦隊) 하나만이 으뜸이 될 만하나 그것도 이미 쇠가 녹슬고 나무가 이지러져서 파도를 견디기 어렵고 나머지는 모두 작은 포선과 작은 배들뿐입니다. 조선의 역[11](役)이 있을 때 일본은 공사(公司)의 상선을 임대하여 그에 보충했으니 대개 중국의 철선 초용호(超勇號)와 양위호(揚威號)의 쾌선과는 거리가 멀다고 하겠습니다.

---

7) 여기서 '양'(洋)은 아편전쟁이 일어난 1840년대 이후 서양의 열강과의 충돌을 뜻한다.

8) 자희태후(慈禧太后) 혹은 서태후(西太后)를 가리킨다.

9) 광서제(光緒帝, 1871~1908)를 이른다.

10) 건륭제(乾隆帝, 1711~1799)를 가리키며 1735년부터 1796년까지 재위하였다. 옹정제(雍正帝)의 넷째 아들로서 본명은 홍력(弘歷)이다.

11) 1875년 운요호(雲揚號)사건을 통하여 일본이 조선에 대하여 무력 도발을 한 사건을 뜻한다.

일본 군사의 수를 따져본다면 육군이 4~5만, 수군이 3~4천 명인데 그나마도 관원과 군사 중에는 결원이 많습니다. 근래에 와서 비로소 잡다한 불량배들을 모집하여 행오(行伍)에 충당했으나 전쟁의 경험이 없는지라 태반이 겁쟁이들뿐이니 또한 중국의 상군(湘軍)[12]·회군(淮軍)[13]과는 거리가 매우 멉니다. 대저 그들이 가난하고 위태로워 국세가 이와 같으니 실로 오래 지탱하기 어려울 것입니다. 그런데도 일본이 덕과 힘을 헤아리지 않고 오로지 상국을 모만(侮慢)하여 번국을 잠식하는 것은 바다의 험함을 믿고 우리가 기필코 전쟁을 꾀하지 않을 것이라 여기기 때문입니다.

유구(琉球)의 땅이 오랫동안 귀속되지 않고 조선은 그 화근덩어리가 담장 안에 있어 재앙이 빈관(賓館)에까지 미쳐 중국이 그 난당을 잡아 다스렸으니, 일본에게는 이미 족히 사과함이 있었을 것인데도 저들은 유구의 옛 꾀에 젖어 조선은 우리의 속국이 아니라 하고 겁을 주어 동맹을 맺고 병비 50만원을 거두어 우리 대만의 수에 준하여 중국을 수치스럽게 했습니다. 우리는 의(義)로 시작했는데 저들은 이(利)로써 끝을 맺어 탐함이 끝이 없고 이미 군사로써 다툼이 심합니다. 이는 바로 유구와 조선이 우리 번국이 아니고

12) 상군(湘軍)은 1853년 태평천국을 진압하기 위해 증국번(曾國藩)에 의해 주로 호남성(湖南省)에서 조직된 군대이다. 육군은 500명을 일영(一營)으로 했으며 수군은 447명을 일영으로 하였다. 전군은 육군 13영 6,500명, 수군 10영 5,000명, 여기에 공병과 부역자를 합쳐 모두 1만 7천 명이다. 원래 이름이 상용(湘勇)이었던 관계로 상군이라 칭한다.

13) 회군(淮軍)은 태평천국의 난 당시에 이홍장에 의해 조직된 군대. 1861년 이홍장이 증국번의 지지 아래 안휘성(安徽省)의 합비(合肥)·대안(大安) 일대에서 모집한 지주단련(地主團練) 5,000명으로 시작하여 상군의 편제를 따르고 이들이 대체로 회하(淮河) 지역의 병사들이므로 회용이라 칭했고 후에 일반적으로 회군이라 하였다. 1865년에는 전군이 6~7만 명으로 확대되고 염군(捻軍) 진압의 주력으로 활동하였다. 이후 중불전쟁과 청일전쟁에서 패한 후 그 명성이 점차 없어지고 이들의 지위는 이후 원세개의 신식 육군으로 대치되었다.

일본이 가까운 곳에 있다 하여 이 땅을 가지고 다투어 오히려 장차 그것을 삼키려 함입니다.

그런즉 오늘의 일은 두 나라를 빙자하여 명분을 만들어 동인(東人)의 피폐함을 이기려 함이니 어찌 다시 계산하여 결단할 것이 있겠습니까? 그러나 신 또한 감히 일본을 금방 정벌하라는 것은 아닙니다. 남양과 북양의 대신에게 마땅히 수군을 훈련시키고 널리 전선(戰船)을 만들어 그 세력을 두터이 만들게 해야 합니다. 대만은 일본의 요충지이고 산동은 천진의 문호이니 두 성(省)에 정병을 주둔시키고 전함을 비축하여 남·북양과 더불어 호각지세가 되게 해야 합니다. 아울러 병사(兵事)를 아는 대신을 선발하여 그 꾀를 짜내게 하고, 유구의 사건을 문책하여 그 땅을 귀속시키게 하며, 조선과의 맹약을 맺어 박정(駮正)하여 그들이 격노할 단서를 만들어야 합니다. 군사를 나누어 바다를 순시하여 그들을 의심케 하고 시장의 관문을 폐쇄하여 그들을 곤궁하게 하며, 사신을 불러 귀국시켜 그들을 궁지로 몰아야 합니다. 일본으로서는 그것이 겁나고 두려우면 반드시 방비를 더하게 되고 방비를 더하게 되면 반드시 재정을 소모하게 될 것입니다.

우리 수군을 남·북양의 각 성에 크게 모아 그 군사를 셋으로 나누어 조선의 정예부대와 함께 차례로 충돌하여 빈틈을 보아 움직인다면 우리는 그것이 가능하지만 왜국은 불가능할 것입니다. 그들이 허갈(虛竭)할 때를 기다려 크게 한 번 밀어붙이면 가히 한 번 싸움에 평정할 수 있을 것입니다. 중국이 양무(洋務)를 조치할 적에 언제나 계책이 정해지지 않고 임무를 전일하게 맡기지 못한 것이 탈이었습니다.

응당 조정의 추신(樞臣)들에게 물으시어 은밀히 지극한 계책을 정하시고 아울러 대신에게 가려 맡겨 오로지 동쪽을 정벌하는 일만을 맡기시옵소서. 이홍장과 좌종당[14](左宗棠)은 모두 중흥의 숙장(宿將)으로 월(粵)·염(捻)·회(回) 세 사건에 훈노(勳勞)가 탁월하니 가부를 해당 대신들에게 명하여 보시고 팽옥린[15](彭玉麟)과 연해의 각 독군(督軍)·순무(巡撫)들과 회동하여 신속히 수륙양군을 훈련시키고 철선을 더 만들며 장령들을 가려 뽑아 일본에 진격할 준비를 갖추게 하소서. 일본은 서양의 도움을 구하지 아니하면 중국과 더불어 서로 싸우지는 못할 것입니다.

중국과 서양 사이에는 이미 조약이 맺어져 신의가 굳은지라면 외국과 연맹을 맺음으로써 가까운 일본은 치기 편하니 헤아리건대 태서(泰西)의 각국도 역시 은밀히 저들을 원조하지는 않을 것입

---

14) 좌종당(左宗棠, 1812~1885) : 청말 상군 군벌이자 양무파의 수령, 자는 계고(季高). 호남성 상음인(湘陰人)으로 도광제 때 거인(擧人)에 합격했다. 함풍(咸豐) 2년(1852) 태평군이 광서(廣西)로부터 호남에 진격하자 그는 호남 순무(巡撫) 장량기(張亮基)를 도와 장사(長沙)를 수비하는 데 공로를 세워 지현(知縣)에서 주의 동지(同知)로 영전했다. 낙병장(駱秉章)이 호남 순무에 있을 때 그의 막부에 들어갔고 1856년에는 증국번을 도와 무창(武昌)·한구(漢口)의 공격에 가담했다. 다음해 증국번의 천거로 사품(四品) 경당(京堂)에 오르고 1862년에는 절강성(浙江省) 순무가 된 후 프랑스 군의 공격이 있자 상첩군(常捷軍)을 조직하여 영파(寧波), 소흥(紹興), 여주(麗州, 지금의 建德) 등을 공격하여 복건(福建)·절강 총독이 되었다. 1866년 7월에 복주선정국(福州船政局)을 창설하고 9월에 섬서·감숙 총독이 된 후 다음해 2월 섬(陜)·감(甘)의 군무를 담당하는 흠차대신(欽差大臣)이 되어 군대를 이끌고 염군기의(捻軍起義)를 진압했다. 이후 1869년 서안기기국(西安機器局)을 설립하고, 1875년에는 신강(新疆) 지역의 군무를 담당하는 흠차대신에 임명되어 조로목제(烏魯木齊)를 수복하며, 1878년에는 화전(和闐, 지금의 和田)을 수복하여 신강성(新疆省)을 설립했다. 1881년에 군기대신(軍機大臣)을 제수받고 다음에 양강총독 겸 남양대신(兩江總督兼南洋大臣)·대학사(大學士)가 되었다. 중불전쟁 때 복건의 군무를 보기도 했으며, 1885년 복주(福州)에서 병사했다. 저서로는 『좌문양공전집』(左文襄公全集)이 있다.

15) 팽옥린(彭玉麟, 1816~1890) : 청말 상군(湘軍) 장령, 자는 설금(雪琴), 호남 형양인(衡陽人). 함풍 3년(1853)에 증국번을 따라 상군 수사(水師)를 세우고 양포(洋炮)를 사고, 대선(大船)을 제조했다. 광서(光緒) 9년(1883) 병부상서(兵部尙書)에 임명되고 아울러 광동의 방위 업무를 맡았다. 이홍장과 좌종당에 의해 해군이 창설되자 장강 수사는 점차 도태되었으며, 후에 병으로 직책을 맡지 못하고 고향으로 돌아갔다.

니다. 우리에게는 힘이 있는데 저들에게는 원조가 없으니 격파할 것은 필연한 사실입니다. 이 기회를 놓치고 도모하지 않았다가 왜군이 사방에서 출몰하여 병사는 강해지고 왜상(倭商)은 사방으로 통하여 나라는 부유해지는데 중국은 너그러이 보고만 있고 무비(武備)를 닦지 않는다면 몇 년 동안은 일이 없는 것을 복으로 여기겠으나 할 일 없이 세월이 흘러 우리의 훈구대신(勳舊大臣)은 더욱 쇠약해지고 저들의 기세가 더욱 왕성해지면 저 한낱 조그만 일본이 이미 중국의 큰 걱정거리가 되기에 충분할 것입니다. 이러한 계제에 어떻게 서양까지 논할 수 있겠습니까?

일본은 반드시 위험한 존재라 조선과 중국이 마땅히 일본을 규제해야 한다고 지난 춘정월에 신은 극언한 일이 있사옵니다. 사건이 너무 급박하여 감히 진정을 올리오니 엎드려 바라옵건대 황태후와 황상께서는 밝게 시행하옵소서.

삼가 아뢰옵니다.[16]

청 광서(光緖) 8년(1882) 8월 16일

16) 황제는 위의 상주(上奏)를 군기처에 보내라고 명령했다. 군기처는 이 상주의 내용에 관하여 장패륜의 견해와 완전히 일치한다고 검토・보고했으며, 이홍장을 일본 정복 계획의 준비 및 실천 책임 대신으로 임명할 것을 건의했다. 이를 위한 칙령이 작성된 후 이와 함께 장패륜의 상주를 이홍장에게 전달하도록 군기처에 수교되었다. (편자 주)

2. 장패륜의 정번복접을 논하는 상소문 (議覆張佩綸靖藩服摺)

이홍장(李鴻章)

아뢰온 바 자강책을 도모하려면 먼저 수군을 훈련시키고 그 다음에 동쪽 정벌을 꾀하시라는 상소문에 대하여 타당성을 검토해 보시라는 하지(下旨)에 따라 삼가 개진하오니 영명하신 살피심을 우러러 바라옵니다.

신은 군기대신이 비밀리에 지난 8월 16일에 상유(上諭)를 받들어 하달한 한림원시독(翰林院侍讀) 장패륜이 진정한 '은밀히 동쪽을 정벌할 계책을 정할 것을 청하는 상소문'(密定東征之策以靖藩服一摺)을 잘 읽어 보았습니다. 그 상소문에 의하면,

> 일본은 가난하고 위태로운데도 유구의 땅을 오랫동안 차지하고 우리에게 귀속시키지 않고 조선은 화근덩어리가 담장 안에 있어 그 재앙이 빈관(賓館)에까지 미쳤는데 저들은 유구의 옛 꾀에 익숙하여 겁주어 동맹을 맺고 군비를 탐하는 데 끝이 없습니다. 오늘날의 일은 마땅히 두 나라의 일로 명분을 삼아 남·북양의 대신으로 하여금 수군을 훈련시키고 널리 전선(戰船)을 만들게 하여 대만과 산동(山東) 두 곳에 군사를 다스리고 전선을 주둔시켜 남·북양과 더불어 호각지세를 이루게 해야 하고 연해(沿海)의 각 독군(督軍)·순무(巡撫)들은 수륙양군을 훈련시켜 일본에 진격할 준비를 갖추어야 한다.

고 했습니다.

주청한 바가 자못 절실하고 중요하므로 이홍장에게 먼저 계산해 보고 잘 계획하여 신속히 아뢰라 하시므로 공경히 다음과 같이 아뢰옵니다. 우러러 바라옵건대 성주께서는 지극한 계책을 연구하시어 정미(精微)하고 상세함을 싫어하지 않으신다면 공경스러움을 이루 다 이겨내지 못하겠습니다.

신이 지난날 등승수(鄧承修)의 '지병대신(知兵大臣)을 연대(煙臺)에 파견하여 주찰(駐紮)하게 해주십사 하는 주접(奏摺)'(請派知兵大臣駐紮煙臺摺)을 논한 상소문에서 "증성명(曾聲明)을 바다 건너 원정시키기 위해서는 먼저 수군을 훈련시키고 전함을 더욱 준비시키는 것이 중요하며 전함이 충분하고 통어(統馭)를 제대로 쓰게 되면 일본이 스스로 복종하게 되어 유구의 안은 쉽게 체결될 수 있을 것"이라 말씀 올렸었습니다.

지금 장패륜의 청밀정동정지책(請密定東征之策)에도 역시 "반드시 일본을 속히 정벌할 것이 아니라 남 · 북양에서 마땅히 수군을 조련하고 널리 전선(戰船)을 만들어 그 세력을 두텁게 하며 대만과 산동에서 군사를 다스리고 전함을 주둔시켜 호각지세를 만들라." 했으니 어리석은 신의 계책과 서로 꾀하지 않았는데도 일치되옵니다. 오직 중국에서 힘써 정돈을 꾀하여 때를 기다려서 출동하고자만 한다면 조선과 일본이 성립한 조약은 필경 사관(使館)을 부수고 일인(日人)을 죽이며 일어나는 것을 목전에서 볼 수 있을 것입니다.

조선과 일본이 지난날 조약을 맺을 때 중국과 함께 의논하지 않았으니 저들이 비록 조선이 우리의 속국인 줄 분명히 알지 못했다 하더라도 천하의 모든 나라들은 조선이 우리의 속국인 줄 본래부터 모두 알고 있습니다. 오로지 유구의 사건만을 논하여 그 땅을 귀속시키게 함이 사리에 옳고 형세에 순응하는 것임을 점점 깨닫게 함보다 더 좋은 방법은 없을 듯합니다.

일본이 국채가 너무 많고, 재정이 고갈되었으며, 사쓰마(薩摩)와 조슈(長州)의 두 당이 정권을 다투고 수륙 양군의 세력이 왕성치 못함에 이르러서는 원래 그들의 실정이 그러한 것입니다. 다만 저들이 변법(變法, 메이지유신)한 이후부터 한결 같이 서양인만을 아첨하며 섬기는 것은 그들의 남은 기술을 도적질하여 스스로 웅대해지고자 하는 술책일 뿐입니다.

금년에 참의(參議) 이토 히로부미(伊藤博文)를 유럽에 보내어 민정(民政)을 고구(考究)하게 하고, 다시 아리스가와(有棲川) 친왕[17]을 러시아에 보냈고, 또 사신을 이탈리아와 오스트리아에 주재하게 하여 서로 길에서 관개상망(冠蓋相望)하게 했으니 그 주된 뜻은 여러 외국과 수교하여 같은 당을 심어 두고자 함입니다. 서양인들도 역시 그 마음을 기울여 친하게 다가오는 것을 즐거워하여 항상 중동(中東) 교섭 사건을 만날 때마다 이따금 뜻을 함께 하여 담합하기도 합니다. 일본은 서양에 대한 채무가 이미 많아 설사 위급한 일이 발생하여도 서양인들이 스스로의 재리(財利)를 보호하기 위해 일으켜 주고 혹은 은밀히 도와서 보호해 주기도 합니다.

그러나 천하의 일은 사리와 세력만을 논해야 하는 것입니다. 지금의 사리로 논한다면 우리는 옳고 저들은 틀렸으며, 세력으로 논한다면 우리는 크고 저들은 작습니다. 중국이 만약 과감히 무비(武備)를 닦고 힘써 자강책을 도모한다면 저 서양의 각국들도 바야흐로 꺼리는 바 되어 감히 도발하지 못할 것인데 하물며 일본 따위이겠습니까. 염려되는 바는 저들이 만약 동쪽을 정벌하고자

17) 아리스가와(有棲川) 친왕(1835~1895) : 일본의 황족. 존왕양이운동을 추진하다가 구금된 바 있다. 메이지유신 이후에는 동정(東征) 대총독・병부경(兵部卿), 후쿠오카 지사・원로원 의관 등을 역임했다. 오키나와 정벌 당시에 정토총독이 되고 훗날 참모총장(1889)이 되었다.

하는 우리의 계획을 미리 알아 군신과 상하가 육력제심(戮力齊心)하고 서양인과 연락하여 군정에 대하여 강구하며 널리 서양의 차관을 들여와 많은 전선(戰船)을 사가지고 우리와 더불어 한 번 목숨을 걸고 싸우게 하는 것이 필경 상책은 아닐 것입니다.

대저 사람을 칠 기구를 마련하지 않고 먼저 사람을 치고자 하는 형태를 노출시키는 것은 병가(兵家)의 꺼려하는 바입니다. 이는 바로 신이 전에 주청했던바 "그 내실을 먼저 닦고 그 소리를 숨겨야 한다."는 설과 일치하는 것입니다. 예로부터 일이 많은 때에 무릇 대임을 맡고 대계를 꾀하는 자는 다만 그 마음과 힘을 다하여 사람의 당연히 해야 할 일을 다 할 뿐 성패와 이둔(利鈍)은 오히려 미리 엿보기 어려웠습니다. 제갈량[18](諸葛亮)의 재략만으로는 군사를 관중(關中)에 주둔시킬 수밖에 없었고, 한기[19](韓琦) · 범중엄[20](范仲淹)의 경륜(經綸)으로도 세력이 서하(西夏)에서 꺾였었습니다.

우리 고종(高宗, 乾隆帝)의 무공(武功)이 혁혁하여 팔황[21](八荒)을

---

18) 제갈량(諸葛亮, 181~234) : 삼국시대 걸출한 정치가 · 군사가, 자는 공명(孔明), 낭사양도(琅邪陽都, 지금의 山東 沂南)인.

19) 한기(韓琦, 1008~1075) : 북송(北宋)의 대신, 자는 치규(稚圭)이고 자호(自號)는 공수(贛叟), 상주 안양(相州安陽, 오늘날의 河南)인. 1043년 서하(西夏)가 화약(和約)을 청하자 추밀부사(樞密副使)에 임명되어 범중엄(范仲淹) · 관필(官弼) 등과 함께 등용되었다. 그와 범중엄은 오랫동안 함께 병무에 관한 일을 했으며 그 명성이 일세를 풍미하였다. 당시에 유행하던 노래를 보면 "군중에 하나의 한(韓)이 있어 서적(西賊)들이 간담이 서늘해진다."고 하였다. 왕안석(王安石)의 변법(變法)에 대하여 그는 여러 차례 반대 상소를 올렸고 위국공(魏國公)에 봉(封)해졌다. 저서로는 『안양집』(安陽集)이 있다.

20) 범중엄(范仲淹, 989~1052) : 북송(北宋)의 대신 · 정치가 · 문학가, 자는 희문(希文)이며 소주(蘇州) 오현(吳縣, 지금의 江蘇)인. 2세가 되던 때 부친이 죽고 모친이 재가하자 어머니를 떠나 삼촌에게 얹혀 공부하였다. 1043년 부필(富弼) · 구양수(歐陽修)와 함께 인종(仁宗)에게 10개 건의항을 제출하여 관제를 개혁하고 농업을 중시하며 무비(武備)를 정돈하고, 요역(徭役)을 줄이는 등의 주장을 하였다. 그는 직책을 맡을 때 백성들의 고통을 살피고 직언을 잘하였다. 저서로는 『범중엄공집』(范仲淹公集)이 있다.

21) 팔황(八荒) : 국토의 팔방(八方)의 끝.

떨게 하시고, 충성스럽고 부지런한 부항[22](傅恒)과 악종기[23](岳鍾琪)와 같은 신하가 있었는데도 금천(金川)을 멸망시키지 못했고, 지용(智勇)이 아계[24](阿桂)와 아리곤(阿里袞)[25] 같은 사람으로도 면전(緬甸, Burma)을 다 굴복시키지는 못했습니다. 저 천하 전성기를 당하여 성스럽고 밝은 임금이 위에 계시어 각 성의 물력을 다 모으고 천만 명을 먹일 군비를 가지고 있으며, 한 사람을 천거할지라도 쓰지 않음이 없고 한 사건에 대한 진정(陳情)이라도 시행하지 않음이 없으시되 오히려 세월을 끌며 판이 끝날 때까지 보고만 있었던 것은 천시(天時)와 지리(地利)에 한계가 있었기 때문이었습니다.

---

22) 부항(傅恒, ?~1769) : 청대신, 부찰씨(富察氏)족, 호는 춘화(春和), 만주 양황기인(鑲黃旗人)으로 건륭황후(乾隆皇后)의 동생. 관직이 보화전대학사 겸 군기대신(保和殿大學士兼軍機大臣)에 이르렀다. 군기처에 20여 년 동안 근무하면서 일을 함에 신중하고 부지런하여 건륭제에 의해 주목을 받았다. 건륭 13~14년(1748~1749)에 대금천전투(大金川戰鬪)에서 공을 세워 일등충용공(一等忠勇公)에 봉(封)해졌으며, 버마전투(1754)에 참가하였다. 문충공(文忠公)의 시호를 받았다.

23) 악종기(岳鍾琪, 1686~1754) : 청대의 장군. 자는 동미(東美), 호는 용유(容儒), 사천성 성도(四川省成都)의 장문(將門) 출신. 강희제(康熙帝) 때는 군대를 이끌고 서장(西藏)의 난을 평정하고 옹정제(雍正帝) 때는 청해(青海)를 다스렸다. 벼슬이 사천(四川)・섬서(陝西) 총독에 이르렀고, 영원대장군(寧遠大將軍)의 칭호를 들었다. 옹정제 말기에 면직되었다가 건륭 때 재기하여 사천제독(四川提督)에 임명되고, 대금천(大金川) 전투에 참가하여 그 공로로 태자소보(太子少保)・병부상서(兵部尚書)가 되었으며 위신공(威信公)에 봉(封)해졌다. 저서로는 『공음』(蛩吟) 등의 문집이 있다.

24) 아계(阿桂, 1717~1797) : 청나라 대신으로 장가(章佳)씨족, 자는 광정(廣廷)이며 호는 운애(云崖), 만주 정백기인(正白旗人)으로 거인(擧人) 출신. 처음에 음사(蔭仕)로 입관하여 병부주사(兵部主事)・이리장군(伊犂將軍)을 역임하고 이부상서(吏部尚書) 등을 맡고 관이 더 올라 무영전(武英殿)대학사 겸 군기대신(大學士兼軍機大臣)에 이르렀다. 일찍이 천산남로(天山南路)의 전투 등에 참여하여 건륭제에게 주목을 받고 후일 통사(統師)에 임명되어 대・소금천(大・小金川) 전투에 참가하고 서북회민기의(西北回民起義)를 진압하였다. 이후 성모영용공(誠謀英勇公)에 봉해졌다.

25) 아리곤(阿里袞) : 만주족 양황기인(鑲黃旗人), 자는 송애(松崖). 건륭 연간에 운귀(雲貴) 총독이 되어 버마 정벌에 나섰으나 진중에서 병사하였다.

일본이 서법(西法)을 따라 배워 비록 가까스로 유사함을 얻기는 했으나 소유하고 있는 전선(戰船)이 대략 우리와 대적이 될 만할 뿐입니다. 만약 반드시 수천 리의 바다를 건너와 승부를 다투어 그 사명을 제압하고자 한다면 신도 감히 어떻다고 확실히 파악하지 못하겠습니다. 다만 동쪽을 정벌하는 일이 반드시 있어야만 되는 것은 아니지만, 동쪽을 정벌할 뜻이 없어서도 안 될 것입니다. 중국이 수군을 더 보충하여 훈련시키는 것을 실로 하루라도 늦추는 것은 용납하지 못할 일입니다.

논지에 은근히 계획하여 획책하는 일을 신에게 맡기려 하셨으나, 가만히 생각건대 반드시 추신(樞臣)·부신(部臣)·강신(疆臣)과 마음을 함께하고 꾀를 모아 수년 동안 경영한 뒤에야 비로소 효과를 거둘 수 있을 것 같습니다. 종전에 월(粵)·염(捻)의 각 비적을 토벌할 때는 봉강(封疆)[지역]의 책임을 맡은 자가 있어서 한 성의 힘으로써 한 성의 비적을 토벌했고, 조정(朝廷)에서 책임을 맡기기를 전일(專一)이 하시어 일체의 병권(兵權)과 향권(餉權)과 용인(用人)의 권리까지를 모두 신에게 주셨으니 그러므로 일한 양의 갑절이나 되는 공을 이룰 수가 있었습니다.

지금은 시세(時勢)가 점점 평화로워졌고 여론이 점점 무성해져 사람을 쓸 적에는 반드시 자격에 따라야 하고 군량을 나눌 때는 반드시 계산될 것을 청해야 하니 사사건건 중추적인 신하(樞臣)와 아래의 신하(部臣)의 관계가 은밀하게 유지(維持)되기를 기다려야 합니다. 하물며 풍기(風氣)가 처음으로 열릴 때 반드시 천하의 현재(賢才)를 모으려면 고무(鼓舞)의 기구가 없어서는 안 될 것이요, 국세(局勢)가 너무 지나쳐 반드시 각 성(省)의 심지(心志)를 연합하고자 할 때는 획일한 법규가 없어서는 안 될 것입니다. 행여 성명(聖名)의 의연하신 재결(裁決)을 얻게 된다면 중외의 뭇 신하들이 수성

(受成)된 바 있음이니 미신(微臣) 한 사람이 감히 정의(定議)한 바가 아닐 듯싶습니다.

장패륜이 이르기를 "중국이 양무(洋務)를 조치하면서 계책이 정해지지 않고 임무를 오로지 맡기지 않음에 걱정이 있다."고 하니 이것은 진실로 확론(確論)입니다. 군사를 다스리고 전선(戰船)을 만들어야 한다는 설은 이미 뭇 대신들에게 물어 동의를 얻었습니다. 남은 것은 오직 무기를 구득하는 일인데 그것은 재력을 봐가며 해야 하고, 군사를 조련하는 일 중에는 식량을 확보하는 것보다 더 급한 것이 없습니다.

지난날 호부(戶部)에서 남・북양 해방(海防) 경비를 산출한 것이 매년 모두 4백만 냥이었으니 가령 각 성관(省關)에서 결손을 내지만 않았다면 7~8년 안에 수군의 조련은 이미 끝났을 것이요, 철선도 오히려 많이 사둘 수 있었을 것입니다. 예산을 내릴 때에는 간절한 사용처가 없어서는 안 되니 각 성의 수입을 헤아려 풀어진 곳에서는 더 보태줌으로써 형세가 다하거나 무너지는 일이 없게 해야 할 것입니다. 민(閩, 福建)・월(粵) 등의 성에는 예산을 줌을 보류해야 합니다. 비록 신이 여러 차례 엄격히 재촉하는 주청을 올렸지만 각 성관(省關)에서 소비한 남・북양 방위비를 통계 내어 보면 대략 가까스로 원발(原撥)의 4분의 1이 될 뿐입니다.

세비(歲費)가 제대로 사용되지 않으면 어떻게 대종선(大宗船)을 구입할 수 있겠습니까? 지금 이 일에 대한 것을 절실히 계산하고자 하신다면 청컨대 가부를 묻는 칙령을 호부(戶部)에 내리시어 총리아문(總理衙門)에서 남・북양에 매년 들어오는 방위비의 실수(實數)를 명확히 하게 하고 아울러 민・월에 보류된 방위비와 남양에서부터 밖에 이르기까지의 방위비를 다시 정확히 계산하여 4백만 냥의 원발 수에 충족한가를 보게 하소서. 이와 같이 시행하시면 5년 뒤에는 남·북양 수군의 두 가지(枝)가 당연히 성취됨이 있을 것이옵니다.

저 대만은 일본의 요충지요, 산동은 요해(遼海)의 문호이니 두 성의 강이(疆吏)는 진실로 병사에 대하여 잘 아는 자가 타당성 있게 구획(區畫)하여 서로 호각지세를 이루게 해야 합니다. 이 또한 조정에서 명령을 내려 지시해야 할 사항입니다. 신이 이에 앞서 주청한 '주변 국가들이 두려워서 복종하게 완급의 기회를 선택하시길 바라는 주접(奏摺)'(懾服鄰邦緩急機宜疏)에서 그에 대한 것은 이미 경개(梗概)를 상세히 진언했습니다.

자강책의 요점은 마땅히 수군을 먼저 조련하고 그 다음에 동쪽을 정벌해야 한다는 연유를 논지에 따라 타당성을 검토하여 삼가 역마(驛馬)를 이용해 은밀히 진술하오니 옳고 그름을 황태후와 황상께서는 밝게 훈시하여 주시옵소서.

삼가 주청하옵니다.

광서(光緒) 8년(1882) 8월 22일

추 기(追記)

이홍장이 1885년에 청국의 해상 방위에 필요한 대책을 강구하도록 명령을 받은 것은 장패륜의 상소와 황제의 부친인 순친왕 혁현[26](醇親王奕譞)이 건의한 결과로 이루어진 것이었다. 순친왕을

26) 혁현(奕譞, 1840~1891) : 청국 대신이며 만족(滿族)으로 애신각라씨(愛新覺羅氏)족. 도광제(道光帝)의 일곱째 아들로서 순친왕에 봉해졌다. 어전대신(御前大臣)의 직책을 역임했고 신기영(神機營)을 관리하고 기상정변(祺祥政變)에 참여하였다. 그의 아들 재첨(載湉)이 제위를 계승하게 되자 서태후의 신임을 얻었다. 1885년(광서 11년) 총리해군아문사무(總理海軍衙門事務)를 보고 해군의 경비를 남용하여 서태후의

위원장으로, 이홍장을 부위원장 및 재정 담당으로 하는 해군위원회가 설립되었다. 입학 선발 시험 제도에 따른 해군대학이 설립되었으며, 순친왕과 이홍장이 대련항에 있는 영국 군함을 한 번 방문했다. 장패륜은 복주(福州) 앞바다에서 프랑스 군에게 패배한 한 함대를 지휘했으며 투기 행위와 무례한 행동으로 두 번이나 소환되었다. 그는 드물게 개성이 강한 사람이었으나 여러 가지 나쁜 버릇이 있었으며, 1888년 이홍장의 딸과 결혼한 후에 이 악습은 걷잡을 수 없게 되었다는 기록이 있다.[27)]

이화원(頤和園) 보수와 건립에 제공하기도 하였다.

27) 장패륜의 상소의 상당 부분과 이에 대한 이홍장의 검토 내용의 전체 역문은 1895년 1월 런던의 《타임즈》(*The Times*)에 게재되었다.(편자 주)

제1장

영일동맹에 관한 의견의 기원

영국과 일본 간에 동맹이 맺어져야 한다는 생각의 기원은 청일전쟁(1894)이 끝난 후 러시아, 프랑스 및 독일의 3국 간섭으로 대련(大連)이 강제로 반환되었던 당시 일본의 정계에 존재하던 감정으로 거슬러 올라가야 한다. 이 3국 간섭 이전에 청국과 전쟁을 진행하는 동안에 프랑스는 일본에 우호적인 태도를 취했는데 이는 일본이 프랑스에 대하여 보여준 호감에 대한 보답이었다.

영국과 일본의 관계로 말하자면 청일전쟁을 결행하기 전, 당시의 내각총리대신이었던 이토 히로부미(伊藤博文)는 영국이 취하게 될 실제적 입장이 어떨 것인지에 대하여 크게 걱정하고 있었다. 정부와 황실에서 요직을 맡고 있던 다른 사람들도 그의 걱정에 동조했다. 그들은 영국이 혹시라도 청국과 비밀 협정을 맺지 않았을까 하는 점과 그럼으로써 청국과 일본이 전쟁을 하는 경우에 영국이 일본과의 관계를 끊고 청국에 어떤 도움이라도 주지 않을까 하는 것을 두려워했다.

비록 영국이 청일전쟁의 발발을 방지하기 위해 매우 열성적으로 노력했다고 하지만 누구도 이 전쟁을 막을 수 없다는 것이 확실해지자 1894년 7월 말 도쿄 주재 영국 대리 대사는 상해와 그 근방이 전쟁터가 되어서는 안 된다는 점에 대하여 일본 측으로부터 보장을 받으라는 훈령을 받았다. 영국 정부로부터 이와 같은 요구를 받고 나서야, 일본 당국은 영국이 청국과 비밀 협정을 체결한 사실이 없다는 것을 감지하게 되었다.

그 결과 1894년 8월 1일, 청국과의 전쟁이 결정되었다. 이 당시 하나의 중요한 사항은 영일통상협정(Anglo-Japanese Commercial Treaty)의 개정 협상이 마무리되었으며 청일전쟁을 선언하기 바로 전에 영국은 이 협정 개정 비준서의 조속한 교환을 요구해 왔다는 사실이다. 이러한 요구는 일본의 승패 간에, 그 결과가 이 협정의 개정 문제에 아무런 영향도 미치지 않을 것이란 점을 예시하는 것으로 보였다.

이 요구의 결과로 영국의 태도가 일본 정부가 생각했던 것과는 정반대라는 것이 실제로 증명되었다. 영국은 청국의 편에 서서 일본에 적대하는 대신에 일본에 호의적으로 기운 것으로 보였다. 반면에 청일전쟁 후 3대 대륙 세력에 의한 간섭으로 일본의 이해관계에 심각한 영향을 준 것이 일본으로 하여금 영국 쪽으로 끌어당기는 결과를 가져왔으며 장차 영일동맹에 대하여 매우 유리한 여론을 조성했다.

3국 간섭

일본이 승리한 결과로 청국에 부과하려는 조건과 관련하여 일본 정책에 3국이 간섭할 가능성이 있다는 맨 첫 번째 암시는 1895년 1월과 2월 중에 그 유명한 런던 《타임즈》(*The Times*)의 파리 주재 특파원인 블로위스(M. de Blowitz)의 송고(送稿)에서 나타났다. 총리대신 이토 히로부미와 외무대신 무쓰 무네미쓰(陸奧宗光)도 러시아와 프랑스 그리고 독일 측으로부터 그러한 조치가 있을 것임을 예상했지만 그들은 이 간섭이 어느 방향에서 올 것이며 또 어느 정도까지 깊이 자행될 것인지에 관하여 전혀 예상할 수 없었다.

그들은 이 문제를 숙고한 끝에 비록 자기들이 현재 고려하고 있는 것보다도 더 완화된 조건을 청국에 제시한다손 치더라도 열강들은 청국의 조치를 통제하고 또 일본에게 하나의 치명적 타격을 주려고 이미 결심한 이상 열강들로부터의 간섭을 피하기는 역시 불가능하다는 결론에 이르렀다. 결국 일본의 이 두 정치가들은 이미 그들이 마음속에 그리고 있는 평화 조건을 변경하지 않기로 결심했다. 그리고 이 대륙 세력의 개입이 예상되고 있는 것에 대하여도 가능한 한 어떤 즉각적인 관심을 내보이지 않고 계속 나아가기로 했다.

물론 러시아의 개입은 그의 영향을 극동에 뻗치는 데 절호의 기회가 되는 것을 뜻하며 그렇기 때문에 러시아가 이 사건의 전반에 걸쳐 핵심이 되었다는 것은 매우 당연한 일이었다. 프랑스는 러시아와 동맹을 맺고 있었기 때문에 일찍이 프랑스가 일본에 대하여 우호적이었음에도 불구하고 러시아의 조치를 지지하도록 되어 있었다. 그 당시 도쿄 주재 프랑스 공사 아르망(M. Harmand)은 성명서에서 그와 같은 프랑스의 정책을 수립하게 된 당시의 분위기를 충분히 설명해 주고 있다.

독일로서는 일본에게 적의를 가질 아무런 이유도 없었으며 프랑스처럼 러시아를 지지해야 할 아무런 의무도 유럽 내에서 갖고 있지 않았다. 청일전쟁을 매듭지은 시모노세키조약(Treaty of Shimonoseki)의 서명에 즈음하여 일본 외무대신에게 축하 전문을 보낸 첫 번째 사람은 도쿄 주재 독일 공사 구치미트 남작[1)](Baron von Gutschmid)이었다. 따라서 독일이 돌연히 태도를 바꾸어 일본으로부터 대련항(大連港)

의 포기를 받아내기 위해 프랑스 및 러시아와 공동보조를 취했을 때 일본 사람들은 크게 놀랐다.

일본 외무성은 도쿄 주재 독일 공사에게 독일이 프랑스 및 러시아와 행동을 함께 한 데 대한 이유를 물었다. 구치미트 남작은 독일 정부가 이미 1895년 초에 일본 정부에 경고한 바 있으며 그 당시 만일 일본이 만주의 분할을 위한 어떤 단계적 조치를 취할 경우에는 3국에 의한 간섭이 불가피하게 될 것임을 지적한 바 있다고 태연하게 대답했다. 이러한 우호적 경고에도 불구하고 일본 정부는 영토 획득을 명문화한 조약을 청국과 체결했고, 그 결과로 독일은 러시아와 프랑스 편에 서도록 강요된 것이다.

이 설명은 정말로 이상한 것이라고 보아야 마땅할 것이다. 간섭의 가능성에 대한 사전 통고를 경청했어야 하지만 그렇다고 단지 그 경고를 받아들이지 않았다고 해서 어떤 나라가 간섭에 동조했다고 보는 것을 나는 이해할 수 없다. 요컨대, 러시아와 프랑스는 단지 우리의 영토 확장 때문에 간섭했으나 독일은 평화 협정(시모노세키조약)을 체결하기 훨씬 전부터 평화 조건의 내용에 관계없이 간섭의 의향을 가지고 있었던 것이라고 추정할 수밖에 없다. 이 3국 간섭의 시기에 일본에 대한 독일 정부의 태도에 관하여는 다음의 흥미 있는 일화가 무엇인가를 암시한다.

3국이 간섭할 당시에 외무대신 무쓰가 도쿄에 없었기 때문에 내가 그 직무를 대행하고 있었고, 따라서 3국의 공사들과의 협상도 내가 맡아 수행했다. 1895년 4월 23일 러시아 공사와 프랑스 공사가 외무성으로 나를 찾아와 프랑스어로 간략하게 쓴 한 각서를 나에게 읽어 주고 나로 하여금 그것을 더욱 정독한 후 숙고하도록

1) 구치미트 남작(Baron Alfred von Gutschmid, 1831~1887) : 독일의 역사학자.

그 각서를 남겨두고 갔다. 같은 날 오후 늦게 독일 공사가 나를 방문했다.

영어와 프랑스어를 충분히 알고 있음에도 불구하고 그는 영어나 프랑스어 중 어느 하나로 어떤 각서를 쓰는 것은 분명히 모독이라고 생각했기 때문에 내가 독일어를 모르는 관계로 로마자(일본 발음에 따라 로마자로 쓴 일본말)로 쓴 한 각서를 가지고 와서 자기 비서로 하여금 그것을 소리 내어 읽도록 했다. 그런데 그 비서는 일반 일본어 서체에 매우 익숙해져 있었으나 원래 표의문자(表意文字)인 한문으로 작성된 원문의 익숙하지 못한 필체의 사본을 읽어야 하는 어려움이 있었다. 그 공사나 비서 자신도 그가 읽고 있는 문장 중 한 자도 이해하지 못하고 있음이 분명했으며 반면에 나는 최대한 주의력을 경주했음에도 불구하고 그 각서의 뜻을 거의 파악할 수가 없었다.

프랑스 공사와 러시아 공사가 남겨 둔 이 각서는 사실상 시모노세키조약에 의하여 얻었던 영토를 반환해 주라는 것을 충고하는 간결한 문장이었으며 이러한 충고를 하는 이유는 이웃 나라를 위한 우호 정신 때문이라고 했다. 반면에 독일의 각서는 일본이 러시아, 독일 및 프랑스와 싸워 승리할 수 있는 가능성은 없기 때문에 이들 3개 강국이 제공한 충고를 받아들인다면 일본에 유익할 것이라고 했다.

독일 공사의 맞은편 탁자 앞에 서 있던 나는 이렇게 말했다.

> 각하의 동료인 러시아와 프랑스 공사가 여기를 다녀갔으며 평화 유지를 위한 우호적 충고를 했고 그 용어도 우호적인 것이었다. 그러나 각하의 각서는 무력으로써 문제를 해결하려는 제의인 것처럼 어구(語句)가 되어 있다. 각서에 표현된 용어를 그만두더라도

만일 귀하의 뜻이 그러하다면 국민감정뿐만 아니라 이 나라의 위신도 마땅히 고려되어야 한다. 이 각서가 귀하에게는 익숙하지 못한 일본말로 씌어졌기 때문에 그 용어의 사용에 오류를 범한 것처럼 보인다.

독일 공사는 아주 어색한 표정을 지으며 그 각서에 있는 것으로 표현한 나의 견해는 그런 뜻이 아니라고 말하고 만일 그런 견해가 각서 안에 들어 있다면 그것은 그 각서를 일본말로 서술하는 데서 나온 오류 때문이라고 말했다. 그는 그 각서를 취소하기로 약속했으며 독일 각서를 러시아와 프랑스 공사들의 것과 같은 것으로 여겨달라고 말했다.[2)]

---

2) 다음 내용이 러시아 각서 원문이었으며 그것은 역시 프랑스 공사에 의해서도 채택되었으며, 물론 위에서 말한 분위기 속에서 필요한 구두 변경을 통해서 독일 공사에 의해서도 채택되었다.

"러시아 황제 폐하의 정부는, 일본이 청국에 부과한 평화 조건을 심사하는 중에 일본이 주장한 요동반도의 소유는 청국의 수도(首都)에 끊임없는 위협이 될 것이고, 동시에 조선의 독립을 가공적인 것으로 만들 것이며, 이 이후 극동의 평화에 영구적인 장애물이 될 것이라는 점을 발견하는 바이다. 따라서 황제 폐하의 정부는 일본 정부에게 요동반도의 결정적 소유를 포기하도록 권고함으로써 일본 천황의 정부에 하나의 새로운 심심한 우정의 증거를 제공하고자 한다."(편자 주)

제2장

영일동맹의 전야(前夜)

시모노세키(下關)조약이 체결된 후 3국 간섭의 결과로 극동에 있는 여러 나라들의 이해관계는 하나의 새로운 집단을 형성하게 만들었다. 한쪽으로는 프랑스와 독일이 러시아 편에 섰고 다른 한편으로는 영국과 일본 및 미국이 이에 맞서게 되었다. 그 결과 영국과의 동맹이 유익할 것이라는 견해가 도쿄(東京)에 있는 일반 국민과 관계(官界)에 점차로 퍼져나갔다. 영일동맹은 실제로 획기적인 사건이었다. 그것은 세계 역사에 우뚝 서 있다. 러일전쟁에서 우리[일본]의 육·해군의 찬란한 승리와 쓰시마(對馬島) 해협에서의 일대 접전은 세계 전쟁사에서 선례가 없는 일이었지만 그 승리는 영일동맹 없이는 결코 얻을 수 없었을 것이다.

러일전쟁 후에 열강 간의 관계에는 커다란 변화가 일어났다. 그 전에 일본에 반감을 가져왔던 열강들이 타협을 주선함으로써 이제 또 다른 전쟁이 예상될 이유가 없게 되었는데 이는 전적으로 영일동맹의 덕분이다. 대련(大連)항을 되돌려준 후 동맹 계획을 승인했던 인사들 중 아무도 그 동맹이 이렇게 깊은 결과를 가져다주리라고는 상상하지 못했다. 그들은 동맹을 토의할 당시 어떤 종류의 것이든 유럽으로부터의 지원이 없다는 등 열강의 압력이 다시 시작될는지도 모른다고 느꼈다.

정말로, 영국과의 동맹이 우리의 요구 사항을 위해 가장 적합한 것인지 아니면 러시아-일본 간의 동맹이나 심지어 러시아-프랑스-일본 간의 삼각 동맹이 더 좋은 것은 아닌지에 대하여도 각기 다른 의견들이 있었다. 후자의 두 가지 의견들은 일본에서 소수의 지지를 받았다. 그러나 모든 사람이 가지고 있는 견해의 요점은 일본이 고립된 입장을 반드시 포기해야 한다는 것이었다.

3국 간섭 당시 나는 독일의 태도에 대하여 가장 강한 충격을 받았다는 것을 인정한다. 왜냐하면 그 나라는 이 간섭에서 어떠한 이해관계도 가지고 있지 않다고 나는 생각했기 때문이다. 반면에 나는 러시아와 프랑스의 공통된 이해관계를 예민하게 생각해 보았다. 그 결과 3국 간섭이 있은 직후 나는『장차 일본의 외교 정책』이라는 제목으로 하나의 글을 썼다. 나는 1895년 5월 말경에 이 글을 완성하여《지지신보》(時事新報)의 소유주이며 편집자인 고 후쿠자와 유키치(福澤諭吉)에게 주었다.

위대한 학자였던 그는 그 글에 제시된 견해에 전적으로 동의했다. 그래서 그는 1895년 6월에 이 글을《지지신보》에 게재했다. 그 후 얼마 지나지 않아 나는 청국 주재 공사로 임명을 받고 도쿄를 떠나 북경(北京)으로 갔다. 내가 출발한 후 며칠 뒤인 7월 21일《지지신보》에는 내가 쓴 또 하나의 논문이 게재되었는데, 그 논문에서 나는 또 다시 일본의 외교 정책에 관한 나의 견해를 피력하면서 영국과 모종의 협정을 체결하는 것이 필요하다고 강조했다.

이 두 논문에 대하여 일반 국민이 상당한 관심을 보였다는 것은 동맹에 관한 생각이 국민들 마음속에 자리를 잡아 가기 시작하고 있다는 것을 보여주는 충분한 증거가 된다. 그 당시 외무대신이었던 무쓰 무네미쓰(陸奥宗光) 백작(청국과의 평화 협정을 체결한 후 백작이 됨)도 역시 동맹에 호의적이었다.

북경과 세인트 페테르부르크에서 외교관 생활을 하는 동안 나는 항상 동맹을 맺어야겠다는 생각에서 목적의식을 가지고 그 두 도시에 있는 영국 외교관들과의 교제를 발전시키려고 계속 애썼다. 그렇기 때문에 나는 북경에 주재할 때 나의 동료이었던 오코너 경[1](Sir Nicholas O'Connor)을 세인트 페테르부르크에서 다시 만나게 된 것을 참으로 다행하게 생각했다. 동맹에 관한 생각은 점차로 발전되어 드디어 1898년 3월 어느 날 영국 내각의 식민지상(植民地相)이었던 체임벌린[2](Joseph Chamberlain) 씨가 런던 주재 일본 공사이던 가토 다카아키[3](加藤高明) 씨(후에 남작이 됨)와 함께 한 궁중 연회에서 이야기를 나누게 되었다. 그때 체임벌린 씨는 가토 다카아키 씨에게 영국은 극동에서 제반 관계를 안정시키기 위해 일본과 협정을 체결할 준비가 되어 있다고 말했다.

가토 다카아키 씨는 그 당시 일본 외무대신 오쿠마 시게노부[4](大隈重臣) 백작 앞으로 장문의 전보를 보내어 체임벌린 씨의 요망사항에 부응하는 것이 좋겠다는 것을 강력히 건의했다. 나는 1899년에 세인트 페테르부르크에서 도쿄로 돌아오자 레이난자카(靈南坂)에 있는 그의 저택으로 이토 히로부미(伊藤博文)를 찾아갔다. 그

---

1) 오코너 경(Sir Nicholas R. O'Connor) : 영국의 외교관으로서 1892년부터 1895년 사이에 조선 주재 특명전권공사로 재임하였다.

2) 체임벌린(Joseph Chamberlain, 1836~1914) : 영국의 정치가. 사업에 성공한 후 정계에 투신하여 버밍엄 시장을 발판으로 국회에 진출(1876), 글래드스톤(W. Gladstone) 내각의 각료, 솔즈베리(Salisbury) 내각의 식민지상으로 영국의 제국주의 팽창에 기여하였다. 버밍엄대학 총장으로 만년을 보냈다.

3) 가토 다카아키(加藤高明, 1860~1926) : 1887년 외무성에 들어가 1888년에 외무대신 오쿠마 시게노부(大隈重臣)의 개인 비서가 되었다. 런던 주재 공사(1894~99) · 런던 주재 대사(1906~13) · 외무대신(1900~1, 1906, 1913, 1914)을 역임했다. 성(聖) 미카엘 조지 훈장(G.C.M.G)을 받았다.(편자 주)

4) 오쿠마 시게노부(大隈重臣, 1838년생) : 외무대신(1888, 1896~97, 1898~99) · 총리대신(1897, 1914)을 지냈다.(편자 주)

자리에는 이노우에 가오루[5](井上馨) 백작이 함께 있었는데 나에게 혹시 런던 주재 공사로 갈 의향이 있는지 물어보았다. 이 질문에 나는 그것이야말로 나의 가장 열렬한 바람이라고 답했다. 그러자 이어서 이노우에 백작은 가토 공사가 항상 영국과의 동맹이 긴요한 것이라고 외무성에 압력을 가하고 있다고 말하면서 이 문제에 대한 나의 견해를 물었다.

나는 이 동맹이 매우 중요하고 또 권고할 만한 것이라고 생각했다고 말하고 동맹이란 상호적인 것을 의미하기 때문에 각각 무엇인가 교환할 수 있는 것을 가져와야 한다고 지적했다. 만일 일본이 동맹에 기여할 수 있는 어떤 것을 충분히 제공하지 못한다면 영국은 일본보다는 반대급부가 더 많은 러시아와의 동맹에 더 탐닉할지도 모른다.

그리고 비록 영국과 러시아가 동맹으로까지는 가지 않는다고 할지라도, 그 두 나라는 영일동맹이란 관념을 능히 저지할 수도 있다. 내가 러시아에서 경험한 바에 의하면 러시아의 일각에서 영국을 매우 호의적으로 생각하기 때문에 영국이 그러한 러시아를 버리고 영일동맹을 맺는다는 것은 매우 어려울 수 있다고 나는 말했다. 그리고 나는 이러한 내용을 해명하기 위해 내가 세인트 페테르부르크에서 공사로 있는 동안(1897년 3월~1899년)에 발생했던 몇 가지 구체적인 사례를 첨가하여 설명했다.

---

5) 이노우에 가오루(井上馨, 1835~1915) : 메이지 시대의 정치가. 이토 히로부미와 영국에 유학(1863), 메이지유신 후 대장성(大藏省)에 들어갔다. 1876년 운요호(雲揚號)사건을 조작하여 한일통상조약을 체결하였다. 외무대신(1884), 내무대신(1892)·대장대신을 역임했다.

유산된 예비 교섭

내가 세인트 페테르부르크 공사로 있을 당시 러시아 정부는 날이 갈수록 극동 문제에 더 관심을 기울여 가고 있었다. 다음 이야기로 연결 짓는 것은 약간 빗나간 것이긴 하지만 그것은 매우 중요한 사항과 관련이 있고 또 위에서 말한 것에 대한 설명이 되기 때문에 "쇠는 달아올랐을 때 두드리라."는 의미에서 말하고자 한다.

1897년의 조선 문제와 관련하여, 러시아 정부는 야마가타(山縣)-로바노프협정(Yamagata-Lobanoff Agreement)을 무시한 채 일본 정부에 아무런 통보도 없이 조선군을 훈련시킨다는 목적으로 몇 명의 장교와 한 명의 재정 고문을 파견했다.[6] 그 당시 도쿄에 있던 외무대신 오쿠마 백작은 러시아에 항의했으며, 나는 그의 훈령에 따라서 이 문제로 무라비에프 백작(Count Muravieff)을 찾아보았다. 그와 나 사이에는 다음과 같은 대화가 오고 갔다.

M : 그것은 나의 전임자의 재직 시 일어났던 일이므로 나와는 아무런 관계가 없다.

하야시 : 한 정부의 책임은 외무대신이 경질되었다고 해서 반드

---

6) 야마가타-로바노프 협정(Yamagata-Lobanoff Agreement)은 원수(元帥)였던 야마가타 백작(이제는 공작이 됨)이 천황을 대신하여 러시아의 츠아 황제와 황후의 대관식에 참석하기 위해 세인트 페테르부르크를 방문했을 때인 1896년에 서명되었다. 이 협정의 진정한 의도와 목적은 단지 당시 조선 주재 일본 공사 고 고무라 주타로(小村壽太郎, 후에 후작이 됨)와 조선 주재 러시아 공사 웨베르(M. G. Waeber) 간에 1896년 5월 13일 서울에서 서명되었던 고무라-웨베르 협정(Komura-Waeber Convention)을 비준하는 것이었다. 고무라-웨베르 협정에 의거하여, 양국은 공사관 경호 요원으로 각기 800명의 병사들을 유지할 권리를 확보했으며, 이에 대하여 일본은 자신의 이권이었던 부산-서울 간 전보용 전선 순찰을 위한 200명의 경호원을 유지할 수 있는 권리를 확보했다.(편자 주)

시 변경되는 것은 아니다.

M : 귀하에게 사실을 말하자면, 조선의 황제가 약간의 군사 고문관을 두고자 해서 우리가 군사 고문관을 보냈다. 우리는 우리와 외교 관계를 맺고 있는 나라의 통치자의 요구를 거절할 수는 없었다.

하야시 : 그렇다면 귀하는 조선의 황제가 귀하에게 어떠한 요구를 하여도 그에 따르겠다는 것인지? 귀하는 우리들과 함께 서명한 협정도 무시하고 이렇게 행동할 수 있는지? 만일 그렇다면, 귀하가 일본과 체결한 협정은 한 장의 종이쪽지에 지나지 않는다. 나는 귀하에게 현재 우리가 정확히 어느 지점에 와 있는지를 묻지 않을 수 없다.

M : 그렇지 않다. 나는 우리가 조선에 장교들을 파견했으며 즉시 그들을 소환할 수는 없다는 것을 의미할 뿐이다. 사실은 우리들이 그 장교의 숫자를 더 증가시키려고 했던 것인데 그 이상 더 보내지는 않을 것이다. 귀하가 이것을 협정 위반이라고 생각한다면 우리는 이 문제를 장차 시정할 것이며 귀하에게 이를 보장하겠다. 그러나 이 문제를 해결하기 위해 우리는 시간을 좀 더 필요로 한다.

이로써 대화는 끝났으나 이 문제에 대한 결정적인 해결은 없었다. 그러는 중에 도쿄에서 외무대신의 경질이 있었으며 제3차 이토 히로부미 내각이 탄생했고 니시 도쿠지로[7](西德二郎) 남작이 외무대신에 임명되었다. 1898년 1월 츠아 황제의 직접 지시에 따라서 러시아 외무대신이 조선에 관하여 일본과 협정을 체결하기 위한 협상을 제의하여 왔다. 나는 이 제의를 당장에 도쿄에 타전했으며

7) 니시 도쿠지로(西德二郎, 1847~1912) : 메이지 시대의 외교관, 남작, 가고시마(鹿兒島) 출신. 러시아 유학. 프랑스 공사관 서기관・러시아 주재 특명전권대사(1886)・추밀고문관(1897)・구로다 기요타카(黑田淸隆) 내각의 외무대신(1897)・청국 주재 특명전권공사(1899)를 역임했다. 저서로는『중앙아세아기사』(中央亞細亞紀事)가 있다.

우리 정부도 역시 이 문제가 안정되기를 바랐기 때문에 나는 이 제의에 동의하라는 전보 지시를 받았다.

니시-로젠 협정

만일 일본과 러시아가 조선으로부터 모두 철수할 것을 요구하는 어떤 협정을 체결해야 한다면 그때 가서는 일본의 이해가 매우 미묘하다 하더라도 일본은 조선 내에서 내부적으로 무슨 일이 생길는지 바라보고만 있을 따름인 처지가 될는지도 모른다는 것이 나의 견해였다. 청일전쟁 이래 조선에 대한 일본의 정치적 상황과는 별도로, 일본은 물질적으로 조선에서 자국의 이해를 매우 증가시켰다는 것을 기억해야 한다.

예를 들면, 1897년 말엽에 일본은 서울-부산 철도부설권을 얻었다. 내부적으로 조선에 보다 적은 이해관계를 가지고 있는 러시아는 때를 기다리며 바라보고 있는 것으로 만족해야 할는지도 모르지만 어떤 심각한 사태가 발생한다면 러 · 일 간의 협정에도 불구하고 이에 간섭할는지도 모른다. 양국이 다 조선에 고문관을 보낼 수 있다면 그렇게 하는 길이 그 당시에 이와는 다른 방향으로 제의되었던 협정보다도 더 양국에 유리하게 작용할 것이라고 나는 생각했다.

조선에는 이미 다수의 러시아 군사 고문들이 조선의 군대를 훈련시키고 있었고 그 수가 많았기 때문에 그들을 소환한다는 것은 어려운 일이었을 것이다. 또한 재정 고문관인 알렉시에프(Kerr Alexieff)[8]도 있었다. 그는 단명(短命)의 러시아-조선은행장이

8) 알레시에프(Kerr Alexieff) : 그는 주일러시아 공사관의 서기관으로 있다가 묄렌도르프(G. von Möllendorff)의 요청으로 연군 교관(鍊軍敎官)으로 방한하여(1884)

었고 1897년 가을에 조선에 파견된 재정 고문으로서, 브라운(McLeavy Brown)[9]의 후임자였다. 그러나 재정 고문관인 그의 소환은 어려운 일이 아니었을 것이다. 나는 일본이 군사 고문보다는 도리어 재정 고문을 조선에 보내는 것을 선택함이 마땅하다고 생각했다.

따라서 나는 도쿄에 전보를 쳐서 협의 중인 협정에 러시아와 일본은 각기 군사 및 재정 고문직을 두기 위해 상호 합의해야 한다는 구절을 삽입하도록 건의했다. 후에 이 교섭은 도쿄로 옮겨져, 1898년 4월에 니시-로젠 협정[10](Nishi-Rosen Convention)이 서명되었으며, 이 협정에 따라서 조선에 대한 군사 및 재정 고문은 오직 양국의 상호 동의로써만 임명되어야 했다. 이 협정에 관한 협상이 진행되는 동안 조선에 대한 군사 및 재정 고문관들의 임명 문제가 상당히 곤란한 문제를 야기할 것처럼 보였다.

러시아의 서툰 처사

바로 그때 러시아 정부는 조선 정부에 어떤 요구 사항을 제시했다. 조선 정부는 늘 그렇듯이 회답을 전하면서 시간을 끌었다. 러시아의 변리공사 스페이어[11](Alexi de Speyer)는 일정 시한 내에

1896년에는 웨베르의 후임으로 공사가 되었다. 아관파천(俄館播遷)의 주역(1897).

9) 브라운(McLeavy Brown, ?) : 영국의 외교관・법률학자・법학박사. 영국의 대한(對韓) 진출의 일환으로 1896년 탁지부(度支部)의 고문으로 부임했다가 러시아의 압력으로 1897년에 퇴진하였다.

10) 니시-로젠 협정은 양국이 조선의 주권과 완전한 독립을 인정하고 조선의 내정에 간섭하지 않을 것을 합의했고, 또 쌍방 어느 국가도 본 협정의 다른 일방 국가의 동의 없이 조선에 고문을 파견해서는 안 된다는 것을 합의했다.(편자 주)

11) 스페이어(Alexi de Speyer, 士貝耶) : 제정 러시아의 외교관. 일본 주재 러시아

회답할 것을 요구하면서 만일 그 시한 내에 회답하지 않는다면 러시아의 군사 및 재정 고문관들을 철수시키겠다고 위협했다. 조선의 국왕은 매우 놀라 은밀하게 일본 공사 가토 다카아키에게 자문을 구하자 그는 다음과 같은 의견을 제시했다.

> 러시아 사람들이 자기들의 사정으로 자기들의 고문을 철수시킬 것을 위협한 이상 만일 폐하가 그들의 봉사를 유지시킬 것을 열망하지 않는다면 그들을 철수시키는 데 동의함이 전적으로 옳을 것입니다.

조선 정부는 러시아 고문의 봉사를 필요로 하지 않으니 그가 좋을 대로 가능한 한 빨리 그들의 철수를 명령해도 좋다고 러시아 변리공사에게 즉시 통보했다. 러시아 공사는 자승자박하게 되었다. 그는 자기가 한 말을 명분 있게 취소할 길이 없었다. 따라서 그는 조선의 대신들에게 버럭 소리를 질러 말했다.

> 만일 여러분들이 스스로 돌볼 수 있다고 생각한다면 조선에 와서 도와줄 외국인 고문을 이 이상 더 얻을 수 없다는 것을 꼭 기억하시오.

그리고 그는 문을 세차게 닫고 나가더니 러시아 장교들을 본국으로 보냈다.[12] 러시아 변리공사의 성급한 행위로 니시-로젠 협정을

공사관의 서기관으로 부임했다가 1885년 묄렌도르프(P. G. von Möllendorff)의 요청으로 내한하여 1896년 이래 러시아 공사를 역임했다.

12) 니시-로젠 협정이 서명되자 러시아-조선은행(Russo-Korean Bank)은 문을 닫았으며 재정 고문 알렉시에프는 자기 동료인 군사 고문관들을 따라 본국으로 돌아갔다. 포티올라 대령(Col. Potiola)과 러시아 공사관 호위병들도 그 후 얼마 안 있어 뒤따라 본국으로 갔다.(편자 주)

체결하는 데 가로놓여 있던 난관이 해결되었다. 왜냐하면 고문관들이 사라져 버린 이상 이제는 상호 합의가 없이는 다른 어떤 고문도 보내서는 안 된다는 것을 협정할 수 있기 때문이었다. 후에 내가 러시아 외무대신을 만났을 때 그는 나에게 "우리는 조선에 보냈던 장교들을 소환해 버렸다. 나는 이제 귀하가 만족하기 바란다."고 말했다. 이에 대하여 "나는 확실히 만족해야 마땅하다. 그러나 귀하가 그 장교들을 귀하 스스로의 뜻에 따라 철수시켰으므로 일본으로서는 특별히 귀하에게 감사할 이유는 없다."고 대답했다.

누가 먼저 개입했나?

그동안 나의 이야기가 주제로부터 벗어났는데 내가 말한 이야기들과 같은 시기에 일어난 또 하나의 이야기를 하기 위하여 조금 더 주제를 벗어나도 괜찮을 것이다.

나는 여순항(旅順港)의 조차(租借)에 대하여 말하고자 한다. 금주반도(金州半島, 요동반도)는 시모노세키조약에 따라 한때 일본의 영토가 되었다. 러시아, 프랑스 및 독일의 3국 간섭으로 인하여 우리들은 3천만 냥을 받는 대신에 요동반도를 청국에 되돌려 주었다. 청국은 이 금액과 러시아가 보증한 전쟁 보상금을 지불하기 위해 차관을 기채(起債)했다. 이 호의의 대가로 청국은 북만주를 관통하게 될 시베리아 철도 지선(支線)의 부설권을 러시아에 주기로 합의했다. 이들 각 단계의 조치는 러시아 대장대신(大藏大臣) 위테 백작(Count de Witte)이 계획했던 것이다.

그 당시 한때 러시아 대장성의 관리였던 쉬온(M. Schion)이라는 사람이 파리에 살고 있었다. 그는 위테 백작의 정책에 대한 의견 차이로 사임했다. 그는 파리에 은퇴하여 지난날의 상관이었던 위테 백작의 정책을 신랄하게 공격하는 공개서한을 발표했다. 그 서한들은 그가 대장성에 근무할 때 수집했던 자료에 근거를 둔 것인 만큼 이 공격은 더욱 심각했다.

쉬온이 폭로했던 것들 중에서 무엇보다도 한 가지 중요한 사실은 청일전쟁 후 3국 간섭을 처음 구상한 사람은 위테 백작이었다는 것이다. 그리고 더 나아가서 위테 백작은 필요하다면 전쟁을 수행하게 되더라도 간섭 정책을 수행할 준비가 되어 있었다는 것이다. 쉬온에 의하면 위테 백작은 실제로 러시아 외무대신인 로바노프 백작(Count Lobanoff)에게 만일 전쟁이 필요하게 된다면 그 전쟁을 수행하는 데 필요한 충분한 자금의 갹출을 보증하겠다고 장담했다.

후에 세인트 페테르부르크에 있는 나의 영국인 동료인 오코너 경(Sir Nicholas O'Connor)으로부터 위테 백작이 3국 간섭과 요동반도 반환 정책에 전적으로 책임이 있었으며 외무대신인 로바노프 백작 자신은 단지 대장대신인 위테 백작이 작성한 계획의 실천을 책임진 것이라고 로바노프 백작이 자기에게 확언했다고 내게 말했다. 따라서 나는 쉬온이 자기의 공개서한에서 진실을 말하고 있다고 믿고 있다.

위테 백작의 계획

그러나 쉬온은 이에 더 나아가 공격을 계속했다. 그는 철도로 북만주를 관통하려는 계획을 공격했다. 그는 이 철도의 일부가 다른 나라의 영토를 통과하기 때문에 러시아로서는 이 철도의 만주 구간을 방어하는 데 매우 어려움이 있을 것이라고 지적했다. 그는 이어서 철도의 기본 목적은 종착역을 연결할 뿐만 아니라 그 철도가 지나갈 지역들을 고려해야 한다고 말했다. 철도의 가치는 단순히 그 궤도의 거리에 의하여 평가될 수는 없다는 것이 그의 논지였다.

그렇지만 나의 견해로서는 이 점에 대한 쉬온의 논지는 오류를 범하고 있다. 왜냐하면 위테 백작은 그 철도가 지나가게 될 청국의 구간에 대한 청국의 주권을 존중할 아무런 의사도 결코 가지고 있지 않았기 때문이다. 위테 백작의 계획은 철도를 건설하고, 그 철도에 따라 도시를 새로 만들고 그 철도가 통과하는 지방을 개발하고, 숭가리 지역(Sungari District)에서 이런 발전이 이룩되는 대로 남쪽으로 계속 이동하여 내려오는 것이었다.

이러한 방법으로써 그 철도의 점진적 발전은 다른 나라 사람들의 눈을 가릴 것이며 극동에서 위기가 발생할 시점에 이르러서는 이미 러시아의 세력이 아주 완전히 그리고 매우 강력하게 구축되어 버렸을 것이기 때문에 다른 어느 나라도 러시아의 진전을 감히 막으려고 하거나 또 막을 수도 없었을 것이다. 더구나 이 방법에 의하여 위테 백작은 철도 건설에서 상당히 재정상의 절약을 기할 수 있었을 것이다. 왜냐하면 철도 선로의 각 구간마다 그 건설에 필요한 자재를 자급자족했을 것이기 때문이다.

일본을 위협할 목적으로 위테 백작이 3국 간섭을 창조해 낸 그 외교술은 매우 충격적이었다. 위테 백작은 영어를 전혀 몰랐다. 그래서 나는 이따금 그를 만나기는 했지만 결코 친밀하게 그와 이야기할 수는 없었다. 그렇지만 나는 정치가로서의 그의 능력을 칭송하지 않을 수 없다. 만일 그의 계획이 그가 처음 구상했던 대로 실시되었다면 러시아로서는 어떤 소득이 있지 않았을까? 그러나 그 계획이 수립되자 엄청난 금액의 돈을 써버릴 한 사건이 발생했다. 여순항의 조차가 바로 그것이었다.

교주 점령

그러나 러시아의 여순항 점령에 관하여 말하기 전에 나는 독일이 교주(膠州)를 점령한 사실을 논의하고자 한다. 3국 동맹(Triple Entente)에 따라서 청국을 지원하는 데 대한 보상으로, 러시아는 청국의 동부 철도 부설권을 얻었으며(1896년 8월 27일자), 프랑스는 연안(延安)과 양자강(揚子江) 유역에서 특권을 얻었으나 오직 독일만이 천진(天津)의 일부분을 독일 식민지용으로 배타적 사용권을 얻었다. 독일은 이에 만족하지 않고 자연히 교주의 조차를 갈망했다.[13)]

독일이 산동에서 엄청난 이권을 확보하기 위해 어떻게 작용했는지에 관해서는 누구나 다 알고 있다.[14)] 독일이 처음 교주를 할양했

---

13) 저 유명한 카시니협약(Cassini Convention)에 의하면 교주는 러시아가 별도 사용을 위하여 점찍어 두었던 곳이었다. 1896년 8월에 《노드 차이나 데일리 뉴스》(*North China Daily News*)가 이 유명한 문서를 사전에 게재함으로써 극동에 일대 충격을 주자 청국과 러시아는 이 서류가 사실이 아니라고 강경하게 부인했다. 그러나 동청철도협정(Chinese Eastern Railway Agreement)은 너무도 분명하게 카시니협약에 기초하여 구성되었기 때문에 그들의 부인(否認)은 크게 공감을 얻지 못했다. 카시니협약이란 만주 문제에 관하여 청국을 꼼짝 못하게 묶어 놓을 의도로 만들어진 협정 초안이기는 하지만 그것을 비준한다거나 공포할 의도는 없었던 것이라고 믿을 만한 이유가 있다.(편자 주)

14) 교주의 할양은 1897년 가을 산동에서 2명의 독일인 선교사를 살해한 데 대한 보상으로서 그때 제기되었던 외교 문제의 해결을 계류시킨 채 청국으로부터 빼앗은 것이다. 그때 독일의 외무성은 본부의 훈령이 매우 강하다는 인상을 주기 위해 북경 주재 독일 공사 하이킹 남작(Baron von Heyking)에게 청국의 보상 제의를 어떤 것이든지 수락하는 것을 거부하고 협상을 지연시키도록 하달했다. 그동안에 프러시아의 헨리 공작(Prince Henry)이 사령관으로 강력한 함대를 이끌고 극동에 파견되었다. 1898년 3월 6일 조차(租借) 협정이 서명되었다. 청도(青島)는 독일 식민지에 대한 공식 명칭인데 이 섬은 독일 정부에 쓸모없이 거추장스러운 존재임이 스스로 증명되었다. 이 협정에 포함되어 있던 반환 조항의 시각에서 볼 때 그것은 아마도 예상되었던 운명이었을 것이다. 1914년에 3국 협정국(Triple Entente)과 일본, 그리고 독일·오스트리아 사이에 전쟁이 발발하자, 영일동맹의 조항을 이행해야 한다는 영국의 요청에 따라서, 일본 정부는 종국적으로 청도를 청국에 반환해 주기 위해 우선 그

을 때만 해도 독일은 자신이 왜 그곳을 원했는지 몰랐다. 독일은 어떤 확실한 목적도 보이지 않는 상황에서 우발적으로 그것을 취한 것이었다. 이와 같은 주장의 근거는 독일이 조차 기간의 만료 전에 그 조차지를 반환하고자 할 경우 청국은 독일이 그 조차지에 소비한 금액을 상환해야 한다. 또한 독일에게 보다 적절한 영토를 조차지로 승낙해야 한다는 것을 규정하고 있는 조차협정서 제5항의 구절에서 볼 수 있다. 교주 사건이 있던 시기에 도쿄로부터 훈령을 받고 활동하던 나는 러시아 외무대신을 방문하여 독일의 진의에 관한 그의 견해를 물어 보았다. 나와 무라비에프 백작(Count Muravieff)은 다음과 같은 대화를 나누었다.

M : 아마도 프러시아의 황제(Kaiser)가 독일 해군의 증강을 고무하기 위하여 그것을 원했을 것이다.

하야시 : 귀 정부는 사전에 이에 관하여 귀띔을 받았는가?

M : 그렇지 않다. 우리도 그 지역이 점령된 후에야 그 사건에 관하여 통보를 받았다.

그러나 교주 조차가 서명된 후 바로 그 다음 날에 여순항을 러시아에 조차하는 조약이 서명되었다.(1898년 3월 27일~4월 9일) 그러므로 이 문제에 관하여 무라비에프 백작이 나에게 사전에 몰랐다고 말했지만 독일과 러시아 사이에 비밀 합의가 있었다고 나는 생각하지 않을 수 없다. 그럴 경우에 이 무렵 러시아가 조선 문제에 관하여 일본과 교섭을 전개한 것은 단지 청국의 본토에

섬을 무조건 일본에 넘기라는 최후통첩을 독일에 보냈다. 이 요구는 받아들여지지 않았고 영국과 일본의 육·해군의 연합군은 포위 작전을 감행한 결과 1914년 11월에 이 요새는 함락되었다. 이 글을 쓰고 있는 지금도 청도는 청국에 반환되지 않고 있다.(편자 주)

대한 자신의 진의에 관하여 일본의 눈을 가리려고 의도했던 것에 불과하다.14)

그 후 러시아를 파행적으로 만든 것은 여순항을 획득한 후 회수할 전망도 없이 방대한 자금을 쓸데없이 지출한 것이었다. 그 지역을 얻자마자 러시아는 당장에 만주를 점령하기를 원했다. "사슴을 쫓는 사냥꾼은 자기 앞에 있는 산을 보지 못한다."는 격언에서 알 수 있듯이 러시아는 다른 나라들의 의견에 관하여 고려도 해보지 않고, 만주의 흡수에 몰두했으며 이러한 정책이 러시아를 일본과의 전쟁으로 이끌었다.

---

14) 하야시 다다스 백작의 가정은 정당하지 못한 것으로 보인다. 위테 백작과 러시아 외무대신이 독일과 어떤 사전 조정이 있었다는 것을 그 당시에 분명하게 부정하지 않았을 뿐만 아니라, 하야시 백작이 일찍이 지적했듯이, 그 순간에 러시아가 여순항을 얻은 것은 위테 백작의 철도 건설 계획을 뒤집은 것이기 때문에 전략과 위신 때문에라도 이 불편을 마땅히 감내하여야 한다고 생각했던 것 같다. 더 나아가서 이러한 가정의 불합리성에 관하여 더 직접적인 증거가 있다. 의화단의 난(Boxer Rebellion)이 있은 후 통리아문의 비밀문서가 외국인의 수중에 넘어갔는데 이 문서는 러시아가 북경 주재 러시아 공사에게 가능한 모든 조치를 다하여 청국이 이 조차지를 독일에게 양여하는 것을 막으라는 훈령을 내렸다는 사실을 완전히 뒷받침해 주고 있다.

러시아는 항상 태평양 함대를 위한 부동항으로서 교주를 고려하고 있었기 때문에 유럽에서도 역시 카이제르 황제가 자기의 목표를 변경하도록 하기 위해 모든 시도를 다 했다. 이 교착 상태가 어떻게 끝났는가에 관한 정보는 프러시아의 헨리 공작(Prince Henry)이 가지고 있다. 상해의 한 독일 클럽에서 그는 독일의 카이제르 황제가 어떻게 러시아의 츠아 황제를 만났었는가에 관하여 설명하면서 독일의 뜻은 교주에 있고 교주에서 멈추려고 한다고 지적했다. 러시아와 청국은 모두 교주에 관하여 언급한 유일한 협정인 카시니협약이 가짜라고 선언했기 때문에 러시아가 그 땅을 주장할 아무런 권리를 가질 수 없었다는 것이다. 그는 러시아가 자신에게 훨씬 더 소용되는 여순항과 대련을 취득함이 마땅하다고 암시했다. 왜냐하면 극동에서의 러시아의 장래는 분명히 대륙에 걸려 있고 이곳은 거대한 군사적 전초 기지로 구축될 수 있기 때문이라는 것이었다.(편자 주)

권력 투쟁

명확한 증거는 없지만 여순항을 조차한 배후에는 무엇인가 있었던 것으로 보인다. 사실상 위테 백작과 무라비에프 백작은 권력을 위한 경쟁자들이었다. 그들은 각자 무엇인가 자기 이름을 후세에 전할 일을 하고자 했다. 이것이 여순항의 조차를 가져왔다. 그 당시 러시아의 정계에 나돌던 말로 판단하건대 이 두 정치가들 사이에 있었던 암투에 관한 이야기는 커다란 신빙성이 있다. 그 무렵에 나는 우연히 무라비에프 백작을 만났다. 그는 나에게 이렇게 말했다.

> 여순항의 조차 협정이 서명되었다. 그러나 사태가 너무 빨리 진전되었기 때문에 우리들은 그 지역의 지도도 가진 것이 없다. 그런데 언젠가 일본이 여순항을 점령한 적이 있기 때문에 아마도 귀하가 그 지역에 관한 좋은 지도를 가지고 있을 것이다. 만일 그렇다면, 그 지도를 나에게 좀 빌려줄 수 있는가?

나는 그를 보고 미소를 지으며, 다음과 같이 대답했다.

> 일본이 한때 여순항을 점령했던 것은 사실이며 그 지역에 관한 매우 좋은 지도들을 가지고 있다. 그러나 여기에 있는 우리 공사관에는 지도가 없다. 그리고 만일 여기에 있다고 해도, 다른 일로라면 귀하의 요구에 기꺼이 응하겠지만, 이 경우에는 귀하의 요청에 응할 수 없다.

백작은 어두운 미소를 지으며, "당신의 말이 매우 옳다. 나는 귀하를 욕하지 않는다."고 말했다.

3국 간섭은 무라비에프 백작의 전임자가 재직할 당시에 발생했기 때문에 그는 그것을 그 순간에 잊어버린 것이다. 여하튼 여순항의 조차가 아주 조급하게 이루어졌기 때문에 그는 그 지역에 관한 지도가 없어 나에게 빌리려 했던 것이다. 그 후 세월이 지나 영국 공사와 협상할 때 무라비에프 백작은 여순항과 대련을 혼동했기 때문에 양자 간에 심한 언쟁이 있었으며, 그 결과 영국 공사는 터키로 전보(轉補)되었다. 그러나 그 언쟁의 원인은 무라비에프 백작의 지리에 관한 지식이 너무나도 부족했기 때문이었다.

러시아의 친영정책(親英政策)

여순항의 조차 이후 위테 백작과 무라비에프 백작(Count Muravieff)의 사이가 소원해졌다. 무라비에프 백작은 태후 마리(Marie)의 측근이었으며 흑룡강(黑龍江)에서 명성을 떨친 무라비에프 장군(General Muravieff)[15]의 아들이었다. 그는 매우 하찮은 덴마크 주재 공사에서 일약 외무대신으로 승진되었다. 따라서 그는 츠아 황제와 궁정에 상당한 영향력을 가지고 있었다. 그의 극동 정책은 매우 잘 입안되었고 또 잘 시행되었다.

러시아가 여순항을 조차함으로써 태평양에서 매우 갈망했던 부동항을 확보한 이상 이제는 더 나아가서 여순항과 시베리아 철도를 연결하는 철도선을 확보하지 않으면 안 되었다. 이 철도의 건설과 철도 연변 도시를 건설하는 데는 약 1억 루블이 소요될

15) 무라비에프 백작(Count Nikolai N. Muravieff, 1809~1881) : 러시아의 군인・정치가. 1848년에 동부 시베리아 총독으로 임명되어 러시아의 극동 정책을 수행했으며, 1858년 아이군(愛琿)조약을 체결하여 우수리강(Usuri River) 동쪽의 땅을 중・러 공유지로 만들었고, 그 공로로 백작의 칭호를 받았다.

것으로 추산되었다. 무라비에프 백작의 정책 결과로 러시아의 재정 문제에 전적인 책임을 지고 있던 위테 백작의 일은 배가되었다. 위테 백작이 제의 안건을 가지고 영국 공사를 찾아간 것은 긴급한 자금 확보의 필요성 때문이었다.

영국에 대한 위테 백작의 제의

위테 백작은 영국 공사에게 다음과 같이 말했다.

> 지금껏 우리는 정치적인 목적을 위한 국가 차관을 오직 프랑스와 독일에서만 기채하여 왔다. 이 두 나라의 금융 시장은 긴축되어 있으며 우리는 우리의 국가 채권을 위한 시장을 영국에서 찾지 않으면 안 된다. 그러나 영국 정부는 금융 시장에 영향력을 가지고 있지만 그 영향은 매우 적다. 이러한 문제들을 성공시키기 위해서는 우선 우리들이 영국 국민의 우호를 얻어야 한다. 따라서 러시아는 영국 국민들에게 러시아의 연안에서 무역과 더 많은 무역의 자유를 허락하고, 영국의 자본을 여러 산업 분야에 투자할 수 있도록 하고 다른 상업적 특권도 부여할 계획을 하고 있다. 또한 우리는 한 위원회를 런던에 파견해서 그곳에 상주하도록 하여 그들이 영국 국민의 우호를 확보하기 위해 노력할 것을 제의한다. 우리는 이러한 우리 계획에 영국 정부가 동조하고 이 목적을 성취할 수 있도록 귀하의 권한의 범위 내에서 모든 지원을 다해 주기를 바란다.

위테 백작은 자기의 생각을 더욱 발전시켜 강력한 모스크바 통상대표단을 런던에 파견하여 이 목적을 위해 영국의 상업적 상황과 사업 여건을 연구토록 하고 그 다음에는 영국의 상인들이 러시아를 교환 방문하여 상호 균형을 유지토록 할 것을 제안했다. 그러나 이 교환 방문에 관한 제의는 후에 런던 시 당국의 태도 때문에 취소되었다.

런던에서는 러시아 내부의 반란을 진압하기 위해 러시아 정부가 취한 일방적 처사에 대한 분노 때문에 일반 시민의 감정이 격앙되어 있었다. 그 당시 러시아의 정치가들이 그들의 계획을 잘 진행시켰더라면 이러한 영국 국민들의 반감을 되돌릴 수 있었을 것이다. 왜냐하면 러시아는 영국에 많은 호의를 베풀 수 있는 입장에 있었기 때문이다.

부 록 B

일본 외교 정책의 미래(요지)

하야시 다다스 지음

1895년 6~7월 《지지신보》

우리 일본 국민들은 시모노세키조약과 3국 간섭에 의한 동 협정의 개정이 결코 이 사태를 종결시킨 것이 아니라는 것에 경각심을 가져야 한다. 우리는 우리의 권리를 주장하기 위해 전쟁과 같은 수단과 평화적 방편을 다함께 계속 실시하기 위한 장래의 장기 대책에 대비해야 한다. 우리는 이 목적을 주시하면서 북방과 남방의 두 방면으로 공격해 나가는 일에 결코 좌절해서는 안 된다.

시모노세키조약 제2조의 규정에 따라서 우리에게 할양되었던 봉천성(奉天省) 여순항의 영구 점령에 관하여 말하자면 우리는 이것을 되돌려주지 않을 수 없었다. 러시아 · 프랑스 · 독일 정부는 우리가 그곳을 점령하는 것이 극동의 평화에 위협을 주는 것으로 생각했다. 따라서 그들은 우리 정부에 대하여 그 항구를 청국에 되돌려주라고 충고했다. 그리고 우리의 유일한 목적은 극동의 평화였기 때문에 우리는 이 충고를 받아들이기로 결정하고 요동을 되돌려주었다. 이 취지는 칙령으로 아주 명확히 천명되어 있다.

일단 우리의 손에 들어왔던 것을 내어놓는 것이 매우 불쾌한 것은 너무나 당연한 것이며 비록 열강의 친절한 충고의 결과로 우리가 그것을 내어놓은 것이지만 한 번 우리가 얻었던 것을 그런 방식으로 잃는 것은 견딜 수 없는 곤경처럼 보인다. 이 문제에 관한 의견이 각기 다를 수 있지만, 내가 항상 지적하여 왔듯이 소위 문명 국가들 간의 국제 교섭의 방법은 생각하기 힘들 정도로 복잡 미묘하다. 물론 만일 모든 사람들이 오늘의 사태에 만족한다면 나는 더 이상 할 말이 없다.

그러나 "열 사람이 모이면 열 가지 생각이 있다."는 격언처럼 이 사태의 진전을 크게 불만스러워 할 사람들이 많이 있으리라고 예상하는 것은 당연하다. 그러나 이러한 불만을 가지고 있는 사람들에게 그 불만을 억제하라고 충고하거나, 현상에 만족하도록 설득하거나 그들의 마음을 편안하도록 하기 위해 모색할 필요는 없다. 불만이란 사람들을 보다 더 큰 활동과 근면으로 자극할 가장 중요한 요소라는 것을 결코 잊어서는 안 된다. 따라서 우리는 우리의 불만을 유지하여 어느 날엔가는 우리 주위에 있는 이 우울증을 털어버려야겠다는 생각을 가지고 스스로 한층 더 근면하도록 자극하지 않으면 안 된다.

우리는 장래에 우리에게 가져다 줄 그 무엇을 위해 지금은 상처받을 수 없는 것으로 고집스럽게 상처받고, 지탱할 수 없는 것을 지탱하지 않으면 안 된다. 이것이 진실로 우리 국민의 번영과 국력을 증진시키는 길이기 때문이다. 상업과 산업의 발전이 국력을 확장시키는 기본 요소들이기 때문에 우리는 이들의 발전을 위해 마땅히 노력해야 한다. 상업과 산업은 국부(國富)를 가져온다. 우리는 또한 과학적 원리와 원칙에 따라 우리의 육군과 해군을 건설하는 데 어느 때보다도 더 많은 관심을 쏟아야 한다.

우리는 서구의 방법으로 연구를 계속해야 한다. 왜냐하면 과학의 응용은 문명국들이 고려하는 전쟁 준비에 가장 중요한 항목이기 때문이다. 만일 새 전함들이 필요하다고 생각되면 비용이 얼마가 들든지 전함을 건조해야 한다. 만일 육군의 편성이 잘못 되었으면 즉시 개편해야 한다. 만일 바람직하다면, 우리의 전체 군사 제도를 완전히 변경해야 한다. 우리는 선박을 수리할 수 있도록 선가(船架)를 건조해야 한다. 우리는 대포와 탄약을 공급하기 위해 제철 공장을 설립해야 한다. 우리의 철도는 신속하게 우리 군대를 동원할 수 있도록 확장되어야 한다. 우리의 군대를 해외로 운반하는 데 필요한 운송 수단을 제공할 수 있도록 하기 위해 우리의 외항 해운이 반드시 개발되어야 한다.

이것은 우리가 항상 바라보고 나아가야 할 계획이다. 우리는 이미 어려운 일들을 경험했다. 그러나 우리가 우리의 숙명에 도달하기 전까지는 아직 더 어려운 일들을 맛보아야 한다. 우리가 이런 준비를 할 동안 만사가 쉽지만은 않을 것이다. 우리의 세금은 증가할 것이고 국민들은 곤궁으로 고생할 것이며 정부의 관리들은 적은 봉급을 받으면서 불만을 품고 있는 국민들 속에서 일해야 한다. 정당들은 정치적 논란을 일으키기 위해 이 난국을 이용할 것이다. 그러나 만일 우리가 항상 내가 앞에서 말한 커다란 목적을 바라보며 유지해 나간다면 우리는 이러한 제반 사항을 기쁘게 참아낼 수 있을 것이다.

평화는 되찾았으나 이 평화는 오래 지속될 수 없다. 우리들은 우리 자신을 희생해야 하며, 우리 다음에 올 세대들을 위한 일을 해야 하며, 우리들은 "빗물로 머리를 빗고 불어오는 바람으로 목욕을 하면서"라도 난관을 정면으로 부딪쳐 나가야 한다. 많은 사람들이 실망할 것이고 불만을 가질 것이다. 그러나 그들은 모두가 용감한 마음을 가지고 이 실망과 불만을 묵묵히 참아야 한다. 만일 그들이 개인적인 장사꾼이라면 그들은 참고 투쟁을 계속했을 것이다. 우리는 한 국민으로서 그들과 똑같이 해야 한다. 열강의 행위는 개인적인 장사꾼들의 행위와 같다. 각국은 자기 나라의 이익을 추구하며 만일 그 이익을 당장에 얻지 못할지라도 끝내 그 이익을 얻을 때까지 힘을 더 내어 계속 추구한다.

열강의 태도를 잘못 이해하는 사람은 한낱 어리석은 촌뜨기이다. 값을 높게 부른다고 해서 장사꾼에게 화를 내는 것은 옳지 않다. 그와 똑같이 열강의 이득이 우리의 손실이 되었다고 열강에게 화를 내는 것은 합리적인 것이 못 된다. 전략적으로는 성공적이었던 어떤 강력한 나라가 회담장에서 패배한 것은 역사상 처음 있는 일이 아니다. 러시아는 터키를 패배시켰으나 영국이 그 승리를 무산시킴으로써 러시아가 얻기 위하여 싸웠던 산더미 같이 많은 보물을 뒤에 남겨 두고 러시아는 빈손으로 돌아갔었다. 또 다른 경우에 러시아는 야전에서 영국에 참패했으나, 외교적 수완으로써 영국의 승리를 백지화시킬 수 있었다.

보불전쟁을 제외한다면 어떤 현대전도 외부 세력의 간섭 없이 끝난 적이 없다. 고립을 자랑하는 미국도 남·북미주의 각 나라에서 일어나고 있는 사건을 예의 주시하고 있다. 어느 나라든지 다른 나라의 약점을 이용하여 이득을 얻는다고 해서 규탄 받아서는 안 된다. 우리는 일본이 열강의 합세로 요동반도에서 철수하도록 강제되었다고 해서 놀랄 것이 없다는 사실을 역사상의 선례에서 알 수 있다. 3개 강국들이 일본에 반대하여 연합했으며 일본이 그들 3국의 충고를 받아들인 것은 그렇게 하는 것이 평화를 보존할 뿐만 아니라 일본 자체의 이익에 부합되기 때문이다.

이제 일본이 해야 할 일은 전적으로 침묵을 지키면서 일본에 반대하여 일어났던 여러 의혹들을 달래어 잠재우는 일이며, 어느 날인가 동양에서 반드시 오고야 말 기회를 주시하고, 기다리고, 일본의 국력의 기반을 튼튼히 강화하면서 기다리는 것이다. 그 날이 오면 일본은 자신의 길을 갈 수 있을 것이며, 간섭하는 열강들을 제자리로 되돌려 놓을 수 있을 뿐만 아니라 필요할 때는 다른 열강들의 일에 간섭을 할 수도 있을 것이다. 그런 후에야 진실로 일본은 자신에게 유리한 것을 거두어들일 수 있을 것이다.

그러나 만일 대륙의 국가들이 우리의 정당한 열망을 꺾기 위해 일본에 반대하여 동맹을 계속 유지하려 한다면, 그때 우리는 우리의 생명과 금전을 투입하여 온 바를 완성하고 그 강국들의 악의를 분쇄할 동맹 결성을 위해 스스로 노력해야 한다. 최근 영국에서 경질된 내각은 그 나라 안에서 반러시아 감정을 더욱 더 이끌고 나아갈 것으로 보인다. 청일전쟁 중 일본 내의 감정은 영국에 대하여 결코 우호적이지 않았다. 영국이 일방적으로 전투 지역을 제한한 것은 우리의 군대에게 강한 충격을 주었다. 왜냐하면 남경(南京)을 공격하기 위한 우리의 계획은 산동(山東)에 기지를 두어야 한다는 것 때문이었다.

영국의 입장을 이해하기는 어렵지 않다. 그리고 평화 협정을 체결할 무렵 영국의 태도는 엄격히 중립을 지키는 입장에서 도리어 일본에 우호적인 입장으로 바뀌었다. 영국이 우리에게 3국의 각서에 대하여 양보하도록 충고한 것은 사실이지만 이것은 영국이 독일 · 프랑스 · 러시아의 태도를 승인해서가 아니라 우리가 그것을 거부한다면 전쟁을 가져올 것이라고 예견했기 때문이었다. 그러나 대만(臺灣) 문제에 관하여는 영국이 프랑스의 태도에 강력하게 분노했으며, 영국은 프랑스가 아니라 일본이 대만을 점령하는 것을 더 좋아했다는 것을 알아야 하며, 우리는 이에 대하여 영국에 매우 감사해야 한다.

극동에서 일어난 여러 사건은 지금 단지 시작 단계에 불과하다. 러시아는 분명히 주도적인 입장을 취하려 할 것이며, 이 경우 청국에서 영국의 입장은 불안하게 될 것이다. 청국 내에 있는 모든 나라가 막판에 가서는 문제를 칼로 해결하지 않으면 안 된다는 데 의견의 합치를 보고 있다. 그러나 이러한 방향으로 진전될 때 영국은 전략적으로 좋은 위치에 있지 못하다. 왜냐하면 이 싸움은 바다에서가 아니라 육지에서 이루어질 것이기 때문이다.

그러나 만일 영국과 일본이 하나의 동맹을 형성한다면 극동의 여러 문제는 이미 해결된 것이라 할 수 있다. 만일 최근에 있었던 청일전쟁의 여러 사건이 영국의 정치가들에게 청국은 단지 하나의 큰 허상이라는 것을 증명해 주었다면, 그 정치가들은 일본이 비록 젊고 경험이 미숙하지만 열심이고 정열적이라는 것을 언제인가 이해하게 될 것이다. 청국은 이미 극동의 강국이 아니며 일본도 아직은 강국이 아니다. 러시아가 극동의 강국이 되려 하고 있다.

그러나 극동의 실세는 영국이다. 만일 영국이 러시아와 운명을 같이 한다면 영국은 더 이상 강국이 되지 못할 것이다. 왜냐하면 러시아는 육지로 청국을 강제할 수 있으며 영국은 이를 반대하지 못할 것이기 때문이다. 그러나 만일 영국이 일본과 함께 자기의 운명을 건다면 영국은 어느 때보다도 더 극동에서 강한 나라가 될 것이다. 왜냐하면 영국은 현재 매사를 결정하는 핵심이 되어 있기 때문이다. 영국과 일본은 함께 청국을 지배할 수 있으며 동양의 평화 유지를 보장할 수 있다.

제3장

영일동맹의 동지들

내가 이토 히로부미(伊藤博文) 백작의 집에서 영일동맹에 관해 토의했던 이야기를 하다가 한때 주제를 벗어났었는데 이제 나는 다시 그 이야기로 되돌아간다. 나는 그때 이노우에 가오루(井上馨) 백작의 물음에 대하여 영일동맹을 가장 소망한다고 대답하고 동맹이란 실제로는 이득의 상호 교환임을 지적했었다. 그런데 러시아는 일본보다도 훨씬 더 부국이고 따라서 그 나라는 일본보다 더 좋은 조건을 영국에 제시할 수 있어서 결국 영일동맹을 맺는 데 상당한 어려움이 예상되었다. 나는 지금 내가 말한 것과 관련하여 러시아에 관한 여러 가지 사실들을 알고 있었으며 나는 결론을 내리는 데 이러한 사실들을 이용했다.

나는 이토 히로부미 백작과 이노우에 백작의 진정한 의중을 추측할 수밖에는 없었지만 그들은 영국과의 동맹에 호의적이라는 인상을 받았다. 1899년에 나는 런던 주재 일본 공사로 발령되어 1900년에 부임했다. 나의 기억이 정확하다면, 내가 《지지신보》(時事新報)의 도쿄 사무실에서 북경 주재 영국 《타임즈》(*The Times*)의 유명한 특파원이던 모리슨[1](G. E. Morrison) 박사와 더불어 영일동

1) 모리슨 박사(George E. Morrison, 1862~1920) : 오스트리아계 영국 언론인 · 여행가. 북경 주재 런던 《타임즈》(*The Times*)의 특파원(1895~1912) · 이홍장의 정치

맹에 관해 사전 토의를 했던 것은 1900년 3월 초순이었다.[2)]

《타임즈》의 외신부장인 치럴[3)](Valentine Chirol : 지금은 경이 되었음) 씨는 내가 북경 주재 일본 공사로 있을 당시에 두 번 극동을 방문한 적이 있었는데 그때 나는 그 곳에서 여러 차례 그를 만나 서로 의견을 교환했다. 나는 북경에서 돌아올 때 그와 같은 기선을 타고 여행했다. 그 이후 나와 그는 친밀하게 접촉하게 되었고 그는 영일동맹에 관한 구상에 대하여 항상 마음속으로 호의를 가지고 있었다. 영국에 주재하는 동안 나는 여러 기자들을 알게 되었고 그들 중 대부분은 영일동맹에 대하여 호의적이었다. 1900년 청국에서 의화단(義和團)의 난이 일어나고, 북경에 있는 여러 공사관이 포위당했다. 공관을 구출하기 위해 각국의 군대가 동원되었다.

영국의 친일 감정

그 당시 영국에서는 남아프리카에서의 전쟁이 막 끝난 상태여서 지쳐 있었다.[4)] 영국은 군대를 극동에까지 배치할 수 없었다. 영국 사람들은 청국 내에서 벌어지고 있는 상황에 관한 보고를 듣고 매우 놀랐다. 그러나 일본이 여러 공관들을 구출하기 위해 군대를

고문을 역임했다.(1916~1917)

2) 하야시 다다스 백작이 《지지신보》의 도쿄 사무실이라고 말한 것은 고쥰샤클럽(交詢社俱樂部)을 말한다. 이 클럽은 《지지신보》사 건물의 일부를 사용하고 있었는데 이것은 고 후쿠자와 유키치(福澤諭吉)가 설립한 것이었다. 이 클럽은 《지지신보》 편집국 사무실로 통하는 밀문(密門)으로 들어갔다.(편자 주)

3) 치럴 경(Sir Ignatius Valentine Chirol, 1852~1929) : 영국의 언론인, 주로 프랑스에서 교육을 받았으며 소르본느대학을 다녔다. 영국 외무성 서기관(1872~1876) · 베를린 주재 《타임즈》 특파원 · 외신부장 그리고 중역 등을 역임했다.

4) 남아(南阿)전쟁은 그때까지 끝나지 않았다.(편자 주)

동원했다는 것을 안 그들은 일본에 매우 감사했으며 또 안심하게 되었다. 나는 나의 신임장 제정을 위해 당시 버킹엄(Buckingham) 궁에서 빅토리아 여왕(Queen Victoria)을 알현했는데 여왕께서는 특별히 일본 천황에게 일본이 신속히 청국에 군대를 파견한 것에 대한 감사를 전해 줄 것을 요청했다. 그 당시 영국 안에서 일어나고 있는 일본에 대한 호감은 가장 높은 인사들로부터 가장 낮은 그리고 가장 천한 층의 사람들까지로 확산되었다고 나는 판단했다.

이와는 반대로 러시아는 의화단의 난을 막고 또 이에 대한 배상으로서 만주의 여러 지방을 점령할 계획을 수립하고 있었다. 그리고서 저 악명 높은 흑룡강 연안의 살육전이 다시 시작되었다. 영국은 러시아에 대하여 분개하지 않을 수 없었다. 영국은 극동에서 일본과 공동보조를 취할 필요성을 깨닫게 되었으며 이것은 훗날 영일동맹이 체결되었던 가장 중요한 이유 중의 하나로 증명되었다. 그러나 영국이나 일본 어느 한쪽도 즉각적인 조치를 취하지는 않았다. 비록 양국 내의 여론은 동맹에 관한 생각을 매우 좋게 평가하고 있었지만 양국 정부는 그 당시 이를 위해 어떤 진지한 협상에도 들어가지는 않았다.

제4장

영일동맹의 체결을 위한 교섭

런던 주재 독일 대리 대사 엑카르트슈타인 남작[1](Baron von Eckardstein)이 몇 차례 나를 방문한 것은 1901년 3월과 4월 중이었다. 나와의 대화 중에 그는 일본 · 영국 · 독일의 3국 동맹보다도 더 극동의 평화 유지에 효과적인 것으로 증명될 수 있는 것은 없을 것이라는 의견을 표시했다. 그는 또한 그가 알고 있는 바에 의하면 영국에서 영향력을 가지고 있는 여러 인사들, 이를테면 랜즈다운 후작(Marquis of Lansdowne), 발포어[2](Arthur Balfour) 씨, 체임벌린(Joseph Chamberlain) 씨, 데본셔 공작[3](Duke of Devonshire)이 오래

1) 엑카르트슈타인(Herman Frh. von Eckardstein, 1864~1931) : 뢰벤(Löwen, Schlesien)에서 출생하여 헤이그(Den Haag)에서 사망. 처음에는 기독교 장로였으나 비스마르크 시대에 외교계에 투신(1880)하여 영국 주재 독일 대사관(1891~98)에서 근무하였다. 이때 부유한 영국 여인과 결혼하여 외교계를 떠났으나 연척(緣戚)을 이용하여 영독동맹을 체결하는 데 주요 역할을 하였다. 『나의 정치적 체험』(*Lebenserinnerungen und politiche Denkwürdigkeiten*, 1919~21)이라는 책을 출판하여 제1차 세계 대전 이후 주목을 끌었으나, 이 글은 매우 편협한 내용이었다.

2) 발포어(Arthur J. Balfour, 1848~1930) : 발포어 백작 1세, 영국의 철학자 · 정치가, 케임브리지의 트리니티 칼리지(Trinity College)에서 수학하고, 보수당 국회의원(1874~1911)과 영국 수상(1902~1905)을 지냈다. 또한 처칠의 뒤를 이어 해군상(1915)과 외상(1916~1919)을 역임했다.

3) 데본셔 공작(Duke of Devonshire, 원명 Spencer Compton Cavendish, 1833~1908) : 영국의 유명한 가문인 카번디쉬가(Family of Cavendish)의 제8대 공작. 러셀(Lord Lussell) 내각에서 전쟁상(1866), 글래드스톤(W. Gladstone) 내각에서 인도상

전부터 이러한 의견을 가지고 있었으며, 최근에는 솔즈베리 후작[4] (Marquis of Salisbury)도 이러한 견해를 가지고 있다고 말했다. 독일에 관한 한 영국에 대한 일반 사람들의 감정은 매우 호의적인데 정부 자체는 그렇지 않다고 그 남작은 말을 이었다.

엑카르트슈타인 남작은 특히 독일제국의 가장 높은 두 분이 이 3국 동맹의 결성 계획에 매우 호의적이라고 말했다. 그가 언급한 두 분이란 카이제르 황제[5]와 뷜로브 백작[6](Count Bülow : 지금은 공작임)이라고 나는 추측했다. 고 빅토리아 여왕의 장례식 때 카이제르 황제는 오스본(Osborne)에서 몇 차례에 걸쳐 에드워드 7세[7](Edward VII)을 만났으며 그때 엑카르트슈타인 남작이 항상 황제를 수행했기 때문에 그는 진실한 사정을 알 수 있는 입장에 있었다. 만일 일본 정부가 이러한 동맹을 체결하기 위한 공식적 제의를 먼저 취한다면

(1880~1882) 및 전쟁상(1882~1885) 등을 역임했다. 체임벌린(J. Chamberlain)과 더불어 자유노조당(Party of Liberal Unionist)을 창당하고 국회의장(1895~1902)으로 솔즈베리 연립 내각에 참여했다. 발포어(Balfour) 내각 당시에 국회의장(1902~1903)을 역임했으며, 자유무역론자로서 당시 영국의 재정 정책과 관세 개혁에 반대했다.

4) 솔즈베리 후작(Marquis Robert Salisbury, 1830~1903) : 영국의 정치가이자 외교관. 1853년 보수당 하원의원 · 인도상 · 외상 · 옥스퍼드대 총장 역임했다. 또한. 보수당 당수로 3차례(1885~1886, 1886~1892, 1895~1902) 수상을 역임했으며, 재임 기간 동안 3국 동맹과 영일동맹을 체결하는 등 평화적 제국주의자였다.

5) 카이제르 황제(Wilhelm Freidrich Ludwig, 1797~1888) : 프러시아 왕(1861~1888)이자 독일 황제(1871~1888). 1840년 그의 형을 이어 프러시아의 태자가 되었다. 북독일연맹의 장(1867)으로서, 보불전쟁(1830~1871) 당시 독일군을 이끌었다. 1871년 베르사유에서 독일 황제임을 선포했다. 프러시아에 의한 독일 지배를 강화하면서 비스마르크의 지지를 받았다.

6) 뷜로브 백작(B. Bülow, 1849~1929) : 프러시아의 외교관. 베를린회의 의장(1878) · 부하레스트 대사(1888) · 로마 대사(1893) 등을 거쳐 수상(1900~1909)을 지내는 동안 빌헬름 3세와 함께 독일의 팽창 정책을 추구했다.

7) 에드워드 7세(Edward VII, Albert Edward, 1841~1910) : 영국의 국왕(재위 1901~1910). 국내적으로는 자유 · 보수의 대립이 심하여 고초를 겪었으며 대외적으로는 독일과의 관계가 지극히 악화되었다.

그 계획은 틀림없이 성공할 것이라고 남작이 나에게 말했다.

오늘까지도 엑카르트슈타인 남작이 나에게 위와 같은 제의를 할 때 기대하는 것이 무엇이었는지의 진의를 의심하고 있다. 그는 그러한 제의를 나에게 하라는 자기 정부의 훈령을 받았기 때문일까, 혹은 어떤 다른 이유가 있었기 때문에 그러한 동맹 제의를 암시하면서 말을 걸었던 것일까? 만일 런던 주재 독일 대리 대사가 나에게 그 대강을 말하여 주었던 그 동맹에 영국 정부가 가입할 의사가 있었다면, 그것이 일본에게는 가장 유리한 국가 제휴임이 증명될 수 있다는 것을 나는 추호도 의심하지 않았다.

또한 나는 이에 대한 영국 정부의 진의를 알아보는 것은 유리하면 했지, 어떤 손해도 보지 않을 것이라고 생각했다. 그래서 나는 본국 정부에게 내가 영국의 진의를 타진해 보도록 허락해 줄 것을 요청했다. 나는 1901년 4월 16일 영국 정부의 진의를 알아보라는 승인을 전보로 받았다. 그러나 그것은 어디까지나 나의 책임하에 알아보되, 일본 정부와는 아무런 관계가 없는 방식으로 알아보라는 것이었고 정부로서는 그 진의를 타진하여 보라든가 또는 그러지 말라 할 입장이 아니라는 뜻이었다.

그 다음 날인 4월 17일 나는 랜즈다운 경을 방문하여, 대화를 나누는 가운데, 나로서는 청국의 내부 사정에 대하여 언급하고 그 나라의 장래가 걱정이며 나는 극동의 평화 유지를 위해 영국과 일본이 하나의 영구 협정을 체결하는 것이 매우 필요한 사항이라고 믿는다고 말했다. 나는 이러한 견해를 내 자신의 사견이라고 말했다. 이 점에 관하여 랜즈다운 경의 의견을 물었더니 그는 내가 말한 목적을 위한 어떤 방편을 면밀히 검토하도록 할 만하다는 점에 의견을 같이 했다.

그러나 그 무렵에 영국 수상 솔즈베리 경(Lord Salisbury)이 런던에 없었기 때문에 영국 정부가 매우 중요한 이 사항을 검토할 수 없었다. 그러나 랜즈다운 경은 만일 내가 이 문제의 해결을 위해 말할 좋은 의견이 있다면 자기가 들어보겠다고 말했다. 내가 랜즈다운 경을 작별하려고 할 때 그는 내가 말한 그러한 협정은 어느 제3국을 추가하지 않고 단 2개 국가로 한정한다면 필요하지 않을 것이라고 말했다.

독일의 대리 대사가 나에게 이미 말한 바 있는 3국 동맹에 관하여 랜즈다운 경이 한 마지막 말을 생각하면서 나는 영국 정부가 그와 같은 문제를 이미 검토한 바 있으며, 독일 정부의 견해를 들어볼 만큼 사태가 진전되어 있는지도 모른다는 결론에 이르렀다. 그렇지만 솔즈베리 경이 런던에 부재중이므로 당시 이 문제에 관하여 그 이상의 조치를 취할 수 없었다. 그럼에도 불구하고 나는 영국 정부의 태도를 주시하고 솔즈베리 경이 귀환하면 그와 더불어 이 문제에 관하여 다시 이야기해 보기로 결심했다.

따라서 나는 이러한 상황에 관해서 본국 정부에 타전하여 언급할 수밖에 없었고, 본국 정부로서는 나에게 어떤 상세한 훈령을 내리기에 충분한 구체적 조건에 관한 생각을 정리하기가 어려울 것이라고 생각했다. 그래서 나는 협상할 어떤 종류의 기초를 갖추는 것이 역시 좋을 것이고 또 이러한 어떤 기초가 결과적으로 다가올는지도 모를 그 협상을 촉진하게 될 것이라고 생각했다. 따라서 나는 만일 일본 정부가 영일동맹을 체결하려고 결정해야 한다면 그 협상을 추진할 다음과 같은 기본 원칙이 반드시 채택되어야 한다는 것을 전보로 건의했다.

(1) 문호 개방의 원칙과 청국의 영토 보전이 마땅히 준수되어야 한다.

(2) 어느 나라도 공개된 조약에서 청국이 이미 승인한 영토 이상의 어떠한 영토권도 청국으로부터 얻는 것을 허용해서는 안 된다.

(3) 그 어느 나라보다도 조선에 대하여 커다란 이해관계를 가지고 있는 일본이 조선 내에서 행동의 자유를 갖는 것이 허용되어야 한다.

(4) 동맹국 중 어느 1개국이 어느 다른 나라와 전쟁에 돌입될 경우에 동맹에 서명한 상대국은 그 전쟁에 중립을 지키되, 제3국이 이 전쟁에 개입하여 어느 한 동맹국을 공격하는 경우에는 동맹 서명국은 동맹 상대국을 돕기 위해 마땅히 무력을 행사해야 한다.

(5) 청국에 관한 영국과 독일의 기존 협정은 계속 유효하다.

(6) 본 동맹의 조건은 배타적으로 동부 아시아에만 적용되며 그 동맹의 운영 범위는 동부 아시아의 한계를 벗어나서는 안 된다.

내가 도쿄로부터 받은 회답에는 나의 건의 조건에 대한 언급은 없었으나 동맹에 대하여 영국과 독일 간에 이미 합의에 도달했을 가능성이 있다는 것에 대하여 특별한 관심을 보였다. 그러한 동맹은 반드시 2개국으로 한정할 필요는 없다는 랜즈다운 경의 언급에 비추어 볼 때 영국과 독일 사이에 합의 가능성이 매우 높음을 일본 정부는 고려한 것이다. 그래서 영국과 독일 간에 이미 양해가 이루어진 것인지의 여부에 관해 알아보라는 훈령이 나에게 전달되었다. 그리고 이것도 나의 책임 하에 알아보라는 명령이었다.

영국 수상 솔즈베리 경이 런던에 돌아온 것은 같은 해 5월 10일이 지나서였으며 그 후 며칠이 지난 5월 15일에 나는 다시 그를 방문했다. 나는 지난번 우리가 만났을 때 내가 건의한 극동 문제와 관련하여 영국과 일본 간의 협정에 관한 나의 견해를 그가 어떻게 보는지에 관하여 물어보았다. 랜즈다운 경이 말하기를, 첫째로 그는 이 협정이 따라야 할 노선에 관한 나의 의견에 대하여 알고 싶다고 말했다. 이에 대하여 청국에 대한 일본의 정책은 반복하여 선언된 바 있으며 오늘날에도 그 정책은 이미 선언한 내용, 즉 문호 개방의 유지와 청국의 영토 보전이라고 대답했다.

조선에 관하여 우리는 단지 조선 안에서 우리의 이해관계를 유지하기 바랄 뿐이었다. 나는 이에 덧붙여 말하기를, 나의 견해로는 청국에서의 영국의 이해관계와 일본의 이해관계가 일치하며 이 양국은 다른 나라들이 어떤 방식으로 연합하든지 이에 대항하여 공동 대처하는 것이 가장 중요한 일로 생각한다고 말했다.

랜즈다운 경은 이 협정에서 주된 노선에 대한 토의는 쉬운 일이나 그 세부 사항이 결정되려면 어려운 문제들이 생길 것이라고 대답했다. 그러나 그는 이 문제를 솔즈베리 경에게 말하고 나의 견해도 전하겠다고 말했다. 그리고서 그는 이 협정안은 반드시 영국과 일본 두 나라에 국한시킬 필요는 없으며 제3국에 개방될 수 있을 것이라고 말했다. 다음 날 독일 대리 대사 엑카르트슈타인 남작이 나를 보려고 찾아왔다. 그는 내가 랜즈다운 경을 만난 그 날 그를 만났는데 그는 자기와 내가 가졌던 대화의 취지를 이야기해 주었다고 말했다.

나는 도쿄에 전보를 쳐서, 랜즈다운 경과의 대화 내용을 상세히 보고함과 동시에 일본 내각이 이 문제에 대하여 신중히 검토해 줄 것을 건의했다. 그동안에 도쿄에서는 내각 경질이 있었다. 제4차 이토 히로부미(伊藤博文) 내각이 붕괴되자 그는 5월 10일 총리대신직을 사임하고 임시 총리대신으로 사이온지 긴모치(西園寺公望) 공작이 임명되었다. 그러나 그의 임시 총리대신 직도 곧 경질되어 6월 2일에 가쓰라 타로(桂太郎) 남작(후에 공작이 됨)이 총리대신으로 지명되었다. 외무대신 가토 타카아키(加藤高明) 남작은 소네 아라스케[8](會禰荒助) 자작으로 교체되었으며 그는 대장대신을 겸

직하게 되었다. 이와 같은 도쿄의 내각 경질과 그에 따른 혼돈 때문에 나는 나의 전보에 대한 회신을 받지 못했으며 랜즈다운 경으로부터의 연락도 받지 못했기 때문에 일이 되어가는 대로 둘 수밖에 없었다.

7월 15일에 휴가차 런던에 와 있던 도쿄 주재 영국 공사 맥도널드 경(Sir Claude Macdonald)이 예기치 않게 나를 보려고 방문해서 말하기를, 며칠 전에 그가 영국 왕 에드워드 7세(King Edward VII)를 알현했을 때 그가 영국과 일본이 어떤 방식으로든지 상호 이해에 도달하는 것이 필요하며 또 그것은 당시 잠정적 이해로 끝나지 않는 것이 바람직하다고 말했다고 전했다. 맥도널드 경은 더 나아가서 자기가 솔즈베리 경을 만났을 때 양국 관계에 관한 자신의 견해는 영국 왕의 것보다 더 앞선 것이었다고 말했다.

솔즈베리 경의 견해는 만일에 두 동맹국 중 어느 한 나라에 2개 또는 그 이상의 제휴된 국가가 공격을 가하여 올 경우에 동맹국은 무력 침공을 받은 다른 국가를 도와야 한다는 내용을 규정하게 될 동맹이 영국과 일본 간에 체결되어야 마땅하다는 것이었다. 맥도널드 경은 영국 정부가 이러한 동맹을 체결할 생각을 가지고 있지만 이러한 정책은 오랫동안 유지되어 온 기존의 영국 정책과 유리되는 것이므로 그 교섭에는 상당한 시일이 소요될 것이라고 말하고 솔즈베리 경은 이렇게 이 동맹 교섭이 지체되는 동안에 일본과 러시아가 어떤 동맹을 맺지나 않을까 다소 걱정되더라고 했다. 맥도널드 경은 엑카르트슈타인 남작이 외무성을 다녀갔으며 일본이 러시아와 동맹을 맺을는지도 모른다고 말했다고 덧붙여

---

8) 소네 아라스케(曾禰荒助, 1849~1910) : 메이지 시대의 정치가, 자작. 제1회 제국의회의 중의원 · 이토 히로부미 내각의 법무상 · 야마가타 내각의 농상무상 · 가쓰라 내각의 대장상 등 역임. 후에 한국 통감이 되었다.

전했다.

나는 맥도널드 경과 내가 가졌던 대담 내용을 깊이 생각한 후 다음과 같은 결론에 도달했다. 즉, 그가 나를 방문한 목적과 제의된 영일동맹 문제에 대하여 그렇게 특별히 언급한 것은 신중히 협상의 문호를 개방하기 위한 길을 닦으려는 것이며 그의 방문은 솔즈베리 경의 지시에 따라 고무되어 나에게 온 것이라는 점이다.

나는 맥도널드 경과의 세부적인 대화 내용을 일본 정부에 타전하면서 영국 정부가 일본과 러시아와의 동맹 가능성에 대하여 신경이 과민한 상태에 있다. 따라서 만일 제의된 동맹의 성공적 체결에 관한 아무런 전망이 보이지 않을 경우에 일본이 러시아와 제휴할 것이라는 암시를 주게 된다면, 영국 정부는 자극을 받아서 순조롭게 협정 체결의 길로 들어서게 될 것임을 첨가했다. 맥도널드 경이 실제로 나와의 대화에서 한 말은 다음과 같다.

> M : 우리가 일본과의 협정 조건을 토의하고 있는 동안 일본 정부는 러시아와의 동맹 형성에 관한 생각을 할는지 모른다. 실제로 독일 [대리] 대사가 외무성에 다녀 온 다음 그는 일본 측으로서는 그렇게 할 가능성이 있었다고 말했다.
>
> 하야시 : 귀하가 아는 바와 같이 러시아에 대한 일본 사람들의 감정은 우호적이지 않지만 영국에 대하여는 우호적이다. 물론 감정이란 실리에 대한 고려에 따라 좌우된다. 따라서 만일 러시아가 일본에 실질적으로 양보하는 길을 모색한다면 그때는 틀림없이 그 나라에 대한 우리들의 적의가 사라져갈 것이다.

맥도널드 경은 나의 견해를 검토한 후 랜즈다운 경이 생각해 낸 의견을 설명하면서 영일동맹에 관한 나의 소견을 구체화시키기 위해 노력하고 있는 것으로 보였다. 그의 주장을 음미해 본 결과 나는 영국의 정치인들이 동맹 조약을 매우 바라고 있지만, 러일협정의 체결에 대하여 두려움을 느끼고 있다는 결론을 얻게 되었다. 따라서 나는 일본이 영국의 그 두려움을 유리하게 이용할 수 있을 것이며, 러시아와 어떤 협정을 교섭하려는 시늉을 함으로써 영국과 협정 체결을 촉진시킬 수 있을 것이라고 생각했다. 결국 나는 맥도널드 경과의 대화 내용을 도쿄에 상세히 타전하는 동시에 앞서 말한 내 자신의 견해도 아울러 전보로 보냈다. 나는 7월 31일 랜즈다운 경을 만났는데 그때 다음과 같은 대화가 있었다.

L : 우리는 이제 일본과 영구적인 협정의 체결 문제를 신중히 검토해야 할 시기에 이르렀다. 따라서 나는 만주에서의 국제적 이해관계에 대한 일본 정부의 견해가 무엇이며, 그 다음으로 일본이 어떤 종류의 협정을 영국과 체결하기를 바라는가에 대하여 귀하에게 묻고 싶다.

하야시 : 나의 견해로서는 만주 내에서의 일본의 이해관계는 단지 간접적인 것이다. 그러나 만일 어느 날인가 러시아가 만주의 일부를 점령하고 그 지역에 영향력을 뻗친다면 그때는 러시아가 조선을 흡수할 수 있게 될 것이니 이에 대하여 일본은 항의를 하지 않을 수 없을 것이다. 일본이 원하는 바는 러시아가 만주에 들어오는 것을 막는 것이며 또 그렇게 하기 위해 만일 일본이 러시아와의 전쟁에 말려들지 않을 수 없는 경우에도 일본은 제3국이 러시아를 돕기 위해 들어오는 것을 막고 싶다. 청국에 대한 우리의 일반적 정책은 지난번 우리의 대화에서 내가 말했듯이 문호 개방의 유지와 청국의 영토 보전이다.

L : 영국은 조선에 관하여 아주 미미한 관심밖에 없다. 그러나 영국은 조선이 러시아의 손아귀에 들어가는 것을 보고 싶지 않다. 청국에 관한 우리의 정책은 일본의 정책과 일치한다. 바꿔 말해서 청국의 영토 보전과 문호 개방이 우리의 정책이다. 때가 오면 우리

들이 동아시아에서 우리들의 이해관계를 상호 보호하기 위해 대책을 채택할 수도 있을 것이라고 믿는다. 이제 러시아가 조선을 하나의 완충 국가로 만들자고 제의해 왔을 때 왜 일본이 이 제의에 합의하기를 거부했었는지에 대하여 나에게 이야기해 주기 바란다.

하야시 : 조선에 관하여 하나의 중립적 위치를 유지하려고 하는 것은 아주 쓸데없는 일이다. 조선 사람들은 자치 능력이 전혀 없으며 언제인가 내란이 일어나지 않는다고 우리로서는 결코 말할 수 없다. 내란의 경우에 누가 정부의 통제권을 잡을 수 있겠는가? 결국 조선 내에서의 국제적 이해가 상충될 것이 틀림없다는 것은 매우 당연하다.

이때 랜즈다운 경은 일본과 조선 간의 상황이 영국과 트란스발(Transvaal) 사이에 일어났던 상황과 매우 흡사하다고 말참견을 하면서 나의 견해가 토의하기에 적합한 근거가 된다고 말하고, 결정적인 협정을 위한 협상을 개시한다는 견지에서 이러한 나의 견해를 솔즈베리 경에게 언급하겠다고 말했다. 나는 이 대화의 내용을 일본 외무성에 타전했으며, 8월 8일에 다음과 같은 전문의 회신을 받았다.

일본 정부는 한정된 협정에 관하여 영국 정부가 제안한 취지를 인지하고, 귀하가 랜즈다운 경과의 대화 내용에 관하여 보고한 바를 전적으로 인정한다. 귀하가 이 일에 관한 영국의 태도를 완전히 파악하는 일이 요망된다. 이 협정의 승패는 귀하의 사려에 달려 있다. 우리의 정책이 완전히 결정될 때 이 일도 쉽게 풀릴 것이다.

이 전보를 받고 내가 기뻐한 것은 더 말할 나위도 없다. 사실 나는 내 평생에 이보다 더 큰 행복을 결코 느껴 본 적이 없었다.

나는 랜즈다운 경과 더 많은 대화를 나누었으며, 보다 상세한 내용의 협의에 들어갔다. 나는 그때까지 그와 협상을 진행할 전권 공사의 권한을 정부로부터 받지 못했었기 때문에 아직은 개인 자격으로 그와 대화를 계속해 나갔다.

8월 16일에 랜즈다운 경은 휴가차 아일랜드로 갔다. 그러나 런던을 떠나기 전에 그는 휴가 중에 이 일을 심사숙고할 것이니, 그동안에 나는 일본 정부로부터 이 문제의 협상에 필요한 전권 수임장을 받으라고 말했다. 따라서 내가 도쿄에 타전하여 전권 수임을 요구하는 동안 이 일은 잠시 중지되었다. 이 무렵 외무성에 변화가 생겼다. 9월 21일에 고무라 주타로(小村壽太郎) 백작이 외무대신으로 임명되었다. 10월 8일에 그는 나에게 다음과 같은 전보를 보냈다.

> 일본 정부는 영국과의 동맹 제의를 조심스럽게 검토 완료했고 이 협정을 지원하는 결정적 정책을 수립했으며, 전에 귀하가 전보로 보고한 대로 귀하가 취한 추진 방식을 승인한다. 이로써 이 동맹과 관련하여 귀하가 영국 정부와 공식적으로 의견을 교환할 권한을 부여한다.

이렇게 공식적으로 전권을 위임 받은 후, 나는 실제 협상을 개시할 준비가 되었다. 10월 16일에 랜즈다운 경이 런던에 돌아오자, 나는 외무성으로 그를 찾아갔다. 그 날 우리의 대화는 그 후 이 협정의 전문 초안으로 나타났다. 우리의 대화를 요약하면 다음과 같은 것이었다.

> 하야시 : 비록 나는 공식적으로 본 협정 교섭의 전권을 받기는 했지만 아직 정부로부터 세부 훈령을 받지 못했다. 이러한 여건하

에서 귀하는 시간을 절약하기 위해 내가 지금 개인 자격으로 이야기를 계속하는 것에 대하여 이의가 있는가?

L : 귀하의 말로 미루어 보건대 귀하는 비록 이 협정의 교섭을 위해 정부로부터 전권 공사의 권한을 공식적으로 얻었다고는 하지만 세부 협상에 관한 정부의 지침을 아직 받지 못했으므로 나는 우리의 대화를 사사로운 것으로 하고, 귀하가 무엇을 말하든지 그것은 귀국 정부를 기속(羈束)하지 않는 것으로 간주하고자 한다.

나는 그에게 감사하고 우리는 동맹 문제를 토의할 수 있으며, 본국 정부가 토의 내용에 관하여 어떤 변경을 요망하는 사항에 대하여는 후에 나에게 지시를 내릴 수 있을 것이라고 말했다. 후작은 이에 동의하고 다시 말을 계속했다.

L : 협정을 체결하면서 맨 처음 해야 할 일은 협정 체결 상대 국가의 견해와 소망을 확인하는 것이므로 나는 본 협정을 체결하면서 일본의 소망이 무엇인지를 공식적으로 알고 싶다.

하야시 : 우리나라는 조선에 대한 우리의 이해관계를 보호하는 것이 첫 번째 소망이자 마지막 소망이라고 생각하며, 어떤 나라도 조선에 대하여 간섭하지 못하게 방지하는 것이다.

L : 그러면 그 다음으로 청국에 대한 일본의 정책은 무엇인가?

하야시 : 전에 내가 말했듯이 우리는 청국에 대한 영국의 정책에 전적으로 동의한다. 바꿔 말해서, 우리는 청국의 영토 보전과 청국에서의 기회 균등을 유지하고 싶다.

L : 매우 좋다. 그렇다면 영국과 일본이 어떤 종류의 협정을 체결해야 마땅하다고 귀하는 생각하는가?

하야시 : 나의 견해로서는 동맹의 성격이란 동맹국의 어느 한쪽이 위에서 말한 목적을 달성하기 위해 무력에 호소할 경우에 동 협정에 가입한 공동 서명국은 마땅히 중립을 유지하고 또 준수해야

하나 만일 제3의 강국 또는 열강들이 그 적국을 돕는 경우에 동맹국은 다른 동맹국을 지원하기 위해 즉시 무력을 행사해야 한다.[9]

나는 이 제의에 동의했다. 그러나 랜즈다운 경은 우리가 영국과 제의된 이 동맹 조약에 일단 서명을 한 후에는 우리가 다른 나라와 어떤 조약도 체결하지 못하도록 방지하기 위해 미리 우리를 묶어 두기 바랐던 것이라고 나는 생각했다. 나는 우리 나라의 바람도 그와 같을 것이라고 말했다. 후작은 이 면담을 마치면서 내가 말한 모든 것을 솔즈베리 경에게 보고하고 신중히 검토하는 대로 다시 나와 그것을 토의할 것이라고 말했다. 후작과 작별하기 전에 우리는 다음과 같은 대화를 나누었다.

하야시 : 협정에 독일을 포함시키는 것을 귀하는 어떻게 생각하는가?

L : 우리는 귀하와 먼저 협상하는 것이 최선이라고 생각한다. 그런 다음에 우리는 이 협상에 참여하도록 독일을 초청할 수 있을 것이며, 동맹 가입을 권유할 수도 있을 것이다.

내가 독일에 관하여 물었던 이유는 이 일에 관한 영국과 독일 간의 관계가 불확실했고, 따라서 정부가 지시한 대로 독일이 이 조약에 가입하도록 교섭하면서 영국과 독일 사이에 어떤 결정적 조정이 있는지의 여부를 알아보고자 했던 것이다. 나는 지난번의 면담이 있은 후에 랜즈다운 경과 여러 가지 대화를 나눌 기회를

9) 동맹 제의에 관한 하야시 다다스 백작의 전기 원고와 《지지신보》에 게재되었던 내용과는 현저한 차이가 있다. 후자의 내용은 다음과 같이 되어 있다.

"만일 어떤 나라가 동맹국 중의 어느 한 나라를 공격하고 제3국이 그 동맹국의 적국을 도우러 나오면 그때는 전쟁에 개입하지 않은 동맹국이 공격을 받은 동맹국을 도우러 나가야 한다는 내용의 협정을 우리는 맺고자 한다."(편자 주)

가졌으며, 영국 정부가 이번 동맹의 제안을 신중히 고려하고 있는 것에 매우 만족했다. 11월 6일에 랜즈다운 경은 제의된 조약에 관한 첫 번째 초안을 나에게 건네주었다. 그 내용은 다음과 같다.

> 극동에서 제반 사태의 현상을 유지하며, 일반적 평화를 보존하고 특히 어느 나라가 조선을 병합하려는 것을 방지하고, 청국의 독립과 영토 보전을 유지하고, 청국 내에서 모든 나라에게 균등한 상업적 · 산업적 특권을 확보하기를 열망하여, 두 동맹 국가의 정부는 다음 조항들에 합의했다.
>
> (1) 만일 두 국가(영국과 일본) 중 어느 하나가 위에 언급한 이해관계를 보호할 목적으로 다른 외국과 개전하게 되면 다른 동맹국은 엄정한 중립을 지켜야 하며 또 제삼국이 적대국을 지원하지 못하도록 노력해야 한다.
>
> (2) 만일에 앞에 말한 조건 중 제삼국이 동맹국의 적국에 가담하게 되면 두 동맹국은 공동으로 전쟁을 수행할 것이며, 평화 협정은 오직 두 동맹국 간의 상호 합의에 따라서 체결되어야 한다.
>
> (3) 두 동맹국은 상호 동의가 없이 조선에 대한 상대방 동맹국의 이해관계에 영향을 가져오는 어떠한 협정도 다른 나라와 체결하지 않아야 한다.
>
> (4) 영국이나 일본이 위에서 말한 이해관계가 위태로워졌다고 생각할 때, 양국 정부는 숨김없이 솔직하고 완벽하게 서로의 의견을 교환해야 한다.

랜즈다운 경은 일본 정부가 이 초안을 최대한 신중하게 검토할 것을 요구하면서 자기는 이 초안이 조선에 대하여 내가 말했던 일본의 이해관계를 충분히 반영했다고 생각한다고 말했다. 그리고 그는 다음과 같이 말했다.

> 내각 회의에서 이 초안이 토의될 때 2~3명의 각료는 조선에 대한 일본의 이해관계가 매우 크며, 사실 양자강에 대한 영국의 이해관계보다 더 크다는 의견을 표명했다. 따라서 현재 개술되어 있는 바와 같은 협정은 도리어 일방적이며 일본에 너무 유리하다고 각료들은 느꼈다. 그렇기 때문에 그들은 이 협정에서 인도에 대한 영국의 이해관계도 취급할 수 있도록 범위를 확대시킬 것을 건의했다. 나는 귀하가 이 점을 고려하기를 바라며, 다음에 이 초안에 관한 귀하의 의견을 나에게 알려주기를 바란다.

위에서 언급한 초안과 나와 랜즈다운 경과의 대화 내용 사이에는 실질적 차이가 보이지 않았다. 그러나 거기에는 매우 중요한 점이 하나 있었다. 그 초안에는 어떠한 외국도 조선을 흡수해서는 안 된다고 되어 있다. 그러나 초안은 영국이 조선에 대한 일본의 중요한 이해관계(paramount interest)를 인정한다는 것을 '언급하지 않았으며,' 일본의 이해관계를 보호하기 위해 필요하다고 느낄 때 취할 수 있는 어떠한 조치에 대하여 일본에 개입하지 않을 것이라는 점을 보장하고 있지 않았다.

나는 이 대목이 협정 전체의 요체이며 또 반드시 분명하게 해 두어야 하되, 만약 영국이 이 대목에 관하여 분명히 진술하는 것을 당혹스럽게 느낀다면 그때는 하나의 비밀 협정으로 이 대목을 처리해 두어야 한다고 생각했다. 그래서 나는 도쿄에 타전하여 랜즈다운 경의 협정 초안과 그에 대한 나의 견해를 함께 보냈다. 11월 13일에 나는 도쿄로부터 다음과 같은 훈령을 받았다.

> 이 협정의 초안에 관하여는 적절히 검토되는 대로 곧 정부의 결심을 시달하겠다. 그동안 파리로 가서 이와 관련하여 교환된 모든 전보 내용을 이토 히로부미 후작에게 알려 주고 영국의 협정

초안에 대한 그의 지시를 받도록 하라. 귀하와 이토 후작과의 대화 결과를 즉각 전보로 보고하라.

이제 나는 이토 후작이 유럽에 나타난 것에 관한 약간의 설명을 하지 않을 수 없다. 이런 일이 있기 몇 주일 전에 나는 집으로부터 사신(私信)을 받았는데, 거기에는 수상 가쓰라 타로 백작의 관저에서 원로 회의가 열렸으며, 아마도 그 회의는 이미 제의된 러일협정과 관계된 것 같으며, 이토 후작이 미국을 방문할 경우, 러일협정의 체결을 교섭하기 위해 세인트 페테르부르크로 향하도록 위임할 것이 제안되었다고 쓰여 있었다. 나는 신문 보도를 보고 이토 후작이 요양(療養)과 예일대학(Yale University) 개교 100주년 기념 행사에서 명예 법학박사 학위를 받기 위해 미국을 방문할 의도임을 알았다.

위의 사신을 받고서, 나는 외무대신 대행 소네 아라스케(曾禰荒助) 남작이 8월 8일 영일동맹의 체결을 위한 협상을 개시하라는 전보 훈령을 나에게 보냈기 때문에, 가쓰라 타로 수상이 러일협정을 시도하거나, 다른 사람들이 그런 협정을 하려는 시도에 동의할 이유가 없다고 느꼈다. 물론 러일협정은 영일동맹과 조화될 수 없는 것이 아닐는지 모른다. 그러나 영일동맹은 이미 교섭 과정에 있을 뿐만 아니라 러일협정은 상호 검토가 있은 후에 체결되어야 하기 때문에 그것은 영일동맹 체결 후에 체결되어야 마땅하지, 러시아와 협정 교섭을 동시에 벌이는 것은 적절한 기회가 되지 못할 것이다.

그렇기 때문에 위에서 말한 바와 같이 이토 히로부미가 러일협정을 위해 러시아로 갈는지도 모른다는 사실은 실제로 한낱 풍문이라고 나는 생각했다. 결국에 이토 후작이 세인트 페테르부르크로

내각총리대신 가쓰라 타로(桂太郎)

가는 일이 생긴다면 동맹 문제를 그에게 비밀로 할 필요는 전혀 없는 것이므로 나는 먼저 유럽에서 그와 만날 기회를 갖고 영국과의 교섭 내용을 완전히 그리고 솔직하게 말해줄 수도 있었다. 그래서 나는 그 사신에 큰 관심을 두지 않고 영일동맹 협상을 계속했던 것이며, 비공식 사전 협상에서 착실한 진척을 보았다.

비록 나는 내가 제시하는 것이 개인적인 의견이라는 것을 영국 정부에 통보했지만 이 모든 진행 과정을 본국 정부에 보고했고 외무대신이 나의 모든 조치가 타당하게 승인될 것임을 나에게 보장했었다. 아직도 영국 정부와 이 일을 위해 의견 교환을 할 권한을 나에게 부여했던 8월 8일자 및 10월 8일자 훈령이 효력을 가지고 있는 한, 이토 후작이 러시아를 방문해야 한다는 제안은 만일 그가 이미 일본을 떠나지 않았다면, 마땅히 중지되어야 하고 또 만일에 그가 이미 출발한 것이라면 미국으로부터 소환되어야 한다고 생각했다. 만일 일본 정부가 영일동맹 협상을 러시아에 감추기를 원했다면 이러한 위험과 모험이 없는 어떤 다른 방편을 찾았어야 했다.

내가 위에서 인용한 11월 13일자 전보를 접수했을 때에 이토 후작은 마침 파리에 도착해 있었다. 그는 영국에 들르지 않고 미국에서 곧바로 프랑스로 갔는데, 아마도 러일협정을 위한 교섭을 서두르라는 명령의 결과로 그랬던 것으로 보인다. 나는 그가 영국에 들르면 많은 관심을 끌게 될지 모르기 때문에 영국을 통과하지 않았으리라고 생각했다. 그래서 다음 날인 11월 14일에 나는 파리로 가서 그에게 모든 전문(電文)을 제시하고, 제의된 영일동맹과 관련하여 랜즈다운 경과 진행하고 있었던 세부 협상의 내용을 보고했다.[10)]

《지지신보》의 소견

다음은 내가 파리에서 이토 후작과 가졌던 대화의 개요이다. 그는 일본을 떠나기 전에 야마가타 아리토모 후작, 이노우에 가오루(井上馨) 백작 및 기타 원로 정치인들, 그리고 수상인 가쓰라 타로 백작과 외무대신 대행 소네 아라스케 자작을 만나 보았다고 나에게 말했다. 자기 견해로는 일본과 러시아가 조선 때문에 서로 '눈을 흘겨보는' 일이 계속되어서는 이로울 것이 없으며, 어떤 타협이 마땅히 이루어지는 것이 시급한 일이라는 것이었다.

그렇기 때문에 이토 후작이 그의 외교 보좌관으로서 스즈키 간타로[11](鈴木貫太郎)를 대동하고 예일대학에서 곧바로 러시아로 가서 세인트 페테르부르크에서 조선 문제를 토의하기로 결정했다는 것이다. 그가 일본을 떠날 때까지만 해도 일본 정부는 영국과의 교섭을 심각한 것으로 생각하지는 않았으며 사실상 영일동맹이 가능한 것이라고 믿지도 않았다.

이토 후작이 세인트 페테르부르크에서 교섭하려고 하는 조건은 러시아는 만주에서, 그리고 일본은 조선에서 자유롭게 행동하기로 합의하자는 것이었다. 그가 감히 요구하려고 했던 많은 요구 조건이란 바로 그것이었다. 내가 파리에 있는 동안 스즈키 씨는 나에게 구리노 신이치로(栗野愼一郎)가 러시아와 협정을 체결할 수 있는

---

10) 비록의 여러 원고 중에는 파리에서 이토 히로부미와 하야시가 가진 대화 내용에 관한 두 가지의 상이한 소견이 들어 있다. 이 두 소견이 중요한 세부 사항에서 차이가 있기 때문에 모두 소개하는 것이 최선이라고 생각된다.(편자 주)

11) 스즈키 간타로(鈴木貫太郎, 1867~1948) : 메이지・다이쇼・쇼와 시대의 군인・정치가, 해군대학 출신, 독일 유학. 청일전쟁 시에 수뢰정(水雷艇)의 정장(艇長)이었고, 러일전쟁 시에는 구축대 사령(驅逐隊司令)으로 참전했다. 전후 수뢰학교 교장・오쿠마(大隈) 내각의 해군 차관(1914)을 역임하고 해군 대장(1923)으로 승진했다. 시종장(1929)을 거쳐 총리대신이 되어(1945) 패전을 겪었다.

권한을 부여받는 조건으로 세인트 페테르부르크 주재 공사 직을 수락했다고 말했다. 이토 후작은 파리에 있는 그를 찾아온 나의 임무를 알고 무척 당혹해 했다. 그는 영국과의 교섭이 그렇게 빨리 진척되리라고는 생각하지 못했고 또 그것을 알 만한 입장에 있지도 않았다.

나도 이토 히로부미와 똑같이 당황했다. 여기에서 나는 랜즈다운 경과 교섭을 하고 있는 중이었고, 또 동맹 교섭을 위한 전권을 도쿄로부터 수임하고 있었는데 본국 정부는 러시아와의 협정 교섭을 위해 그를 보낸 것이다. 만일 스즈키 씨가 말한 것처럼 구리노의 러시아 부임설이 사실이라면 일은 한층 더 화나는 것이다. 영일동맹에 관한 나의 견해를 승낙한다는 전보를 나에게 보내고 또 러시아와의 교섭을 위해 그런 조치를 취한 것은 일본 정부의 조치가 극도로 일관성을 잃은 것이라고 생각했다. 따라서 나는 이 일에 관하여 정부가 숙고하도록 파리에서 전보를 보냈다. 이에 대하여 내가 받은 전보의 회신은 다음과 같다.

> 정부는 그 정책을 변경하지 않았으며, 구리노 신이치로에게 그러한 교섭 권한을 주지 않았다.

내가 이 전보를 이토 후작에게 보냈더니, 그는 더욱 당황했다. 그러나 이토 후작은 영국과의 교섭이 그런 지경에까지 도달했으므로 일본 정부가 이를 철회할 수 없다는 것을 깨달았다. 그래서 더 토의한 후 그가 원칙적으로 영일동맹을 지지하기로 조정되었다. 이 외에도 그의 러시아 방문은 이미 그 나라에 통보되었던 것이므로 계속하기로 했다. 나는 이토 후작이 세인트 페테르부르크에 도착한 후 나에게 소식을 전해 주기 전에는 영일동맹 조약 초안에 관하여 어떤 회신도 영국 정부에 하지 않기로 합의했다.

이토 히로부미의 소견

이토 후작은 랜즈다운 경과 나의 교섭 내용을 토의하면서 다음과 같이 말했다.

> 방문할 사안이 있어서 미국에 가려던 것이 나의 의도였다. 그래서 출발 전에 나는 수상 가쓰라 백작의 관저에서 야마가타 후작과 이노우에 백작을 만났다. 그 장소에는 또 외무대신 대행 소네 남작을 포함하여 다른 사람들도 와 있었다. 야마가타, 이노우에 및 가쓰라 등 3명의 정치인들은 러시아와 이 이상 더 복잡하게 얽히는 것은 참을 수 없는 것이므로 어떤 상담이 반드시 있어야 한다고 말했다. 그들은 내가 미국까지 간 김에 더 멀리 러시아를 방문하도록 요구하면서 거기에서 지금의 상황에 따른 적절한 조치를 취하라고 말했다.
>
> 나는 유럽에 간다는 것이 무의미한 것이라 느꼈지만 어떻든 무슨 소용이 있을 것인지에 대하여 많이 생각해 보지 않고 그들의 요청을 받아들였다. 지금 나는 영일동맹 교섭에 관하여 귀관으로부터 이야기를 들었는데, 그 교섭이 이 정도로 진척되었기 때문에 일본 정부로서는 이제 이 교섭을 철회할 수 없을 것이다. 그 교섭의 진척은 내가 예상했던 것과는 빗나갔다.

11월 14일 저녁, 이토 후작은 현재 거론되고 있는 영일동맹의 원칙을 지지한다는 전보를 본국 정부에 보냈다. 그 다음 날 그는 영일동맹을 위한 비공식적인 사전 교섭이 그만큼 진척되어 있기 때문에, 자기는 러시아에 가지 않고 도리어 일본으로 돌아감이 좋겠지만, 한편으로는 그의 러시아 방문 의사를 그 나라에 사전 통보해 두었기 때문에 세인트 페테르부르크에 가지 않으면 안 된다고 나에게 말했다. 그러나 그는 거기에 가더라도 영일동맹에 지장을 주는 어떤 일도 하지 않도록 노력하겠다고 말했다.

외교 보좌관으로서 이토 후작을 수행하고 있던 스즈키 씨는 프랑스-러시아-일본 간의 동맹이나 협정을 좋아하는 것으로 보였다. 더욱이 그는 구리노 씨가 세인트 페테르부르크 주재 공사로 임명되었다는 보고를 받고 있으며, 그는 오랫동안 3국 협정의 교섭을 수임했다는 조건에서만 세인트 페테르부르크 주재를 수락할 것임을 주장하여 왔었기 때문에 그가 그런 협정을 체결하라는 훈령을 받았다고 추정해야 할 것이라고 나에게 말했다. 나는 이 소식에 매우 놀랐다.

전에 말한 것처럼 프랑스-러시아-일본의 조약이 더 좋은지, 그렇지 않으면 영국-일본의 조약이 좋은지를 미리 예견하기가 어려웠으나, 나의 입장으로서는 후자가 더 좋은 것이라고 확신했다. 내가 받은 훈령에 따라 나는 본국 정부도 나와 같은 생각을 가지고 있다고 믿을 만한 충분한 이유가 있었기 때문에 나는 런던에서 교섭하면서 좋은 진척을 가져올 수 있었다. 10월 8일, 전보 훈령이 나에게 송달된 이래, 영국 정부는 10월 16일 내가 공식적으로 수임 받지 못했음을 선언했음에도 불구하고 내가 확실히 본국 정부의 훈령하에서 활동하고 있다는 것을 인식하는 것으로 보였다.

한편으로는 영·일 교섭이 진행되어 이 정도에까지 도달하고 있는 동안에 다른 한편으로는 원로 정치인의 한 사람이 러시아와의 협정 체결을 목적으로 세인트 페테르부르크로 파견되었다. 그의 방문이 단지 개인 자격으로 일반적인 여행에 불과하다는 시늉을 한다손 치더라도 그것을 믿을 사람은 영국에 아무도 없었을 것이다.

다음으로는 구리노 씨가 일본-러시아-프랑스 간의 3국 협정을 체결할 권한을 부여받았다고 한 말에 관하여 또한 고려해 보아야 할 것이 있다. 만일 그것이 사실이라면 한 정책의 성공은 불가피하게 다른 정책에 대한 신용 상실로 이끌고 가게 된다. 이 일에 관하여 여러 번 심사숙고한 후에 나는 11월 18일에 일본 외무대신에게 전보를 발송했고 11월 19일에 그 회답을 받았다.

이 회답은 스즈키 씨가 말한 것을 전적으로 부인하고 정부로서는 영국과의 동맹에 관해 이미 제의된 협정 체결에 대하여 취한 정부의 입장에서 무슨 일이든지 후퇴할 의사가 없다는 것과 구리노 씨에게 보낸 훈령은 단지 조선 문제에 관한 해결을 구하기 위해 노력하라는 것과 누구든 러시아에 부임하게 되는 공사는 이와 유사한 훈령을 받을 것이라고 되어 있었다.

후에 나는 구리노 씨로부터 이 문제에 관한 연락을 받았는데 그 속에 담긴 내용으로 보아 그는 도쿄에서 나에게 보냈던 전보의 진정한 중요성을 인식하지 못하고 있는 것 같이 보였다. 나는 11월 19일 런던으로 돌아왔다. 이토 후작과 나는 도쿄로부터 재차 확인하는 전보를 받았음에도 불구하고 나는 아직도 불안했으며 특히 이토 후작이 세인트 페테르부르크로 가고 있기 때문에 더욱 당황했다. 런던에 도착한 후 나는 이토 후작에게 다음과 같은 내용의 전문을 보냈다.

> 러일협정을 체결하는 것이 우리의 정책인 한 우리는 다음 방도 중의 어느 한 가지를 채택해야 마땅하다. 첫째로, 영일조약을 체결하고 나서 러시아와 협정 교섭을 하고자 하는 우리의 의사를 영국에게 통보하고 러일협정의 체결을 진행하는 것이요, 그렇지 않으면 둘째로는 영국과 일본 간의 교섭이 런던에서 진척된 이상 러시아 정치인들이 먼저 협정 체결을 토의해서는 안 된다. 이럴 경우에 귀하는 될 수 있는 한 그 협정 교섭을 연기하지 않으면 안 된다.

나는 영일동맹이든 러일협정이든 간에 그 교섭에서 마키아벨리(N. Machiavelli)의 수단을 도입한다는 것이 매우 위험스러운 짓이라고 느꼈다. 이토 후작은 나의 전문을 받고 내가 제시한 두 가지 방도 중 후자를 택하겠다고 보장하는 회신을 보내 왔다. 내가 파리에서 돌아온 다음 날 나는 랜즈다운 경을 찾아보았으며, 그는 11월 6일자 협정 초안에 대한 일본 정부의 회답에 관하여 나에게 물었다. 나는 그에게 아직 회답을 받지 못했다고 대답하지 않을 수 없었다. 그러자 그는 이 교섭이 지연되면 협정 제의에 관한 소식이 누설될 수 있고 그렇게 되면 여러 가지 장애가 생길는지 모르기 때문에 매우 위험하다고 말했다.

나는 도쿄에 전보를 쳐 회답을 촉구하겠다고 말했다. 그러자 랜즈다운 후작은 이토 후작의 러시아 방문에 관하여 묻고 그가 마땅히 런던을 방문하는 것이 바람직하다고 말했다. 그는 이토 후작이 런던에 들르지 않은 것을 난처하게 여기는 것으로 보였다. 그는 만일 영국과의 교섭이 진척되고 있는 동안에 러시아와 협약이나 조약의 체결을 교섭하려는 것이 일본 정부의 의도라면 영국 정부는 크게 분노하게 될 것이라고 말했다.

일본의 정책에서 동맹이란 전혀 새로운 갈림길이기 때문에 이 제의를 심사숙고할 필요가 있다고 나는 대답했다. 이것이 협정의 교섭이 지연된 이유였다. 나는 이토 후작이 11월에 런던에 올 수 없다고 말했다. 왜냐하면 11월에 런던의 기후가 가장 나빠 일반적으로 안개가 끼고, 이미 좋지 않은 후작의 건강을 해롭게 할 것이기 때문이라고 했다.

랜즈다운 경은 분명히 나의 설명을 언짢게 생각했다. 그는 이토 후작이 대서양을 건너 미국에서 프랑스로 여행한 것을 잘 알고 있었다. 대외적으로는 그가 건강의 회복을 위해 여행한다고 알려져 있었다. 그가 자기 건강 때문에 여행을 한다면서 겨울에 세인트 페테르부르크로 갔다는 것인가? 영국의 외무대신은 이토 후작의 동태에 관한 나의 변명을 아주 불만스럽게 생각했다.

나는 랜즈다운 경과 작별하고 나서 외무성 부대신 버티[12](F. L. Bertie) 씨를 만났는데 그는 훨씬 더 직설적이어서 즉각 동맹 문제에 관한 얘기를 꺼냈다. 그는 나에게 이토 후작이 러시아와 어떤 협정을 교섭할 의도를 가지고 있는지 단도직입적으로 물었다. 내가 그렇지 않다고 대답하자 그는 다음과 같이 말했다.

> 만일 우리들이 귀하와 협정을 교섭하고 있다는 소식이 새어 나가 러시아인들의 귀에 들어가면 러시아는 틀림없이 귀국과 협정을 체결하려 할 것이며, 아마도 러시아는 우선 보기에는 훨씬 더 유리하게 보이는 조건을 귀국에 제시할 것이다. 왜냐하면 러시아는 어느 때이고 자기 나라에 적합지 않다고 생각하면 그 조건들을 폐기해버릴 것이 확실하기 때문이다.

나도 그럴 가능성이 크다고 생각한다고 말했다. 그러자 그는 "나는 귀하에게 매우 조심하도록 경고하고 싶다."고 말했고 나도 그러겠다고 말했다. 랜즈다운 경이나 버티 씨 및 다른 사람들이 이런 방식으로 말하는 것은 너무도 당연하다. 내가 그 전날 이토 후작에게 그가 세인트 페테르부르크에 도착하더라도 어떠한 교섭도 하지 말 것을 확인하는 전보를 발송한 것은 내가 영국인들의 심리를 알았기 때문이었다. 내가 파리에서 돌아오자 영국 정부가 즉각 이상과 같은 취지의 대화를 걸어오는 것만 보더라도 나는

---

12) 버티(Francis L. Bertie, 1844~1919) : 영국의 외교관, 자작. 로마 대사(1903~1904) · 파리 대사(1905~1918)를 역임했다.

그들이 유럽에서 이토 후작의 동태를 면밀히 주시하고 있었다는 확신을 가질 수 있었다.

나는 영국 외무성에서 돌아와 도쿄에 전보를 쳤다. 이 전보에서 영국 내의 사정이 어떻다는 것을 말하고, 내가 랜즈다운 경과 버티 씨와 가졌던 대화 내용을 보고하였다. 그리고 일본 정부에 대하여 영국과의 교섭을 진행하고 이 동맹 조약이 체결되기 전에는 러시아와 어떤 협약을 맺을 생각도 그만두도록 건의했다. 나는 또한 이 전보 사본을 이토 후작에게 보내어 그가 러시아의 정치인들과 대화할 때에는 일반적인 화제에 국한해서 매우 조심하도록 하고, 또 될 수 있는 대로 빨리 러시아를 떠나도록 권고했다. 이토 후작은 영일동맹의 교섭을 진행해야 할 필요성을 완전히 인식했으며, 혹시 러시아 당국자들과 대화를 할 때는 어떠한 중요한 문제에 대하여도 언급하는 것을 피하도록 주의를 기울이겠다는 회답 전보를 나에게 보내 왔다.

나는 또 본국 정부로부터도 전보를 받았는데, 정부는 영국과 러시아 사이에서 양다리를 걸치는 이중 놀음을 할 의사가 없으며, 이토 후작이 세인트 페테르부르크에서 수행할 공식적 임무가 없으니 만일 그 일이 또 다시 영국 측과의 대화에서 제기될 때는 그 취지를 랜즈다운 경에게 말해 주라는 내용이었다. 이 전보는 일본 외무대신이 와병 중이어서 당장 국무의 수행이 불가능하나, 가능한 대로 빨리 협정 초안에 대한 정부의 회답을 보내겠다는 말로 끝을 맺고 있었다. 나는 이와 같은 여러 가지 소식을 랜즈다운 경에게 전했더니 그는 이토 후작의 러시아 방문이 공식적인 것이 아니라는 데에 만족을 표명했다. 도쿄 정부는 11월 6일 랜즈다운 경이 나에게 수교했던 조약 초안에 대한 다음과 같은 수정안을 11월 30일 나에게 전보로 보내왔다.

조약 전문 중 '원동'(遠東)은 '극동'(極東)으로, '청국'(淸國) 및 '조선'(朝鮮)은 '청제국' 및 '조선제국'으로 각각 변경하고, '혹은 그 어느 부분이 점령당하거나' 다음에 '조선의 병합(倂合)'이라는 어구를 새로 삽입시켜야 한다. 제2조 중 '기타 국가'를 '하나 또는 그 이상의 외국들'로 변경해야 한다. 제3조 중 '이해관계에 영향을 주는'을 '이해관계를 위태롭게 하는'이라고 변경해야 한다.

제5조에 다음 사항이 추가되어야 한다. "이 동맹은 서명일로부터 5년간 유효하며, 이 동맹 조약 기간이 전쟁 중에 종료되면 동맹은 평화가 회복될 때까지 계속 발효한다." 특별 규정으로서 다음 사항이 추가되어야 한다. "영국은 조선에 대한 일본의 권리를 인정해야 한다."

위 수정안과 함께 도쿄에서 나에게 보낸 훈령은 다음과 같이 되어 있었다.

일본 정부는 동 수정안을 천황 폐하에게 제시했다. 천황 폐하는 그것에 대한 의견을 묻기 위해 그 당시 도쿄에 생존해 있는 원로 정치인들에게 그것을 설명해 주었다. 천황 폐하는 지금 유럽에 있는 이토 후작에게도 의견을 들어 보도록 했다. 귀하는 이 지시를 그곳에서 수행해야 한다. 그러나 이 수정안에 대한 완전한 비밀을 유지하기 위해 현지 공관 직원 1명을 세인트 페테르부르크로 파견하되 그는 암호로 된 이 수정안 사본을 이토 후작에게 가져가야 한다. 그리고 이 암호는 오직 그 요원이 세인트 페테르부르크에 도착한 후에만 해독해야 한다. 그 요원은 이 수정안에 대한 이토 후작의 자문을 얻기 위해 그에게 제시해야 한다.

나는 이 전보를 받은 직후에 또 하나의 전보를 받았는데, 그것은 고무라 주타로 백작이 다음의 각서를 도쿄 주재 영국 공사 맥도널드 경(Sir Claude Macdonald)에게 주었다는 것을 나에게 알려주는 것이었다.

> 일본 내각은 영국 정부가 제의한 조약의 초안 원본을 약간 수정한 후에 그 초안을 수락하기로 결정했다. 변경 내용의 성질상 우리는 영국 정부가 그것을 반대하지 않을 것이라고 믿는다. 일본 내각은 이 초안을 런던으로 발송하기 전에 천황에게 제시했다.

내가 받은 훈령에 따라서 나는 런던 주재 일본 공사관 서기관 마쓰이 게이시로[13](松井慶四郎)를 러시아에 머무르고 있는 이토 후작에게 보냈다. 마쓰이는 12월 3일 세인트 페테르부르크에 도착하여 암호를 해독해서 모든 전보를 후작에게 제시했다. 그때 후작은 그 수정안에 대하여 논평은 하지 않았으나 천황이 자신의 자문을 들어 보라고 했다는 전보 내용에 매우 기뻐했다고 한다. 이토 후작은 고무라 주타로 백작이 그 수정안에 관하여 이미 맥도널드 경과 의견을 나눈 것을 도리어 조급한 처사라고 생각하고 불쾌히 여겼다. 그는 마쓰이에게 그 수정안을 아주 조심스럽게 검토할 것이며 그가 세인트 페테르부르크로부터 베를린에 도착하게 되면 자기의 견해를 알려 주겠다고 말했다.

이토 후작은 마쓰이에게 이노우에 백작으로부터 온 전보가 있다는 것을 알고 있는지 물어 보았다. 마쓰이는 그러한 전보가 있다는 것을 런던에서는 들어본 적이 없다고 대답했다. 그러자 이토 후작은 이노우에 백작이 자신에게 보낸 전보를 마쓰이에게 보여주었는데, 그 전보는 후작이 일본 정부의 동맹 협정 초안 수정에 관한

13) 마쓰이 게이시로(松井慶四郎, 1868~1944) : 오사카(大阪) 출생, 도쿄대 졸업. 서기관 · 외무참사관 · 부대신, 기요우라 게이코(淸浦奎吾) 내각 당시에 외무대신 · 귀족원 의원 · 추밀고문관 등을 역임했다. 이 당시에 그는 외무성 부대신이었다.(편자 주)

자기 의견을 본국에 보내기 전에 독일과 러시아 간의 관계를 주의 깊게 검토하라고 충고한 것이었다.

이토 후작은 러시아 수도를 떠나기 전에 램스도르프 백작[14] (Count Lamsdorff)과의 면담을 신청하여, 12월 4일에 그를 만났다. 그날 밤에 후작은 러시아를 떠나 베를린으로 향했다. 마쓰이는 남들의 주의를 끌지 않기 위해 그 다음 날 세인트 페테르부르크를 떠나 베를린에서 후작과 합류했다. 그는 후작과 3일간 베를린에서 머물다가 12월 11일에 런던으로 귀환했다. 마쓰이는 베를린에서 처음으로 후작이 그 협정 초안뿐만 아니라 동맹 자체도 반대한다는 말을 들었다. 반대 이유는 다음과 같다.

> 영국의 초안이나 그것에 대한 일본의 수정안에도 외국에 의한 조선의 병합(倂合, absorption)은 방지되어야 한다는 취지의 어휘가 있다. 그러나 조선에 대하여는 오직 일본과 러시아만이 중요한 이해관계를 가지고 있으며 영국은 그곳에 이해관계가 없다. 조선에 관하여는 러시아와 협약을 맺고 조선 문제를 해결하는 것이 합당한 일이다. 우리가 영국과 동맹을 맺는다고 해도 그로부터 많은 이득을 거두어들이리라는 것은 확실하지 않다.
>
> 뿐만 아니라 그 초안에 따르면 영국도 일본이 이미 확보한 것과 동일한 위치를 얻게 되어 있다. 그것은 사실상 조선에 대하여 현재 영국이 갖지 못하고 있는 위치를 영국에게 주는 것을 의미한다. 이러한 견지에서 나는 이 협정이 비합리적인 것이라고 생각한다. 다시 말해서 만일 우리가 이 동맹에 가입할 또 다른 나라, 예를 들면 독일과 같은 나라와 손잡게 된다면 우리는 영국에 제공하고 있는 것과 동일한 상황을 그 나라에 제공하게 될 뿐이며 그에 대하

---

14) 램스도르프 백작(Count Vladimir N. Lamsdorff, 1845~1907) : 러시아의 정치가. 무라비에프의 뒤를 이어 외상을 역임(1900). 1904년 당시 러일전쟁을 평화적으로 해결하고자 일본과 협상을 벌였으나 이에 실패한 나머지 1906년 사임했다.

여 전에 갖지 못했던 새로운 위치를 얻게 될 것이다. 따라서 이 문서는 이중으로 나쁜 것이 될 것이다.

일본 정부는 모름지기 조선과 관계되는 모든 것에 관하여 어떤 적당한 수정안을 만들어야 한다. 도쿄 정부가 영국 정부의 재촉을 받고 그렇게 서둘러 수정안을 제출하도록 유도되었는지는 모르지만 그와 같이 중대한 사안은 매우 신중한 검토 없이 결정되어서는 안 된다. 우리는 또한 유럽 여러 나라 사이의 국제 관계에 관한 전반적인 문제를 주의 깊게 검토해야 한다.

이노우에 백작의 전보에 따르면 모든 각료들이 영일동맹에 동의했지만 그 자신만은 성급하게 찬성하지 않았음을 보여주고 있다. 그의 견해에 따르면, 첫째로 영국이 왜 외교 정책에서 자기 나라의 전통을 깨고 우리와 동맹을 맺기로 결정했을까? 둘째로, 영국이 이러한 태도를 취했다는 것은 영국이 동맹을 절실히 필요로 하고 있고 영국의 부담을 우리에게 지우도록 하기 위해 우리들을 이용하려고 하기 때문이다. 셋째로, 이노우에 백작이 나에게 유럽 열강 간의 상호 관계를 깊이 생각한 후에 나의 의견을 결정하라고 요구하는 전보를 보낸 것은 이런 이유들 때문이다.

그런데 나의 견해도 이노우에 백작과 일치하고 있다. 그렇기 때문에 영일동맹과 같이 심각한 사안을 성급하게 결정할 일이 아니라고 본국에 있는 그에게 전보를 쳤으며, 내가 귀관[마쓰이 게이시로]에게 말한 것과 같이 똑같이 수정안에 대한 나의 견해를 역시 전보로 보냈다. 이제 이 문제와 관련하여 특별한 관심을 기울여야 마땅한 것은 러시아의 태도라는 것이 나의 생각이다. 우리가 러시아와 협약을 체결하려는 시도는 희망이 없음이 우리에게 아주 확실해지기 전까지는 영일동맹을 위한 모든 교섭을 중단해야 마땅하다고 나는 생각한다.

내가 러시아의 수도에서 보고 들은 바에 의하면 러시아는 적어도 일본에 대하여 도리어 유화적이라는 확신을 가졌으며, 조선 문제를 정착시키기 위해 진정으로 우리와의 협조를 갈망하고 있는 것으로 보였다. 내가 세인트 페테르부르크에 도착한 바로 그 날 위테 백작이 나를 찾아와 마음을 터놓고 극동의 제반 사항을 토의하자고 제의했다. 램스도르프 백작도 또한 나에게 매우 정중했지만 나는 특히 러시아 황제가 감사하게도 나에게 허락한 알현에서 그가 말한 바에 감격했다. 말을 시작한 첫 마디에 황제는 러시아와 일본이 함께 화합적으로 일해 나가는 것이 긴요하다는 것에 관하여 말했다. 그리고 그는 어떤 종류의 합의가 양국 간에 마땅히 이루어져야 한다는 것이 그의 바람이라고 말했다.

내가 귀관에게 말한 첫 면담 후 나는 위테 백작을 만났다. 그는 그때 러시아와 일본은 함께 화합하여 일을 해 나가야 마땅하다는 틀에 박힌 선언을 반복하면서 개성 있게 외교관 식으로 말했다. 그러나 나는 그의 말을 가로채고 이 상황에서 양국 간의 난제는 조선에 있기 때문에 그에게 막연한 일반론으로서는 지금의 사태에 아무런 도움이 못 된다고 말했다. 만일 양국이 조선에서 패권 다툼을 계속한다면 불가피한 마찰을 초래할 수밖에 없다고 나는 말했다. 나는 그에게 다음과 같이 말했다.

"만일 귀국이 실제로 일본과 화합하여 일하기를 원한다면 귀하는 조선 내에서 우리가 상업적 · 산업적 · 정치적으로 재량껏 취할 수 있는 조치를 허용해야 한다. 그리고 무엇보다도 만일에 조선 내에서 민란이 발생하면 그곳에 군대를 파견하여 질서를 회복시킬 수 있는 권리를 우리가 반드시 가져야 한다. 그러한 권리가 없다면 러시아와 일본이 함께 화합적으로 일을 해 나간다는 문제는 있을 수 없다."

위테 백작은 나의 견해에 전적으로 동의했다. 러시아는 조선에 대한 우리의 파병권을 인정할 것이며 조선에서 행동의 자유를 우리에게 줄 것이라고 그는 말했다. 그러나 그는 만일 러시아가 그러한 파병권을 인정하더라도 일본은 조선을 점령해 버릴 수 있는 수량의 병력을 조선에 주둔시켜서는 안 된다고 말했다. 나는 램스도르프 백작을 만났을 때도 같은 화제에 관하여 말했다. 그는 나의 견해에 대하여 위테 백작만큼 그렇게 탐탁하게 생각하지는 않았다. 그는 내가 원하는 것이 사실상 조선에 대한 보호국이 되는 것이지만 그렇게 되면 모든 것을 얻게 될 것이고 러시아는 아무것도 얻지 못할 것이라고 말했다.

그러나 그는 자기 동료와 이 일에 관하여 상의해 보겠다고 동의했으며, 나에게 베를린으로 회답을 보내 주기로 약속했다. 이러한 대화에서 더 나아가서 나는 개인적으로 램스도르프 백작과 위테 백작에게 연락할 방편을 만들어 두었으며, 이 일에 관하여 때때로 그들에게 편지를 쓰기로 했다. 따라서 세인트 페테르부르크에서 가진 나의 비공식적 대화의 결과로 우리는 당시 주재 공사를 통하여 러시아 정부와 공식 협상을 개시할 입장에 있으며, 이제 우리는 어느 때이든 교섭을 할 수 있게 되었다.

지금의 시점에 이것이 러시아와 관련된 상황이며, 나의 견해로서는 우리가 러시아와 어떤 만족할 만한 협약을 체결할 수 있는 전망은 매우 순조롭다. 영국과의 협력을 위한 어떤 협약을 체결한다는 것은 때 이른 것이라고 나는 생각한다. 따라서 나는 이러한 의미에서 이노우에 백작과 가쓰라 백작에게 전보를 보냈으며, 러시아 황제 및 정치가들과 가졌던 나와의 대화 내용 전부를 자세히 보고한 것이다.

어찌하여 12월 7일 원로 정치가들의 어전회의에서 영일동맹이 유리한 것이라고 만장일치로 의결되었는지 나는 모르겠다. 아마도 나의 전보가 때맞추어 도착되지 못한 때문이라고 생각된다. 어쨌든 나의 소견을 하야시 다다스 백작에게 전달하여 주고 그가 일본의 수정안을 영국 정부에 제시하기 전에 나의 소견에 대하여 그가 어떻게 생각하는지 나에게 알려 달라고 그에게 말하여 주기 바란다.

위의 내용은 이토 후작이 마쓰이에게 말하고 그가 다시 나에게 보고한 내용이다.

외무대신 대행 소네 자작이 나에게 보낸 8월 8일자 전보에서 일본 정부는 영국의 협정 제의에 관하여 호의적으로 결정했다고 말했다. 그 후 나는 이 문장이 이토 후작의 분명한 요청으로 삽입된 것이라고 들었다. 그리고 내가 그를 파리에서 만났을 때 그는 영일 협정을 원칙적으로 승인하고, 세인트 페테르부르크로 가서 러시아의 지도자들과 나눈 대화를 일반적인 것에 한정하기로 약속했다. 그는 내가 파리에서 돌아온 후 그의 전보에서 다시 이 약속을 반복했으며, 그의 러시아 방문에 대한 랜즈다운 경의 의심에 대하여 내가 전보로 보고한 것에 대한 그의 회신에서도 이를 약속했다.

그렇지만 이 모든 약속에도 불구하고 그는 러시아 정치가들을 만나자 곧장 가장 미묘한 사항에 관한 대화에 깊이 빠져들었다. 이것이야말로 참으로 그의 가장 모순된 언행이다. 그의 마음이 실제로 어느 곳에 있었는지를 말하기란 불가능하다. 그는 협정 초안에 대한 정부의 수정안에 관하여 자신의 견해를 도쿄에 타전하고 그것을 나에게도 보여주었는데 나는 그의 견해를 이해할 수 없었다. 나는 그의 전문을 읽으면서 영일동맹에 관한 그의 의향에 영향을 줄 만한 것은 아무것도 없다는 결론에 이르렀으며 나와 같은 생각을 가지고 있던 정부도 그의 소견을 지나쳐 버렸다.

이토 후작에 관한 진실을 말하자면 그는 자기의 마음을 바꾸었으며 그로서는 이러한 변덕이 일상적인 것이었다. 그는 도쿄에서 영일동맹에 대하여 한쪽으로는 찬성하고 또 한쪽으로는 반대하는 자가당착에 빠졌던 인사들 속에 끼어 있었다. 그가 파리에서 나를 만났을 때 나는 그를 나의 소견 쪽으로 설득했다. 그가 세인트 페테르부르크에 도착했을 때 러시아 정치가들이 외교적인 언사로 만일 그가 협상의 책임을 맡게 된다면 얼마나 쉽게 조선 문제를 해결할 수 있겠는가를 말하자 그는 다시 자기 마음을 바꾼 것이다. 그렇다고 해서 그를 너무 비난할 수는 없을 것이다.

나는 독일과 러시아의 관계를 연구하라고 이노우에 백작이 이토 후작에게 전보를 보낸 사실에 더욱 당황했다. 내가 보기에 도대체 독일-러시아동맹의 문제는 이 문제와 아무런 관계가 없었다. 그 전보는 처음부터 영일동맹이 일반적으로 바람직한 것인가에 관하여 전반적인 의문을 제기했는데, 그것이 일반적으로 바람직한 것이냐를 검토할 시기는 이미 지나간 지 오래였다.

나는 그의 태도가 너무 걱정스러워 전반적인 사항에 대한 하나의 의견서를 외무대신 고무라 백작에게 타전했다. 그러나 나의 전보가 정부에 접수되기 전에, 아니면 발송도 되기 전에 일본 정부는 추밀원 즉 12월 7일[15]의 어전회의에서 이미 원로 정치가들의 동의를

---

15) 로이터 통신이 비록(秘錄)의 개요를 게재할 당시에 다음과 같은 주가 붙어 있었다. 12월 7일 어전에서 있었던 추밀원과 관련해서 로이터의 도쿄 특파원은 최근 한 권위 있는 소식통으로부터 추밀원에 관한 설명을 들었다. 그에게 정보를 제공한 사람이 다음과 같이 말했다. "이토 히로부미는 유럽에서, 그리고 이노우에 가오루는 도쿄에서 러일협정을 위해 열심히 일을 하고 있었다. 이토 히로부미는 이 문제에 대하여 매일 정부와 이노우에 가오루에게 격렬한 전보를 보내고 있었다. 이 문제를 결정하기 위해 최종적으로 어전에서 추밀원이 개최되었다. 내각은 모두 런던에 있는 하야시 다다스의 입장을 지지했다. 그리고 그 지지 분위기가 아주 강했기 때문에 가쓰라 타로와 고무라 주타로는 천황이 그들에 반대하고 이토 히로부미를 지지할 경우에 자기들은 사임할 것이라고 동료들에게 말했다."

추밀원은 영일동맹 교섭에 관한 보고서를 천황에게 제출하였으며, 그 다음에 이토 히로부미와 러시아와의 교섭에 관한 보고가 있었다. 그 보고서를 읽고 검토한 다음 천황은 비서에게 "짐의 밀실에 가서 이토 후작이 총리대신으로 있을 때 제의된 영일동맹에 관한 그의 보고서를 가지고 오라."고 말했다. 이 보고서를 가지고 오자 천황은 그것을 통독하고 추밀원을 향하여 이렇게 말했다. "이 보고서에서 이토 후작은 총리대신으로 재직할 당시에 영국과 어떤 동맹을 맺어야 한다는 것을 가장 강력하게 권고하고 있는데 지난 몇 개월 동안 상황을 변경시킬 만한 어떠한 일도 발생한 것이 없다."

천황은 협상 교섭을 계속해 나가도록 하야시 다다스에게 훈령을 보내라고 고무라 주타로에게 명령했다. 그리고는 이토 히로부미에게 러시아와의 교섭을 전면 중지할 것을 타전하라고 명했다. 각료들은 처음부터 이토 히로부미의 제의를 실제로 반대했었으나, 이 동맹 교섭을 촉진시키기 위해 그를 영국에 대한 하나의 도구로 이용하려고 했다. 이외에도 이토 히로부미와 이노우에 가오루는 너무도 세력이 강했기 때문에

얻었으며, 12월 10일에 고무라 백작은 이 수정안을 랜즈다운 경에게 제시하라는 훈령을 나에게 보냈다. 동시에 나는 이 수정안에 관한 더 자세한 전문을 받았다.

이토 후작이 이 수정안을 영국 측에 제시하기 전에 자기에게 통보하라고 나에게 말했기 때문에 나는 그에게 연락했고, 동시에 고무라 백작에게 위에서 말한 대로 전보를 치고 이토 후작의 설명에 관한 정부의 입장도 물었다. 고무라 백작으로부터 내가 받은 회답은 다음과 같다.

> 영국 정부에 수정안을 제시하라는 내용으로 귀하가 받은 훈령은 내각이 원로 정치가들과 협의하고 이토 후작의 견해를 조심스럽게 검토한 후 천황의 승인을 받아서 귀하에게 보낸 것이다. 따라서 귀하는 즉각 귀하가 받은 훈령을 수행하기 바란다.

이 전보가 무엇을 의미하는지를 나는 분명히 알 수 있었다. 그것은 내각과 원로 정치가들이 이토 후작의 견해를 전적으로 거부했다는 것이며, 영일동맹은 실행되어야 한다는 것을 의미하는 것이어서 내가 기뻐한 것은 더 말할 나위도 없었다. 그래서 나는 다음 날인 12월 12일에 영국 외무성을 방문하여 그 수정안을 랜즈다운 경에게 제시하면서 그에게 각 수정 내용에 관한 이유를 설명해 주었다.

12월 16일 나는 영국 외무대신을 다시 만났고 이 조약은 1902년 1월 30일에 서명되었다. 비록 이토 후작이 일본으로 돌아온 후까지도 세인트 페테르부르크에서 가졌던 자기의 대화 속에서 건의했던 바와 같이 러시아와 일본 간의 조약이나 협약의 체결에 관한 희망을 갖기는

천황의 명령이 아니고서는 그 어떤 것도 그들의 태도를 막을 수가 없었다.(편자 주)

이토 히로부미(伊藤博文)

했었지만, 후작의 영일동맹 반대는 이런 방법으로 무산되었다.

이토 후작이 가쓰라 공작에게 다음과 같은 전보를 친 것으로 미루어 볼 때, 12월 12일에야 그는 내가 수정안을 영국에 제시하라는 명령을 받았다는 나의 전보를 받아본 후에 자기의 견해가 천황에 의하여 거부되었음을 알게 되었다.

> 나의 견해가 거부된 것으로 보인다. 이제 나는 오직 조선에 관하여 러시아와 일본 사이에 어떤 협약을 재빨리 체결할 여지가 남아 있기를 바랄 뿐이다. 나는 귀하가 영국과의 동맹 조약을 엄격한 비밀로 지켜줄 것을 바란다. 혹시라도 그 문서가 공개되면 그것은 대륙 국가들 사이에 매우 나쁜 인상을 일으킬 것이다.

이제 나는 조약 초안에 대한 수정안을 랜즈다운 경에게 수교한 후 그와 나 사이에 있었던 협상에 관하여 약간 이야기하고자 한다. 연대기적으로 서명을 진행하여 나가면 혼동이 생길 것이며, 날짜별로 진행해 가면 두 정부의 견해를 아주 명확히 하기가 어려울 것이다. 따라서 나는 완성되었던 조약 원본을 가지고 그 조항별로 순서대로 설명하겠다.[16] 11월 6일자 조약 초안의 원본 속에는 다음과 같은 문구가 들어 있다.

> 극동에서 현재의 여러 가지 상태를 유지하고, 일반적 평화를 유지하고 특히 어떤 외국에 의한 조선의 흡수를 방지하고, 청국의 영토 보전과 독립을 유지하고, 그 나라에서 각국의 균등한 상업적·산업적 기회 등을 확보하는 것이 바람직하므로……

16) 부록 C(본서 210-212쪽) 참조.(편자 주)

그런데 이 동맹에서 가장 중요한 원칙이 이 문구대로 일본과 영국에 의하여 선언되었으며, 그 교섭 중에 이 원칙에 관하여는 아무런 문제도 제기된 적이 없었다. 그러나 그 문구를 사용하면서 매우 미미한 의견의 차이가 있었다. 영국 정부의 초안에도 조선이 어떤 강국에게 흡수되는 것을 방지하기를 바란다는 문구가 들어 있었다.

그러나 당초의 문구는 단지 조선 전체의 점령 가능성에 대해서만 언급하고 있었다. 그래서 일본 정부는 이러저러한 구실로 조선의 일부분이 점령될는지도 모를 예상치 못한 사태에 대비하기를 바라면서, 도쿄로부터 온 첫 번째 수정안에 관하여 내가 관여하여 말하는 중에 그런 취지의 어휘를 삽입토록 요청했었다.

그 다음으로 영국 초안에는 '청국'과 '조선'이라는 단어가 사용되어 우리는 이것을 '청제국'과 '조선제국'으로 각각 변경하여 두 제국의 전체 영토를 의미하게 했다. 영국 정부는 이러한 용어의 변경에 반대하지는 않았으나, '어느 한 외국 세력에 의한 조선의 흡수를 방지하기 위해'와 '청국의 독립과 영토 보전을 유지하기 위해'라는 원래의 용어는 청국과 조선의 사이에 어떤 차별을 유발하므로 영국 정부는 1902년 1월에 이러한 점들을 고려한 수정안이 포함된 하나의 새로운 초안을 우리들에게 제시했고, 우리는 그들의 수정안을 받아들였다.

조약 제1조는 "일본은 정치적 · 상업적 · 산업적으로 조선에 특별한 이해관계를 가지고 있다."고 되어 있었다. 이것은 영국 정부가 제의했던 대로이다. 그러나 우리는 영국이 우리에게 조선 내에서 행동의 자유를 양해하여 주기를 원했기 때문에 우리가 12월에 첫 번째 수정안을 제시했을 때 전에 내가 말한 것처럼 하나의 별도 규정으로 "대영제국은 조선 내에서의 일본의 특권(privileges)

을 인정한다."는 구절을 삽입했다. 우리로서는 이와 같은 양해 사항이 이 조약 중에서 가장 중요한 것임은 더 말할 나위도 없다. 이 수정안을 토의하는 데 조약 교섭의 대부분의 시간을 소비했다.

12월 16일에 이 수정안과 관련하여 나는 랜즈다운 경을 방문했는데 그때 그는 다음과 같이 말했다.

> 이것은 매우 어려운 문제이다. 왜냐하면 만일 우리가 조선에 대한 일본의 이해관계를 규정하고자 귀하가 원하는 특별 규정을 이 조약 안에 삽입한다면 그것은 사실상 일본이 조선에 대한 행동의 자유를 보장받는 것을 의미하기 때문이다. 그것은 러시아와의 마찰을 의미하며 모든 열강 간에 전쟁으로 끝맺을 가능성이 있다는 점을 귀하도 잘 알고 있다.

나는 일본이 러시아와 무력 충돌을 일으키리라는 것은 상상할 수도 없는 일이라고 생각 없이 대답했다. 만일 우리가 그 전쟁에서 진다면 그로 인하여 입은 피해를 복구하는 것이 쉬운 일이 아니라는 것을 우리는 마땅히 알아야 한다. 우리는 영국이 일본 사람들의 상식을 믿기를 바랐다.

뿐만 아니라 새 초안에 따르면 조약의 한쪽 당사국은 제2 또는 제3의 국가가 동맹국을 공격하지 않는 한 상대국에게 전쟁 지원을 요청할 수 없다. 설령 다른 한쪽 당사국이 러시아에게 개전한다손 치더라도 그 전쟁이 세계대전으로까지 번져갈 것이라고 믿는 것은 사실을 다소 과장한 것이라고 우리는 생각했다. 이에 대하여 랜즈다운 경은 다음과 같이 말했다.

> 그렇다면 이제 일본은 조선 내에서 어떤 행동을 취하든지 그 행동과 관련하여 영국과 상의한다는 것을 스스로 서약함을 규정하

는 것이라고 생각해도 되겠는가?

나는 즉시 그것은 아주 불가능한 일일 것이라고 말했다. 나는 다음과 같이 계속했다.

러시아는 충동적으로 행동하기 때문에 그 나라가 다음에 무엇을 하려고 하는지 예상하거나 미리 아는 것은 전혀 불가능하다. 따라서 우리는 앞으로 일어날지도 모를 어떤 긴급 사태에 대비하기 위해 재빨리 행동해야 마땅하다. 만일 우리가 어떤 행동을 취할 필요가 있을 때마다 귀국의 의견을 들어야 한다면 시간의 지체가 생길 것이므로 무엇인가 효과적으로 취해야 할 기회를 상실하게 될는지도 모른다.

예를 든다면 러시아가 몇 년 전에 마산포(馬山浦)의 토지 일부를 조차하려고 했다. 그러나 이 문제에서 우리는 러시아를 물리치고 그들이 그 땅을 차지하지 못하도록 조차했다. 이와 같은 일이 또다시 일어날는지도 모르는데 이럴 경우에 시간은 성공의 기본요소가 된다.

랜즈다운 경은 이 동맹이 미치는 영향의 범위에 관한 비판이 있을까 두렵다고 말했다. 왜냐하면 이 조약에서 영국이 얻는 것은 일본이 얻는 것보다 훨씬 더 적을 것이기 때문이었다. 그는 양자강(揚子江) 유역에 대한 영국의 이해관계가 조선에 대한 일본의 이해관계보다 훨씬 덜 중요하다고 말했다. 나는 이에 대하여 다음과 같이 대답했다.

나는 그 말에 동의하지 않는다. 교역의 양에서나 영향을 미치는 영토의 범위에서 영국의 이해관계는 일본의 그것보다 훨씬 더 크다. 뿐만 아니라 이 지역들은 지금 평화스럽지만 위험이 도사리고 있으며 그것은 어느 모로 보나 과소평가되어서는 안 된다. 만약 지금의 총독들이 제거되거나 죽는다면 양자강 유역에는 의화단의 난보다 더 큰 반란이 쉽사리 일어날는지도 모른다. 그럴 경우에 영일동맹은 영국에게 이루 헤아릴 수 없는 값어치가 될 것이다.

랜즈다운 경은 이 문제에 관하여 협의해 보고 우리들이 다음 만날 때 그 결과를 알려 주겠다고 말했다. 나는 그와 헤어진 후 이 대화의 내용을 도쿄에 타전했다. 왜냐하면 영국 내각이 이 제의에 관하여 무슨 생각을 하고 있는지 매우 의심스러웠기 때문이었다. 나는 우리 정부가 장차 침략을 위한 근거로 조선에 대한 행동의 자유를 원하는 것이 아니라는 어떤 결정적인 보장을 영국 정부에 제시해야 한다고 건의했다. 12월 19일 영국의 내각 회의가 개최되기 직전에, 나는 다음의 보장을 즉시 랜즈다운 경에게 수교하라는 훈령을 받았다.

일본이 조선에 대한 행동의 자유를 얻는다 하더라도 영국 정부는 일본 정부가 침략의 수단으로서 이 행동의 자유를 사용할 의도를 가지고 있지 않다는 점에 대해서는 안심해도 좋다. 지금껏 조선에 대한 일본의 정책은 침략적이 아니었을 뿐만 아니라 평화적인 것이었다. 그러나 일본 정부는 조선에서 눈 깜짝할 사이에 소란이 일어날 지경이어서 일본은 자신의 이해관계를 보호하기 위해 재빨리 행동해야 할 필요가 있게 될 것이라는 점을 지적하고 싶다.

일본 정부는 영국의 자문을 받고 싶은 욕망이 간절하지만 통신을 교환하는 동안에 결과적으로 잃게 될 시간 때문에 도저히 그렇게 할 수 없을 것이다. 일본은 조선에 대한 자신의 책임을 이해하고 있으며, 조선에 대한 일본 정책은 니시-로젠 협정(Nishi-Rosen Convention)과 엄정하게 일치할 것이다.

이 보장을 기초로 하여 나는 즉시 이 제목에 관한 각서를 작성하여 랜즈다운 경 앞으로 보냈다. 그는 실제로 각의(閣議) 중에 그 각서를 접수했다. 그러나 그 후 내가 그를 찾아갔을 때 그는 아직도 우리가 제의한 특별 규정에 이의가 있다고 말했다. 그는 특별 규정의 어휘가 아직도 충분히 분명하지 않으며, 각료들의 상당수가 그 어휘는 영국이 조선을 침략 중인 일본을 도와주고 있다는 의미로 해석될 수도 있는 것으로 생각한다고 말했다.

그는 조약 전문에 어떤 적당한 말을 삽입하고 그 특별 규정을 모두 삭제하는 것이 더 좋을 수도 있다고 권고했다. 나는 이에 관하여 본국에 전문을 보냈다. 그러나 우리 정부는 이 사안을 전문에 포함시키는 것은 곤란하다고 생각하고 나에게 다음과 같이 타전했다.

> 조선에 관계된 규정을 조약 전문에 두는 것은 볼썽사나울지 모르므로 그 대신에 일본이나 영국이 조선에 대하여 어떤 야심이나 계략을 가지고 있지 않으나, 영국은 조선에 대한 일본의 이해관계를 보호하고 또 그것을 위해 일본이 필요한 단계적 조치를 취할 특권을 인정함을 선언하는 어떤 외교 각서의 교환이 있어야 함을 영국에 권고하라.

나는 이 제의를 랜즈다운 경에게 통보했으나 그는 이것에 관심을 보이지 않고 전혀 새로운 한 초안을 제의해 왔다. 나는 1월 14일에 그 제의를 통보받았으며, 즉시 도쿄에 타전했다.

영국 측의 두 번째 초안 원본[17)]

영국과 일본은 극동에서 현상 유지를 갈망하고, 청제국과 조선제국의 독립과 영토를 보전하고 청국과 조선에서 각국이 상업 및 산업상의 동등한 기회를 갖는 것이 긴요하다고 생각하여 이에 다음과 같이 상호 합의한다.

제1조 일본 정부는 조선에 대한 자국의 정치적 이해관계뿐만 아니라 특별한 상업적 이해관계에 대하여 영국 정부가 관심을 가질 것을 요구했고, 영국 정부는 청국에 대한 자국의 특별한 이해관계에 대하여 일본 정부가 주의를 기울일 것을 요구한 이상 이러한 제반 이해관계가 다른 나라들로 말미암아 위태롭게 되거나 또는 어떤 한 외국에 의하여 침략당할 위험이 있을 때는 언제든지 이 두 나라가 이 이해관계를 보호하기 위해 필요한 단계적 조치를 취할 특권을 갖게 된다는 전제 아래 영국과 일본은 청제국과 조선제국의 독립을 인정하고, 이들 양국에 대한 침략적 의향이 전혀 없음을 선언한다.

제2조 만일 영국이나 일본이 전조에서 언급된 이해관계의 보호를 위해 전쟁을 수행할 경우에 다른 일방 국가는 엄격한 중립을 지켜야 하며 다른 나라가 적대국에 가담하는 것을 방지하기 위해 노력해야 한다.

제3조 앞서 언급한 상황이 발생하여 다른 나라가 적대국에 합류할 경우에 이 동맹의 다른 일방국은 전쟁 중에 있는 동맹국을 즉시 도와야 하며, 평화 협정은 체약국 상호간 합의에 의하여 체결되어야 한다.

---

17) 이 책에 제시된 초안들은 일본말에서 번역된 것이기 때문에 영국 외무성에 있는 공식 초안과는 그 어휘가 다르다는 것을 기억해야 한다. 그러나 하야시 다다스 백작이 이들 초안들이 공식 기록에 근거한 것이라고 선언하고 있으니 대의에서는 그 실질적 정확성에 어떤 의심도 있을 수 없다.(편자 주)

제4조 체약국들은 양국 간의 협의가 없이는 체약국의 상호 이해관계에 해로울지도 모를 어떠한 협정도 다른 나라와 체결하지 않을 것에 합의한다.

제5조 영국이나 일본은 위에서 말한 이해관계가 위태로워졌다고 생각될 때는 언제든지 양국 간에 자유스럽고, 솔직하고, 남김없이 상호 의사를 교환해야 한다.

제6조 본 조약은 서명 직후 발효되며, 5년 동안 계속 유효하다. 만일 체약국 중 어느 한 나라가 이 조약이 만료되기 12개월 전에 본 조약의 취소를 희망한다는 점을 상대방 국가에 통보하지 않는다면 이 조약은 조약 만료일로부터 12개월 후까지 계속 유효하다. 다만 전쟁 중에 조약 기간이 만료될 경우에는 평화가 회복될 때까지 본 조약은 유효하다.

우리 양국 정부로부터 정당하게 권능을 부여받아 우리는 이에 이 선언서에 서명하고 날인한다.

랜즈다운 경은 두 번째 초안을 나에게 수교하면서 다음과 같이 말했다.

이 초안에서 청국의 영토 보전과 조선의 병합(倂合) 방지는, 그 중요성에서 같은 것으로 볼 수 없는 두 가지의 각기 다른 사항이라는 근거에서 의회가 내각에 대하여 공격하는 것을 방지하기 위해 준비된 것이다. 뿐만 아니라 귀하가 수시로 나에게 건네준 일본 정부의 견해가 담긴 여러 가지 각서의 취지가 이들 조항 속에 담겨 있다. 따라서 나는 귀국 정부가 이 초안에 합의하기 바란다.

조약의 서명과 공개에 관하여 우리는 일본 정부와 합의한 후 일반에게 발표할 것을 제의한다. 한마디 첨가하면 여러 각료들이 제1조에 들어 있는 특별 규정에 반대를 제기했다. 그렇지만 내가 그 특별 규정을 포함시킨 것에 대하여 나를 신임해 주기 바란다.

나는 이 초안을 받고 여기에 영국 정부가 양보할 만한 것은 모두 들어 있다고 생각했으며, 또 그것은 우리 정부가 제기했던 모든 사항들이 포함되어 있기 때문에 일본 정부가 그것에 동의할 것이라고 생각했다. 따라서 나는 즉시 그것을 도쿄에 타전하여 정부의 승인을 요청했다. 그러나 놀랍게도 우리 정부는 다음과 같은 항의를 내게 보내 왔다.

> 제1조를 제외하고서는 새 초안에 들어 있는 모든 것이 만족스럽다. 이 조항에 들어 있는 어휘에 따르면, '일본 정부는 …… 조선 내에서' 그리고 '영국 정부는 …… 청국 내에서'라는 것은 마치 일본이 청국에 대한 자국의 이해관계를 포기하는 것처럼 보인다. 그렇기 때문에 '일본 정부는'이란 문구 다음의 문장을 삭제하고 그 대신에 "일본은 조선에 대하여 특별한 정치적 및 상업적 이해관계를 가지고 있고 영국과 일본은 청국에 대하여 특별한 이해관계를 가지고 있다는 사실을 고려하여 영국과 일본 정부는 이러한 이해관계들이 위태롭게 될 위험이 있는 경우에는 각자의 이해관계를 보호하기 위해 필요한 단계적 조치를 취하는 것을 각기 허용한다."는 문장을 삽입하라.
>
> 본 수정안에 대한 이유를 영국 정부에 설명할 때 귀하는, 일본은 적어도 영국이 청국에 대하여 가지고 있는 만큼의 이해관계를 청국에 가지고 있다는 것을 말해야 하며 귀하는 일본 정부가 청국에 대한 일본의 이해관계를 제외시키는 어떤 구절이나 조항에 동의할 수 없다는 것을 마땅히 기억하지 않으면 안 된다.

나는 이 수정안을 랜즈다운 경에게 제시하고 우리 정부가 청국에 대한 일본의 이해관계에 관하여 전보로 알려온 바를 그에게 설명해 주었다. 랜즈다운 경은 이렇게 말했다.

그 말은 물론 사실이다. 그러나 우리는 될 수 있는 대로 그것을 노출시키지 않으려고 한다. 그렇지 않으면 이 조약이 영국 의회 내에서 반대에 부딪칠지 모르기 때문이다. 우리는 이 점에 관하여 더 협의해 보아야 할 것이다. 일본의 수정안에 따르면, '어느 때나 어떤 외국에 의한 침략의 위협이 있을 때는'이란 구절이 삭제되었다. 이 구절은 일본이 조선에 대한 침략 정책으로 인하여 어떤 외국과의 전쟁에 휘말리게 되는 경우에 영국이 회오리바람에 끌려 들어가는 것을 방지한다는 특별한 목적으로 솔즈베리 경이 삽입했다. 그리고 이 구절은 내각의 승인을 받은 것이다. 따라서 우리가 지금 이 구절을 변경하려고 한다 해도 영국의 내각으로부터 승인을 얻기란 매우 어려울 것이다.

나는 이러한 논거를 반박하여 제1조의 첫마디에 그러한 논리에 대한 충분한 안전판이 있으며 그에 따라 양국이 어떤 침략적 의도를 갖는 것을 부정했다고 했다. 그러나 랜즈다운 후작은 나의 의견에 동의하지 않았다. 그는 이렇게 말했다.

만일 제1조의 첫머리에 있는 말들이 실제로 그리고 진실로 일본 정부의 갈망을 표현하고 있다면, 일본 정부는 영국의 내각이 요망한 전기 어휘의 삽입과 관련하여 어떤 난처한 입장을 제기해서는 안 된다고 나는 생각한다. 나는 귀하가 우리 측의 견해를 일본 정부에게 알려 다음 영국 내각 회의 전까지 이에 대한 일본 측의 견해를 얻어 주면 매우 기쁘겠다.

나는 영국 외무대신이 말한 대로 정확히 도쿄에 타전했으며 다음과 같은 회답을 받았다.

어떤 외국에 의한 침략의 위협에 관한 구절이 삭제된 이유는 청국과 조선에서 국내적 소란이 발생하는 경우에 영국과 일본의 이해관계가 침해되는 것을 염려하고 있기 때문이다. 그럴 경우, 우리는 그러한 상황이야말로 마치 우리의 이해관계가 어떤 외국에 의하여 공격을 받은 것과 마찬가지로 생각하지 않을 수 없다. 그러나 만일 영국 정부가 국내적 소란의 가능성을 포함시키는 어떤 구절의 삽입에 기꺼이 동의한다면, 우리는 침략의 위험에 관한 구절에 동의하게 될 것이다.

나는 당장에 이 훈령의 취지를 랜즈다운 경에게 전달했다. 그는 국내 소란을 포함시키는 구절에 대하여 내각에서 아직도 많은 반대가 있을 것이라고 말했다. 왜냐하면 그러한 구절은 어떤 독립국가의 내정에 간섭하는 것을 의미하는 것으로 볼 수 있으며, 이러한 내정 간섭은 영국의 정책이나 이해관계와는 전적으로 상치되는 태도이기 때문이라는 것이었다.

그러나 나는 청국과 조선이 다른 나라들과 같은 범주에 있는 것으로 생각할 수 없으며, 빈번한 국내 소란이 그 나라들의 독특한 현상이라는 것을 역사가 이미 보여주었다고 말했다. 나는 메이지 15~16년(1882~83)에 조선에서 무수하게 일어난 정변과 동학당(東學黨) 사건으로 인한 분란의 시기로부터 의화단(義和團)의 난에 이르는 청국의 소요 사건들을 랜즈다운 경에게 이야기해 주었다. 나는 랜즈다운 경에게 이렇게 말했다.

이러한 소란들은 어느 순간에도 일어날 수 있다. 만일 영국과 일본이 어떤 동맹을 형성한다면 우리는 예측할 수 없는 모든 사건들을 그 동맹 안에서 처리할 수 있을 것이다.

나는 또 그 초안에 있는 '어떤 외국에 의한 침략'이란 어휘가 너무 단순하기는 하지만 실제로는 외국에 의한 침략이 그렇게 단순하게 증명되지는 못할 것이며 어떤 외국에 의한 행위가 침략이냐 아니냐를 결정하는 것은 매우 어려울지도 모른다고 지적하면서 다음과 같이 말했다.

> 옛날의 역사를 생각해 보자. 역사상 전쟁 중에 있던 많은 나라들이 그 적을 침략자라고 부르는 경우가 많지만 방관자들로서는 실제로 그것이 침략자인지 아닌지를 말하기란 어려운데 이는 마치 '어떤 것이 수까마귀이고 어떤 것이 암까마귀인지' 말할 수 없는 것과 같다. 수백 년이 지나간 후, 오직 역사가들만이 전쟁 당사국 중 어떤 쪽이 실제로 침략자였다는 것을 말할 수 있을 뿐이다. 만일 우리가 건의한 바 있는 그러한 규정을 두지 않았다면 이 동맹의 기본 목적을 성취하기란 어려울는지도 모른다고 나는 생각한다.

그럼에도 불구하고 후작은 아직도 마음을 돌리지 않고 자기는 이 사항을 주의 깊게 생각해 보겠다고 말했다. 그는 자기의 개인적 수정 초안을 나에게 보여주면서 솔즈베리 경의 자문을 받은 후 또 하나의 초안을 보내주겠다고 말했다. 1902년 1월 24일에 그는 그 날의 내각 회의에서 승인을 받았던 또 하나의 초안을 나에게 보내 주었다. 새 초안의 문장은 다음과 같았다.

> 어느 때든지 이러한 이해관계가 다른 외국들에 의하여 위태롭게 될 위험이 있거나 혹은 동맹국들의 국민의 생명과 재산을 보호하기 위해 간섭할 필요가 있는 경우에, 두 동맹국은 각자가 필요한 단계적 조치를 취하는 것을 허용한다.

우리는 한두 마디 단어를 제외하고는 이 수정안에 반대할 것이 없었다. 그래서 우리는 이와 관련하여 좀 더 대화를 나눈 후 하나의 완전한 합의에 도달했으며, 본 조약 제1조의 모든 난제를 해결하게 된 것이다. 청국에 대한 우리의 이해관계는 '일본 측으로서는 청국에 대한 자국의 이해관계에 더하여 조선에 대한 자국의 이해관계'라는 식으로 표현함으로써 타결한다고 합의했고, 그럼으로써 협정 원안 제1조에 규정되어 있는 것과 같이 합의가 되었다. 조선에 대한 일본의 이해관계에 대한 문제는 이렇게 하여 완전히 해결되었다.

제2조 및 제3조에 규정되어 있는 요점들 즉, 체약국 중 어느 한쪽이 제3국과 개전할 경우 다른 한쪽 국가는 중립을 지켜야 하며, 만일 제4국이 그 적국을 도울 경우에 다른 체약국은 그 상대국을 방어하기 위해 무기를 잡아야 한다는 사항들은 이미 토의된 바 있으며, 랜즈다운 경과 내가 한 첫 번째 공식 협상 때 이미 합의되었던 것이므로 이 사항에 관하여는 아주 간단한 협의만 있었다. 이 동맹이 계속되고 있는 기간 중 어떤 특별한 협정에 관한 협상을 금지하고 있는 조항에 관하여는 아무런 중요한 의견 차이가 없었다.

본 조약의 제4조와 제5조의 문장, 즉 "체약국은 상호 동의가 없이는 전기 조항들에 언급되어 있는 이해관계를 해칠 수 있는 어떤 특별한 협정을 다른 어떤 나라와 체결하지 않는 데에 합의한다."와 "만일 영국과 일본이 위에 언급된 이해관계가 위기에 처하여 있다는 데에 합의하게 되면 양국 정부는 함께 완전히 그리고 솔직하게 의사를 교환해야 한다."는 것은 공식적으로 협상을 개시할 무렵 랜즈다운 경이 일본과 영국은 항상 상호 친밀한 우호 정신을 유지하여야 마땅하며 극동의 문제에 관하여는 남김없이 의견을 교환하고 양국의 이해관계를 방어하기 위해 공동 행동을 취하기로 한다는 나와의 대화에 포함되어 있었다. 일찍이 이렇게 이해한 결과로 이 점에 대하여는 아무런 반대도 제기되지 않았다.

반면에 첫 번째 영국 초안에는 "청국과 조선에 대하여 어느 나라와 아무런 협정도 체결해서는 안 된다."는 한 구절이 있었다. 우리는 우리의 처음 개정안에서 "동맹의 다른 한쪽 국가의 이해관계에 해를 끼칠는지도 모를 협정은 아무것도 체결해서는 안 된다."로 이 구절을 고쳤다. 영국 정부도 이 수정에 아무런 반대를 제기하지 않았다.

이러한 방식으로 우리가 초안을 고친 목적은 청국과 조선에 대한 우리의 이해관계와 관련하여 우리가 다른 어떤 나라와 협정을 체결하게 되는 경우, 우리가 협상할 때 이를 영국에 통보해야 하는 부담을 가져서는 안 되었기 때문이라고 나는 생각했다. 만일 우리가 그렇게 통보해야 할 의무를 가졌다면 그것은 우리들에게 매우 불편했을 것이다.

예를 들면 내가 이 동맹 조약에 관하여 랜즈다운 경과 실제로 협상하고 있는 동안에 우리 정부는 이미 말한 바와 같이 이토 후작을 세인트 페테르부르크에 보냈고, 러시아-프랑스-일본 간의 협정을 교섭한다는 입장에서 구리노 신이치로 씨를 러시아 주재 일본 공사로 임명했었다. 이것이 우리가 문구를 수정한 이유였다.

제6조에 규정된 동맹의 기간에 관하여는 11월 6일자의 영국 측 초안 속에 이에 관한 아무런 규정이 없었다. 나는 우리 정부에 전보를 쳐서, 이 조약 기간을 5년으로 하고 처음 기간이 만료되면 그 후 5년 간 더 갱신할 수 있도록 할 것을 건의했다. 이렇게 함으로써 이 사항이 타결되었으며, 첫 번째 수정안의 제5조에 삽입되었다.

다른 한 가지 문제점, 즉 전쟁 기간 중에 본 조약의 기간이 만료되는 문제도 역시 동시에 만족스럽게 해결되었다. 영국 정부는 이러한 우리의 건의의 어느 것에도 반대하지는 않았으나 그들의 두 번째 조약 수정 초안에 "두 체약국 중 어느 쪽으로부터든지 1년 전 사전 통지를 하는 경우를 제외하고 동맹국의 어느 한쪽이 이 조약을 폐기시키기 위해 1년 전 사전 통보를 하지 않으면 이 조약은 자동적으로 유효하다."는 문장을 삽입시킴으로써, 이 조약의 효력 연장에 관한 방식을 약간 변경시켰다. 일본 정부는 이에 대하여 아무런 반대도 하지 않았다.

영국 내각의 일부 각료들이 선동한 결과로써 영국의 외무대신은 필요한 경우 인도에 대한 영국의 이해관계를 보호하기 위한 조항을 포함시킬 수 있도록 동맹 범위의 확대를 바랐다고 내가 말한 바가 있었다. 이에 대하여 랜즈다운 경이 주장한 논거는 간략히 말해서, 일본은 이 조약으로 조선에 대한 막대한 이해관계를 위한 보호를 확보했으나, 영국은 단지 양자강 유역에 대한 이해관계의 보호를 확보했을 뿐이라는 것이었다. 만일 이 두 이해관계를 비교해 본다면 일본의 이해관계가 훨씬 더 크다. 왜냐하면 조선에 대한 일본의 이해관계는 일본에게 사활이 걸린 중요한 것이기 때문이다.

따라서 이 조약이 제공하는 유리한 입장을 균형 있게 하기 위해 일본은 마땅히 인도에 대한 영국의 이해관계와 보호를 이 동맹의 상호 목적에 포함시키는 데 합의해야 한다. 나는 체임벌린(J. Chamberlain) 씨가 이 점에 관하여 강한 인상을 받았다고 믿고 있다. 여하튼 우리 정부는 이 사항을 검토했을 때 이 조약의 범위에 인도를 포함시키려고 하지 않았으며, 영국의 첫 번째 초안에서 '원동'(遠東)을 '극동'(極東)으로 수정했던 이유도 이런 것 때문이었다. 이 점에 대하여는 의심이 있을 수 없었다. 내가 받은 훈령의 논거는 다음과 같다.

이 동맹의 본래 목적은 극동, 즉 청국과 조선에서 영국과 일본의 상호 이해관계를 보호하려는 것이다. 청국과 관련된 문제에 대한 열강들의 이해관계에 관한 선언으로 미루어 판단컨대, 그들도 자신이 청국에 대한 이해관계를 가지고 있다고 느끼고 있다. 따라서 영일동맹은 청국에서 현상을 유지하려는 우리의 의도를 선언함으로써 모든 열강에 대하여 하나의 중요한 문서가 된다. 왜냐하면 이 문서는 청국에 대한 영국과 일본의 이해관계를 보호할 뿐만 아니라 청국에 이해관계를 가지고 있는 각 열강의 이해관계도 보호하기 때문이다. 따라서 이 동맹은 모든 국가에 대하여 공평하다.

그러나 우리가 이제 이 조약의 범위를 인도로까지 확대한다면 그것은 이 두 체약국의 당초 의도를 넘어가는 것이며, 이 조약은 다른 국가들에 의하여 이 이상 더 전과 같이 공평한 것으로 고려될 수 없다. 그러한 이유 때문에 우리는 영국의 제의에 동의할 수 없다.

나는 이러한 주장을 받고서 그것이 매우 합리적인 것으로 보인다고 생각했지만 자세히 검토해 보니 그것이 매우 약한 논거라는 결론에 이르렀다. 내가 그렇게 생각한 것은 이 주장이 청국에 대한 국제적 이해관계에 관하여는 옳지만, 조선에 대한 일본의 이해관계의 보호를 도입한 것은 영국의 제의가 그렇듯이 공정성의 범위를 벗어나는 것이기 때문이었다. 만일 내가 우리 정부가 제시한 입장에서 랜즈다운 경과 논의하고자 한다면, 그것은 '뱀을 찾으려고 수풀을 쑤시다가 오히려 그 뱀에게 물리는 격'이라고 생각했다. 따라서 나는 이 점에 관하여 랜즈다운 후작과 토의할 때 주장을 달리했다. 나는 이렇게 말했다.

만일 우리가 이 동맹의 영향권을 확대한다면 우리는 여러 가지 복잡한 이해관계에 얽히게 되어 이 동맹이 제의되었을 당시의 원래 의도했던 목적에서 벗어나게 되지 않을 수 없을 것이다. 우리 정부는 청국과 조선에 대한 우리 양국의 이해관계에 국한시켜 이 동맹을 적용시키고자 한다.

그 후의 교섭 중에 랜즈다운 경은 다시 인도에 관한 제의에 대하여 언급하면서 "일본이 얻은 이익과 영국이 얻은 이익이 불균형하다는 비난이 있을까 두렵다."고 말했다. 이 말에 대하여 나는 단지 전에 말했던 것을 반복했을 뿐이다. 즉 양자강 유역에 대한 영국의 이해관계는 결코 조선에 대한 일본의 이해관계보다 못지않다. 그리고 이들 지역에서 혹시 소란이 발생하게 된다면 이 동맹으로부터 영국이 얻을 혜택은 사실상 매우 클 것이다. 나는 랜즈다운 경에게 어떤 필요성이 전개될 경우에 일본 정부는 영국 정부가 바라는 방식으로 인도에 관하여 틀림없이 조치를 취할 것이라고 말하고 이 사항은 그대로 남겨 두었다.

매우 중요한 사항의 하나는 독일을 이 동맹에 들어오도록 초대할 것이냐의 여부에 관한 문제였다. 이 문제는 협상 개시 이래 계류 상태에 있었는데 사실을 말한다면 이것은 양국 정부를 도리어 괴롭혀 온 문제였다. 이토 후작은 우리가 이 조약의 체결 후까지 이 협상을 비밀로 해서는 안 된다는 강한 견해를 가지고 있었다. 왜냐하면, 만일 우리가 이처럼 독일을 협상에서 제외시키다가 이 협상이 끝난 후에 이 동맹에 가입할 기회만 그 나라에 제공한다면, 우리는 그 나라로부터 아주 거북한 느낌을 받게 될 것이기 때문이라는 것이다.

11월 20일, 내가 이토 후작과 협의하기 위해 파리에 갔다가 돌아온 다음 날, 나는 이 사항에 관하여 랜즈다운 경의 의견을 물어 보았다. 그때 그는 이렇게 말했다.

> 청국에 대한 영국과 일본의 이해관계는 매우 크며, 독일의 이해관계는 이 양국의 그것과 비교되지 못한다는 것을 독일은 분명히 인식하고 있다. 비록 우리가 이 협상이 끝날 때까지 독일에 통보하지 않더라도 그 나라가 반드시 화를 내지는 않을 것이다. 뿐만 아니라 우리가 이 동맹에 관하여 너무 빨리 독일에 알려 준다면 독일은 그것을 자국의 이해관계를 내세우는 도구로 사용할 수 있다. 나는 우리가 좀 더 때를 기다리다가 독일에 통보하는 것이 좋을 것이라고 생각한다.

그러나 랜즈다운 후작은 후에 이 문제를 나에게 제기하면서 "독일이 이 동맹에 가입토록 하는 것을 어떻게 해야 할 것인가?"라고 물었다. 나는 우리 정부가 이 사항에 관하여 영국 정부와 상의한 후 독일에 제의할 의향을 가지고 있지만, 그것은 이 조약이 체결된 후가 될 것이라고 믿는다고 대답했다. 나는 이 점에 관하여 고무라 주타로 백작에게 전보를 쳤더니 다음과 같은 회답이 왔다.

> 일본은 독일이 결국 조약에 가입되기를 바란다. 그러나 이 조약이 최종적으로 서명되거나 또는 모든 조항들이 최종적으로 합의될 때까지 모든 사항을 비밀에 붙이는 것이 더 좋다고 우리는 생각한다. 따라서 나는 독일에 통보하는 것을 뒤로 연기하도록 권고하고 싶다. 그렇지만 우리는 영국이 일본에 비하여 열강과 훨씬 더 중요한 관계를 맺고 있고, 특히 독일과는 더욱 그러하므로 독일에 통보하는 일은 영국 정부의 판단에 맡겨 두는 것이 마땅하다고 생각한다.

외무대신 고무라 주타로(小村壽太郎)

나는 이 견해에 동의했으며 나 또한 만일 독일에 통보한다면 그 나라가 이 조약에 따라 자국의 어떤 특정한 이해관계를 얻기 위해 그 나라의 참여를 이용할는지도 모를 것이라는 점을 두려워했다. 그래서 나는 나의 견해와 우리 정부의 견해를 랜즈다운 경에게 연락해 주었다. 그는 우리 정부의 견해에 즉시 동의했으며 매우 만족했다.

그 후 곧바로 협상이 종료되었으며 나는 도쿄로부터 조약에 서명 날인하라는 훈령을 받았다. 그 무렵 우리 정부는 독일을 조약에 가입하도록 초대할 어떤 필요성을 인지하고 나에게 다음과 같은 전보를 쳤다.

> 우리는 이 조약에 독일을 가입시키는 문제를 영국 정부의 판단에 맡겼었다. 그렇지만 이제는 우리도 독일이 이 조약에 참여하기를 바란다. 그러므로 만일 초청장을 독일에 전달하려면 그것은 마땅히 영국과 일본 정부가 동시에 발송해야 한다. 독일 정부에게 통지하기 위해 이 통지가 베를린 주재 영국 대사에게 언제 발송될 것인지에 관하여 영국 정부에 문의하라.

나는 이 전문을 랜즈다운 경에게 전달했다. 이때가 우연히도 바로 독일 수상 뷜로브 백작(Count von Bülow)이 국회에서 연설을 할 때인데 그는 이 자리에서 영국의 식민상(植民相)인 체임벌린 씨를 공격하는 한편 영국의 육군을 비하하는 용어를 사용했다. 그 결과 남아프리카전쟁에 대한 독일 신문들의 보도 태도에 매우 갈등을 느껴 왔던 영국 사람들이 이제는 독일에 대하여 심각한 적대감을 가지게 되었다. 랜즈다운 경은 이런 상황이 독일에 접근하는 데 좋은 시기가 될 수 없다고 생각하여 약간 기다려 보기로 결정했다.

그러나 후에 랜즈다운 경은 런던 주재 독일 대사 메테르니히 백작(Count von Metternich)에게 조약 원문의 개요만 주면서 비공식적으로 통보하는 것이 더 좋겠다고 생각했다. 그는 이에 관하여 나와 협의하면서 이런 조치를 취해야 후에 독일이 반대를 제기하는 것을 막을 수 있을 것이라고 설명했다. 그는 또한 이렇게 함으로써 이 조약에 대한 독일 정부의 견해를 헤아려볼 수 있을 것이라고 생각했다.

나는 도쿄에 타전하여 우리 정부의 의견을 물어 본 결과 런던과 도쿄 주재 독일 대표들에게 같은 날인 2월 3일에 영국과 같은 방식으로 통지하기로 결정되어 있음을 알았다. 그런데 2월 2일 밤에 랜즈다운 경이 나에게 급히 한 사람을 보내어 서신을 전달했는데, 그 내용은 어떤 이유로 그가 독일 대사에게 통지하는 것을 연기하기로 이미 결정했으니 도쿄에 타전하여 일본에서도 통지를 연기하도록 하라는 요청이었다. 나는 런던과 도쿄의 시차를 계산하고, 전보 초안을 작성하여 암호화하고, 송신하고, 암호를 해독하는 데 필요한 시간을 계산해 보았더니 이 전문이 시간 내에 도쿄에 도달하려면 정말로 한순간도 놓칠 여유가 없었다.

그래서 나는 전보를 긴급 공무 발송 편으로 보냈지만 모든 것이 허사였다. 외무대신 고무라 백작이 나의 전보를 접수하기 전에 벌써 비공식으로 독일 공사에게 이 조약을 통보했던 것이다. 따라서 영국 정부로서도 어쩔 수 없이 비공식적으로 독일 대사에게 통보했다. 나중에 나는 영국이 독일에게 통보를 연기하려고 했던 것은 국왕 에드워드(King Edward)가 표명했던 어떤 소망 때문이었다고 들었다.

여하튼 이와 같은 엇갈림에도 불구하고 아무 일도 일어나지 않았다. 왜냐하면 독일에 대한 우리 정부의 통보는 단지 통보일 뿐 동 조약에 가입하라는 초대가 아니었기 때문이었다. 또한 독일 측도 실제로 이 조약의 한 당사국이 되기를 원했던 것으로 보이지는 않았다. 그것은 단지 영국과 독일 간의 긴장된 관계 때문이었는지도 모르며, 아니면 한때 이 일에 대하여 열성적이었다가, 그 후 모두 잊어버렸기 때문인지도 모른다. 또한 러시아와 독일 관계 때문에 독일로서는 이 동맹에 가입하더라도 아무런 유리한 점이 없다고 판단했는지도 모른다.

1899년, 청국에 관한 영국과 독일 간의 협약이 체결된 후 잉크가 마르기도 전에 독일은 만주(滿洲)가 동 협약의 범위 밖에 있는 것으로 고려해야 한다고 선언했다. 독일은 그 선언에서 자신이 마음속에 품고 있는 실제적 의견을 명백히 보인 것이다. 영국과 독일 간의 긴장된 관계 때문에 우리는 분명히 독일을 이 동맹에 가입하도록 유도하기 위한 어떤 특별한 조치도 취하지 않았다.

그러나 반면에 만일 독일이 처음 계획에 실제로 진지한 면이 있었다면, 그리고 이 동맹 가입을 제의했었더라면, 3국 동맹이 쉽사리 체결되었을지도 모른다. 독일이 영국과 일본에 의하여 의도적으로 제외되었다고 상상하는 것은 합리적인 판단이 아니다.

내가 이미 말한 바와 같이 조선에 대한 일본의 이해관계에 대하여 언급하고 있는 제1조가 본 협상의 대부분의 시간을 차지했다. 이 조항은 1902년 1월 28일에 합의되었으며 같은 날에 나머지 조항들도 역시 합의되었다. 1월 29일 나는 정부로부터 조약 문서에 서명 날인할 권한을 나에게 부여하는 전보를 받았다. 1월 30일 오후 5시에 영국 외무성에서 랜즈다운 후작과 나는 조약에 서명했다. 준수해야 할 형식적 절차와 관련하여 약간의 차이가 있었다. 영국 정부는 조약 서명에 참여하는 모든 관리는 각기 자기들의 정부로부터 위임장을 받아 서명할 수 있는 권한을 부여받아야 한다는 것이었다. 그러나 우리 정부는 교환해야 할 비준서가 없으므로 위임장을 얻을 필요가 없다는 것이었는데, 영국 정부가 이 견해를 받아들였다.

이 조약이 서명된 후 일본 외무성은 1902년 2월 12일에 이 조약문을 발표했다. 2월 11일이 공휴일이었기 때문에 이 날 발표했다. 그렇지 않았다면 보다 일찍 공포되었을 것이다. 영국 정부는 조약 내용을 공식적으로 발표할 의향이 없었고 간접적인 방법으로 그것을 누설하려 했다.

우리 정부는 이 조약이 어느 한 나라를 적국으로 목표한 것이 아니며 청국에 관해 모든 열강이 선언한 정책인 기회균등의 원칙을 유지하고 청국의 영토를 보전한다는 것과 합치되는 것이므로 문서 전체를 공포한다 해도 아무런 손해가 없다는 입장을 유지했다. 반면에 만일 이 조약을 비밀로 유지한다면, 이 조약의 범위에 관하여 터무니없는 억측이 생겨날 소지가 있으며 이렇게 되면 동맹국의 상호 이해관계에 해를 끼치게 될는지도 모른다. 따라서 이 문서를 공포하는 것이 더 좋다고 생각했으며 영국 정부도 우리의 의견에 동의했다.

물론 일단 이 조약이 서명 날인되었다면 그것을 비밀로 유지하기가 훨씬 더 어려웠을 것이다. 특히 독일에 통보되었다면 비밀 유지가 어려웠을 것이다. 반면에, 이 조약의 공개는 만주 문제에 매우 유리한 효과를 줄 수도 있었다. 그 당시 만주 문제는 극동에서 매우 주목할 만한 문제였다.

우리 정부는 일단 이 조약을 발표하기로 결정하자 2월 12일에 발표하기로 제의했다. 그날은 수요일이었고 영국 하원은 그때가 개인 업무를 보는 날이어서 결국 정부 업무도 처리될 수 없었다.

그렇기 때문에 영국 정부는 2월 11일에 이 조약을 공포할 것을 제의했다. 우리도 같은 날에 발표하려고 했으나 그날이 일본은 매우 중요한 공휴일인 기원절(紀元節)이었기 때문에 불가능했다. 따라서 영국과는 달리 일본은 앞서 말한 바와 같이 2월 12일에 발표했다.

우리 정부는 물론 우리의 해외 주재 공사들을 통하여 여러 열강 정부에 이 조약의 사본을 보냈다. 각국 정부는 이 조약에 모두 만족했으며 우리 외교 각서에 대답하여 자기들은 극동의 평화가 이 조약의 체결로 더욱 안전하게 보호될 것으로 생각한다고 말했다. 오직 러시아의 외무대신만이 이 조약 안에 들어 있는 '전쟁'(war)이나 '참전'(參戰, engage in war)과 같은 어휘를 보고 놀랐다. 그는 그것을 매우 예외적인 것으로 생각했다. 그는 극동에서 전쟁과 같은 사건이 있을 수 있다고는 꿈도 꾸어본 적이 없었다. 그래서 그러한 예측할 수 없는 사건을 규정한 것을 발견하고 매우 놀랐다.

그런데 이 조약의 내용과 그 발표에는 연관이 있었다. 만일 이 조약이 비밀로 유지되는 것이었다면 제1조의 문구에 관하여 그렇게 많은 어려움을 겪을 필요가 없었을 것이다. 그러나 그것이 공개되어야 한다면 그때는 외부의 비난을 가져오지 않을 그런 표현을 마땅히 선택해야 했다. 그것이 바로 이 구절에 관한 협상이 그렇게도 오랜 시간을 차지한 이유였다.

나는 이제 영일동맹을 위한 교섭의 역사를 써냈다. 내가 이 조약에 서명한 것은 큰 기쁨이었다. 그리고 그것은 일본을 위한 하나의 큰 성공이었다. 그러나 나는 우리 정부가 그 협상을 위해 훌륭하게 행동했다고는 생각하지 않는다. 특히 내가 랜즈다운 경과 협상하고 있는 동안에 이토 후작을 세인트 페테르부르크에 보낸 것은 더욱 그렇다. 영국과의 교섭이 진척되고 있는데 그를 파견할 수는 없는 일이었다.

뿐만 아니라 랜즈다운 경과 버티 씨와의 대화에서 보인 바와 같이 내가 교섭 중에 그 일로 인하여 받은 당황은 차치하고서도 그러한 신의의 부족과 명예의 오점은 일본을 매우 곤경에 빠뜨렸다. 일본은 사실상 영국의 지원을 확보했다. 그러나 러시아와 기타 유럽 국가들의 존경을 상실했다.[18)]

---

18) 이 조약의 발표와 관련하여 하야시 다다스 백작은 가장 예외적인 사건을 언급하지 않고 있다. 이 조약이 공식적으로 발표되기 3일 전에 매우 선정적인 도쿄의 한 석간지인 《요롯주 죠호》(萬朝報)지가 이 조약의 전문을 게재했다. 그것은 도쿄에 상당한 동요를 일으켰으나 당국에 의하여 부정되었으며, 신문 기자들과 대담을 가진 사람들 가운데서 러시아 공사인 로젠 남작(Baron V. Rosen)은 그러한 조약의 체결 가능성을 격렬하게 부정했다. 어떻게 하여 이 조약의 전문이 누설되었는가에 대한 줄거리 전체는 공개된 적이 없다. 그러나 독일 공사관에서 아키모도 오키토모(秋元興朝)*라고 하는 사람에게 이 조약에 관한 암시를 주었으며, 그 사람은 《요롯주 죠호》지와 관계된 사람인데 이 사람이 외무성의 한 서기로부터 이 조약의 전문을 얻은 것이라고 나는 들었다.(편자 주)

*아키모도 오키토모(1857~1917) : 메이지 시대의 외교관이며 자작. 청일전쟁 말엽에 변리공사・특명전권공사・정우회(政友會) 소속 귀족원 의원 역임.(역자 주)

제5장

영일동맹에 관한 그 후의 기록

다른 데서 이미 말한 것처럼 이토 히로부미(伊藤博文) 후작의 러시아 방문은 분명히 하나의 통상적인 관광 여행이었다. 그렇지만 각국 정부들은 이 여행의 진정한 목적이 무엇인지에 관하여 당장 추측했음에 틀림없다. 그리고 러시아는 분명히 그의 도착을 애타게 기다리고 있었다. [1901년] 11월 14일 내가 파리에서 그를 만난 후 그가 러시아에 제시할 내용은 영일동맹의 협상에 어떤 해를 끼치지 않고서는 수행하기에 어려운 것이었다.

나는 이 점에 관한 후작의 결의를 측정해 볼 필요가 있다고 생각했다. 그래서 11월 21일 나는 그가 머무르고 있던 베를린에 편지를 썼다. 그는 영국과 동맹을 맺을 필요성에 관한 자기의 견해를 확인하는 회답을 그 달 24일에 보내왔다. 그리고 이 동맹을 보증할 내용의 한 전보 사본을 동봉하면서 만일 내가 그 내용을 승인한다면 그것을 일본 정부에 보내줄 것을 부탁했다. 이 전보는 즉시 도쿄로 발신되었다. 이토 후작이 세인트 페테르부르크에 도착하자 러시아 정부는 예상했던 대로 즉시 러일협정을 제의했다. 이토 후작은 그때 곤경에 빠져 아주 난처함을 경험했었던 것으로

* 영일조약에 관한 이 장의 추가 기록은 하야시 다다스 백작이 1907년이나 또는 1908년에 쓴 것이다.(편자 주)

보인다.

일본에서는 이 일과 관련하여 원로 정치인들의 회의가 12월 초순에 개최되었다. 이 회의에서 이노우에 가오루(井上馨) 후작은 영일동맹의 체결이 아주 다른 목적을 띠고 이미 러시아로 떠난 이토 후작을 매우 어려운 입장에 빠지게 할 것이라는 근거에서 영일동맹의 제의를 신랄히 반대했었던 것으로 알려졌다. 그때 나는 간접적인 소식통을 통해 위와 같은 취지의 보고를 받았다. 그러나 지금은 이노우에 후작이 그러한 입장을 취했다는 사실에는 의심할 여지가 없다. 어떻든 이 회의에서는 영일동맹에 대한 찬·반의 다양한 의견이 제기되었다.

내가 위에서 말한 대로 이토 후작은 세인트 페테르부르크를 떠나 12월 24일에 런던에 도착했다. 그는 1902년 1월 7일 런던을 떠나 파리로 갔으며, 그곳에서 다시 수에즈운하를 거쳐 귀국길에 올랐다. 그동안에 세인트 페테르부르크 주재 공사로 새로 임명된 구리노 신이치로(栗野愼一郎)는 이제까지 주재해 왔던 파리에 도착해 있었다. 그는 프랑스 내에 전직 외무대신인 아노또[1](M. Hanotaux) 외에 많은 친구들을 가지고 있었기 때문에 자신의 정치적 견해를 관계있는 어떤 인사들에게 노출시켰던 것 같다.

이토 후작이 파리에 도착했을 때 구리노는 이토 후작과 스즈키 간타로(鈴木貫太郎) 남작을 만났는데 그 사람으로부터 영국과의 동맹 교섭에 관한 이야기를 듣고 크게 놀랐었다. 이때 이토는 처음으로 이 동맹에 관한 얘기를 들었다. 그는 자기가 일본으로부터 출발하기 전에 그러한 교섭이 이미 잘 준비되어 있었던 것에 대하여 전혀 알지 못했던 것 같이 보였다. 그렇지만 제의된 그 동맹

1) 아노또(Albert A. G. Hanotaux, 1853~1944) : 프랑스의 역사가 · 정치가. 두 차례 (1894~95, 1896~98) 외상을 역임했다.

조약의 초안은 그가 파리로 출발하기 전에 이미 외무대신에게 도착해 있었음에 틀림없었고 외무대신은 아마도 그 당시 있었던 어떤 분위기의 결과로 이 사항에 관하여는 아무런 말도 하지 않았음이 분명하다. 영일동맹은 1902년 1월 30일에 서명되어 2월 11일 및 2월 12일에 런던과 도쿄에서 각기 발표되었다. 당시 양국에서 보인 열성은 이 동맹이 영국과 일본 내의 여론과 합치했다는 좋은 증거가 되었다.

우리가 간접적으로 확인한 바에 의하면 러시아 정부는 이토 후작이 러일협정에 관하여 러시아 정부의 의향을 타진해 보려고 세인트 페테르부르크에 파견되었던 것으로 믿었다. 그는 러시아 외무성의 견해를 확인한 후 구리노 씨와 협의하러 파리에 가지 않으면 안 되었으며, 구리노 씨는 세인트 페테르부르크에 도착하는 대로 공식적인 협상을 개시할 권한이 부여될 예정이었다. 결과적으로 러시아는 구리노 씨가 세인트 페테르부르크에 도착하기 바로 전에 있었던 영일동맹의 발표에 크게 실망하게 되었다.

비록 일본이 러시아와의 어떤 협정을 위한 교섭의 개시를 공식적으로 선언한 것은 결코 아니었지만, 지난 한 해 동안 일본의 제반 처사는 자연히 러시아로 하여금 협상을 예상하게 했다. 그런 예상대로 협상을 실현시키지 못한 실망으로 러시아는 일본이 자기 나라에게 거짓말을 함으로써 모독했다고 생각하고, 이 영일동맹에 심히 분노했음이 분명하며, 이 실망은 러시아로 하여금 일본의 전반적인 태도에 진정으로 분노를 터뜨리게 한 것이 틀림없었다. 하나의 대국으로서 러시아는 자연히 이러한 감정을 공개적으로 나타내지는 않았으나 일본에 대한 러시아의 혐오감이 더욱 깊어갔음은 의심할 나위도 없다.

구리노가 스즈키 남작으로부터 영일동맹의 협상에 관한 것을 듣기 전에 파리의 관계 당국에 진술한 여러 내용은 러시아의 동맹국을 통하여 러시아에 전달되었음에 틀림없다. 그 결과 러시아 당국은 신임 일본 공사가 음모에 출중한 재간을 지닌 인물이거나 그렇지 않으면 전적으로 신뢰할 수 없을 뿐만 아니라 자기 나라의 의도와 정책까지도 모르는 사람이라고 믿게 되었음에 틀림없다.

어쨌거나 영일동맹의 협상이 그때에 이르러서는 상당히 진전되어 있었기 때문에, 이 교섭을 중단한다면 그것은 전 세계적으로 신의의 실추를 가져왔을 것이었다. 이 동맹으로 말미암아 일본에 대한 러시아와 프랑스의 신뢰심은 상당한 정도로 감소되었다. 일본은 이 두 나라로부터 불신을 받았다. 한 나라의 역사상 가장 위태로운 순간까지도 그 나라가 우호적 열강들로부터 받고 있는 신의를 유지하는 것은 매우 중요하다. 국제 관계에서 신의는 가장 중요한 요소이다.

영일동맹에 관한 원칙은 1901년 8월에 결정되었다. 러시아와 협정을 맺을 계획으로 일본이 지난날의 적이었던 러시아에 교섭을 제의한 9월에 영 · 일 간의 교섭은 이미 개시되어 있었다. 이러한 방법이 가지는 위험은 해외에서 일본에 대한 신의를 상실하는 것일 뿐만 아니라 영국과의 협상을 좌초시킬 위험이 도사리고 있었다. 다행히 영국과의 교섭은 러시아에 대한 제의가 어떤 진지한 결과를 가져오기 전에 사실상 종결 단계에 와 있었다. 그러나 이토 후작이 미국에서 그렇게 오랫동안 머물지 않고 그곳에서 곧바로 출발했다고 상상해 본다면, 어떤 결과가 일어났겠는가? 또는 러시아와의 교섭이 세인트 페테르부르크에서 개최되지 않고 일본에서 개최되었다고 상상해보라! 그랬더라면 일본은 확실히 양대 강국인 영국과 러시아의 신임을 모두 상실했을 것이다.

독일과의 동맹 관계에 관하여 무엇인가 좀 더 이야기하여 두는 것이 바람직하다. 내가 첫 번째로 런던 주재 독일 대사관의 참사관인 엑카르트슈타인 남작(Baron Eckardstein)과 대화를 나눈 후 그는 두 번 다시 그 사항에 관하여 언급한 적이 결코 없었다. 만일 그런 절차가 독일 측에서 건의하여 왔던 것이라면 물론 문제는 다르다. 그 후에 뒤따르는 영국과 독일 간의 불편한 관계 때문에 영국 측도 독일 측에 아무런 권유도 하지 않았다.

그 당시 있었던 여러 가지 주변 사정, 특히 독일과 러시아와의 관계를 고려한다면 독일이 영일동맹에 개입하는 문제를 결코 진지하게 생각한 것은 아니었음이 분명해진다. 이 사실은 영국과 독일 간 협정의 적용 범위에서 만주(滿洲) 전체를 제외한다는 독일의 선언, 즉 그 협약을 체결한 후 곧 독일이 취한 진로에서 명백하게 나타나고 있다.

런던에 있는 한 영향력 있는 잡지사의 편집자가 나에게 서한을 보내왔는데, 그에 의하면 엑카르트슈타인 남작은 영국과 일본 정부가 독일의 동맹 가입을 고의적으로 제외시켰다고 주장했다고 한다. 그러나 이 동맹의 기원에 관하여 내가 이미 말한 바와 같이 만일 독일이 이 동맹에 참여하기를 원했더라면 가입이 허용되었을 것임이 사실상 입증되고 있다.

그러나 애당초에 독일로부터 어떤 제의도 없었을 뿐만 아니라 그 나라로부터 가입하고 싶다는 어떤 바람도 표명된 바가 없었다. 비록 러시아의 약세가 노출됨으로써 다른 방면에서 어떤 커다란 불만을 가졌었는지도 모르지만, 일본이 그 후 러시아에 승리한 결과로 독일이 극동에서 다소 불편을 느낄 수밖에 없었던 것은 당연한 일이었다. 발칸반도에서 최근의 독일 정책이 성공을 거둔 것은 아마 러시아의 이와 같은 약세의 결과였는지도 모른다.

러일전쟁이 그렇게도 다행스럽게 끝났고 제2차 영일동맹 조약이 체결된 지금에 와서 일본의 어느 누구도 이 영일동맹이 잘못된 것이라고는 꿈도 꾸지 못할 것이다. 영일동맹은 일본의 확고한 정책이며 일본 외교 정책의 기초이다. 이 동맹은 그것을 요구하는 양국의 공통된 이익, 즉 양국의 전통적 관계에 의하여 지탱된 요구 때문에 체결되었다. 따라서 이 동맹은 가장 견고한 기초 위에 있는 것으로 볼 수 있다. 우리는 이 양국을 연결하는 유대 관계를 떼어놓으려고 시도하는 모든 노력과 악의에 찬 모든 술수를 모름지기 좌절시켜야 한다.

영일동맹에 관한 나의 이야기는 이제 마치고 다른 장에서는 그와는 다른 옛날의 역사를 다루겠다. 그러나 실제로 이 장을 마치기 전에, 많은 흥미가 없지도 않은 다음 사건을 기술하고자 한다. 금년 1월 8일에 후쿠지마(福島)라고 하는 어떤 사람이 가쓰라 후작이 자기에게 말한 것이라고 주장하면서 '조운가쿠(潮音閣)의 회고'라는 제목의 한 논설을 오쿠마 시게노부(大隈重臣) 백작의 기관지인 《호지신문》(報知新聞)에 기고했다. 그 글은 다음과 같다.

영일동맹의 기원

이토 공작(그 당시 후작)이 가네자와(金澤)로부터, 야마가타 아리토모 공작(그 당시 후작)이 오이소(大磯)로부터, 이노우에 가오루 후작(그 당시 백작)이 오키츠(老津)로부터 그리고 마쓰카타 마사요시[2](松方正義) 후작(그 당시 백작)이 가마쿠라(鎌倉)로부터 이곳 조

2) 마쓰카타 마사요시(松方正義, 1835~1924) : 가고시마(鹿兒島) 출신. 젊은 날에 신산(辛酸)한 삶을 살았으나 문무를 겸비하여 메이지반정에 공을 세우고 오쿠보 도시미치(大久保利通)의 천거로 관계에 투신했다. 히다시현(日田縣) 지사(1868)에서

운가쿠(가쓰라 타로 후작의 별장)에 온 것은 1901년의 매우 뜨거운 날인 8월 24일이었다. 그리고 바로 이 방에서 절실하게 그 필요성이 느껴졌던, 영일동맹에 관하여 의논이 오고 갔다. 여기에 참석했던 인사들은 이 동맹 조약문의 구절과 기타 사항에 대하여 열심히 토의했다.

이렇게 하여 이 동맹은 진정으로 처음 제기되었다. 그때 이토 후작이 붓을 들어 이 휘호를 썼으며 그 집을 '조운가쿠'라고 이름을 지었다. 이 회의는 일반인들에게 전혀 알려지지 않았다. 왜냐하면 이 모든 정치가들이 각기 시골의 자기 별장으로부터 이곳에 왔으며 이 집이 도쿄로부터 멀리 떨어져 있기 때문이었다.

러일동맹에 관한 의견

이토 후작은 러시아를 방문한 후 유럽으로 갔다가 일본으로 돌아왔다. 귀국 후 그는 러일동맹이 필요하다는 입장을 견지했다. 만일 이토 후작이 권력을 잡고 있었다면 그러한 동맹이 긴요한 것으로 생각할 필요가 있었는지도 모른다. 그러나 러시아와 일본의 관계는 점차로 더 악화되다가 끝내는 러일전쟁으로 치닫게 되었다.

뿐만 아니라 영국과의 교섭이 조문 구절의 초안을 작성하는 시점에 이르렀는데, 이토 후작이 바라던 바와 같은 러일동맹에 관한 관념은 공식적으로 인정받는 데까지 이르지 못했다. 그렇지만 이토 후작이 자기 견해를 아주 고집스럽게 밀고 나왔기 때문에

시작하여 내부대신(1880) · 대장대신(1881~91, 1898~1900) · 수상(1891~92, 1896~98) · 추밀원고문(1903)을 역임했다. 러일전쟁 후 국화대수장(菊花大授章)을 받았으며, 메이지공신의 마지막 인물로 다이쇼 · 쇼와 초기의 일본 정계를 이끌었다.

우리는 마침내 그 제안을 전적으로 거부하지 않을 수 없게 되었다. 그런데 이토 후작은 그 후 내내 이에 관하여 매우 큰 불만을 품은 것으로 보였다. 이 조운가쿠에서 회합한 결과는 8월 4일 전보로 하야시 다다스 백작에게 보고되었다.

일반 사람들은 이 회합에 관하여 알지 못했다고 수상인 가쓰라 백작이 말한 것으로 믿어지지만, 이미 언급한 바와 같이 나는 이 회합에 관하여 통보를 받았었다. 만일 가쓰라 백작이 그때 영일동맹에 관하여 결심을 했었다면, 그가 어떻게 이토 후작을 러시아에 파견할 수 있었으며, 그렇게 함으로써 영국과의 협상을 크게 위태롭게 할 수가 있었는지 나로서는 이해되지 않는다. 이토가 조운가쿠에서 영일동맹의 제의에 합의하고, 그 후에 수상과 사전 합의도 없이 교섭을 벌이기 위하여 러시아에 갔다는 것은 믿을 수가 없다.

이토 후작이 자의로 러시아에 갔다손 치더라도 수상의 승인 없이 러시아와 공식 협상에 들어갈 수는 없었다. 따라서 이러한 가설은 고려할 수 없다. 가쓰라 수상은 한편으로는 영국과의 동맹을 위한 교섭을 결정했고, 또 한편으로는 이토 후작을 러시아에 파견하여 협정을 교섭토록 했다. 이렇게 함으로써 일본의 신의를 위태롭게 하는 모험을 한 것이 분명하다.

《호지신문》에서, 이토가 유럽에서 귀환한 후에도 계속 러시아와의 동맹을 당당하게 견지했다고 언급한 것과 관련하여, 영일동맹이 1902년 2월 12일 공포되었음에 주목해야 한다. 그 후 내가 싱가포르 주재 영사인 히사미츠(久光) 씨로부터 받은 보고에 의하면, 이토 후작은 바로 그날 싱가포르에 도착했다. 이 영사는 즉각 경의를 표하기 위하여 배 위로 올라가서 영일동맹 협정 본문이 게재된 그 지역 신문을 보이면서 이를 축하했다. 어떻든 이 동맹은 이토 후작이 유럽으로부터 돌아오기 오래 전에 서명되었다. 비록 그가 귀국 당시에 영일동맹이 실제로 서명되었다는 것을 알지 못했다 하더라도 그가 계속 러시아와의 동맹을 밀어붙였다고 나는 믿을 수 없다.

내가 《호지신문》으로부터 인용한 '회고'에는 영일동맹에 관하여 상당히 많은 분량이 수록되어 있으나, 언급한 것 중 많은 부분이 사실과 어긋나고 공식 문서와 전혀 다르다. 가쓰라 후작이 말한 것으로 되어 있는 진술도 혼동되고 사실과 다르다. 왜냐하면 가쓰라 수상은 근거 없는 말을 신문에 퍼뜨리는 종류의 사람이 아니기 때문이다. 아마도 인쇄업자들이 많은 착오를 범했는지도 모른다.[3)]

---

3) 위에서 인용한 《호지신문》에 게재된 '회고' 중 사실과 부합되지 않는 오직 한 가지 부분은 이토 히로부미가 유럽에서 귀국한 후에도 아직 러시아와의 동맹을 밀어붙이고 있었다는 점이다. 만일 이 '회고'에 "이토 히로부미가 세인트 페테르부르크를 떠난 후에도 계속하여 러시아와의 동맹을 밀어붙였다."고 썼더라면, 그것은 사실대로 기술한 것이다. 왜냐하면 하야시 다다스 백작 자신이 말한 바와 같이 이토는 직접 하야시에게, 그리고 베를린에서는 마쓰이 게이시로(松井慶四郎)를 통하여, 그리고 도쿄에서는 이노우에 후작을 통하여, 러시아와의 동맹을 밀어붙였기 때문이다. 이토가 돌아왔을 때, 내각은 그의 비난을 너무도 두려워했기 때문에 가토 타카아키를 나가사키까지 보내어 그를 달랬다.(편자 주)

부록 C

영일동맹(1902년 1월 30일 체결)

대영제국 정부와 일본 정부는 오로지 극동에서의 현상과 전국(全局)의 평화 유지를 희망하고, 또한 청제국(淸帝國)과 대한제국(大韓帝國)의 독립과 영토 보전을 유지하고, 청·한 두 나라에서 양 체약국의 상공업의 균등한 기회를 갖는 일에 관하여 특별한 이해관계를 가지므로 이에 아래와 같이 약정한다.

제1조 본 체약 당사국은 청국과 조선의 독립을 서로 인정하고 있는 이상 이들 양국 중 어느 한 국가에 대하여도 전혀 침략적 경향으로 기울어져 있지 아니함을 선언한다. 그러나 대영제국은 주로 청국에 대하여 특별한 이해관계를 가지고 있고, 반면에 일본은 청국에 대하여 특별한 이해관계를 가짐에서 더 나아가 조선에 대하여 상업적·산업적으로뿐만 아니라 특별할 정도로 정치적으로 이해관계를 가지고 있으므로 이 양 체약 당사국들은 만일 다른 어떤 강국의 침략적 행위에 의하여 또는 청국이나 조선 내에서 일어나는 소란으로 말미암아 그 특별한 이해관계가 위협을 받게 되고, 이 체약 당사국 중 어느 일방이 자국 국민의 생명과 재산의 보호를 위해 개입을 필요로 한다면 체약 당사국은 그러한 특별한 이해관계를 보호하기 위해 필요불가결한 조치를 취하는 것을 양해한다.

제2조 만일 대영제국이나 일본이 위에서 지적한 자국의 이해관계를 방어하면서 어떤 다른 강국과 전쟁에 휘말리게 된다면 이 체약 당사국 중 다른 당사국은 엄정 중립을 지킬 것이요, 또 자기 동맹국에 대항하여 다른 국가들이 전쟁에 가세하는 것을 방지하기 위해 노력한다.

제3조 만일 앞 조항에서 언급한 사건이 발생하여 어떤 다른 강국이나 열강들이 그 동맹국에 대항하여 적대 행위로 가세하게 되면 이 동맹 체약 당사국 중 다른 일방은 그 체약 당사국을 도우러 와야 하며, 공동으로 그 전쟁을 수행하되 평화 협정은 체약 당사국 상호간의 합의에 따라서 체결한다.

제4조 본 체약 당사국들은 어느 쪽도 상대방과 협의 없이는 앞서 언급한 이해관계에 편견을 주게 될 별도의 협정을 다른 강국과 체결하지 않을 것에 합의한다.

제5조 대영제국이나 일본 중 그 어느 체약 당사국의 의견으로 보아 위에서 언급한 이해관계가 위태로울 때, 양 체약 당사국들은 충분히 그리고 솔직하게 그 사항에 관하여 서로 의견을 전달한다.

제6조 본 협정은 서명한 날 다음부터 즉각 발효하게 되며 그날로부터 5년간 효력을 가진다. 이 체약 당사국들 중 어느 일방 국가도 앞에서 언급한 5년 동안의 유효 기간이 만료되기 12개월 전에 본 협정의 종료 의사를 통보하지 아니했을 경우에 이 협정은 체약 당사국들 중 어느 일방이 이 협정의 폐기를 선언한 날로부터 1년이 경과할 때까지 효력을 가진다. 그러나 동 실효일로 결정된 날짜에 동맹국 중 어느 일방 국가가 전쟁 중에 있을 때는 이 동맹은 평화가 체결될 때까지 사실상 계속 유지된다.

위의 증거로서 아래 사람들은 각자의 정부로부터 정당한 권한을 위임받아 이에 기명 조인한다.

1902년 1월 30일

런던에서 본서 2통을 작성한다.

대영제국 황제 폐하의 외무대신 랜즈다운 Sgn.
대영제국 주차 일본 황제 폐하의 특명전권공사 하야시 다다스 Sgn.

제6장

프랑스 · 일본 협정

프랑스 · 일본 협정은 파리에서부터 거론되기 시작했다. 나는 당시 파리 주재 일본 공사였다. 후에 세인트 페테르부르크 주재 공사가 된 구리노 신이치로(栗野愼一郎)는 뚜렷한 친프랑스 감각의 인사였으며 그 당시 프랑스에서는 친일 감각을 가진 많은 중요 인사가 있었음을 앞의 영일동맹의 장에서 언급한 적이 있다. 가장 주목할 만한 인사 중에는 안남(安南)과 코친 차이나(交趾支那)의 총독이요, 후에 해무대신(海務大臣)을 지낸 라네쌍[1](Jean Lanessan)이 있었다. 그는 가장 열렬하게 프랑스 · 일본의 국교 수립을 옹호한 사람이었다.

앞에서 언급한 바와 같이 구리노와 기타 그와 같은 견해를 가졌던 인사들은 프랑스 · 일본 조약의 서명을 처음부터 기대했다. 그러나 영국과 일본 간의 교섭이 영일동맹으로 그 절정에 올라 있었기 때문에 프랑스와의 협정안은 뒷전으로 밀려났다. 그 후 러일전쟁이 일어났고 뒤이어 영국 · 프랑스 간의 국교가 재개되었다. 포츠머스 조약(Treaty of Portsmouth)의 결과로 프랑스 · 일본 조약에 대한

---

1) 라네쌍(Jean Lanessan, 1843~1919) : 자연주의자, 의사 · 프랑스의 정치가. 제3공화국 당시 통킹(Tonkin)의 총독으로 재임(1891~1894). 또한 발덱-루소(Waldeck-Rousseau) 내각 때에는 해운성 장관(1899~1902)을 지냈다.

마지막 장애가 제거되자, 공식적인 협약에 관한 계획이 다시 일게 되었다.

일반적으로 프랑스 사람들은 일본인들에게 우호적이었으나, 러일전쟁과 여순항의 반환과 관련한 3국 간섭 사건, 그리고 마다가스카르(Madagascar)와 캄란만(Kamranh Bay)에서의 프랑스 조치와 관련하여 그 나라가 국제법과 중립을 무시한 결과를 초래하게 했던 프랑스·러시아의 밀접한 관계 때문에, 비록 프랑스 사람들이 스스로 일본 측에 우호적으로 기울어졌지만, 일본 사람들은 프랑스의 우방이 되는 것을 바람직스럽게 생각하지 않았다.

물론 대부분의 프랑스 사람들은 일본 사람들이 프랑스 사람들에게 깊은 분노를 품고 있는 것으로 믿고 있었으며, 어느 날엔가는 안남(安南)에 있는 프랑스의 식민지들이 일본으로부터 공격을 받을 것이라고 심각히 우려하고 있었다. 러일전쟁 중에 프랑스가 중립을 위반한 사실이 일본 사람들의 감정에 심각한 영향을 미쳤는지도 모른다고 믿는 데에는 그럴 만한 이유가 충분히 있다.

만일 쓰시마(對馬島) 해협의 해전[2])에서 일본 사람들이 패배했었다면 프랑스 사람들에 대한 일본 사람들의 적대감은 참으로 영원한 것이 되었을 것이다. 그러나 사정이 바뀜에 따라 일본의 승리는 압도적이었기에 일본 국민의 흥분과 만족은 프랑스가 중립을 지키지 않음으로써 그들에게 가졌던 분노를 전적으로 상쇄해 버렸다. 전쟁의 승리로 말미암아 일본 사람들은 프랑스가 중립을 위반한 사실을 완전히 잊어버렸다.

일본에서 프랑스와의 협정 계획이 재현되었을 때 프랑스 사람들은 여전히 자신들의 중립 위반 사건을 매우 걱정했다. 그때의 상황

---

2) 러일전쟁을 의미.

이 그러했기 때문에 친일본적 프랑스 사람들과 친프랑스적 일본 사람들은 양국 간에 있었던 여러 가지 장애물과 오해를 제거하기 위하여 상당히 노력했다. 그 결과, 그들의 노력은 프랑스와 일본의 협정 교섭을 성공시키는 영광을 차지하게 되었다.

프랑스·일본 협정의 진정한 의미

표면적으로 볼 때 이 협정은 특별한 중요성이 없는 것처럼 보인다. 그러나 그것을 면밀하게 살펴보면, 일본은 예컨대 대만(臺灣)의 맞은편 대륙에 위치한 복건지방(福建地方)과 상업적 관계를 맺게 되었다. 이 지방에 대하여 일본이 영향력을 발휘한 것은 일본이 대만을 점령했을 때로 거슬러 올라간다. 그 당시 대만은 복건지방에 부속되어 있었다. 대만 주민은 대부분 복건성 출신으로서 이 섬과 본토 간에 가장 친밀한 관계를 유지하고 있으며, 복건지방에서 소란이 일어나면 그것이 대만으로 번져 가 그 섬 주민들에게 영향을 미치는 것을 방지하기 위한 조치가 당장에 취해졌다.

이와 매우 비슷한 조건이 그 이웃인 안남에서 예상될 수 있어서 위의 경우와 마찬가지로 이 협정은 프랑스와 일본이 가능한 한 내가 앞서 지적한 바와 같은 분쟁을 방지하기 위한 조치를 취하기 위해 가장 중요하고도 상호 간에 커다란 이득이 되는 사안이었다. 그러나 필요할 때는 애당초 구상된 바와 같이 체약국의 일방이 상대방에게 군사 지원을 해야 한다는 의도나 계획은 없었다. '문호개방'과 '기회 균등'이라는 것이 아주 보편적인 원칙이기는 하지만, 특별한 관계나 특별한 이해가 존재하게 되면 그때는 다른 방편이 강구되어야 한다.

영국은 이러한 이치를 깨달은 첫 번째 나라였다. 따라서 오랫동안 그 나라는 양자강 유역, 광동(廣東) 및 구룡(九龍)에 대한 자신의 특별한 이해관계를 보호하는 데에 아주 각별한 주의를 기울였다. 조차지인 교주(膠州)의 이웃인 산동(山東)에서도 그와 비슷한 노력을 기울여 왔다. 논리적으로 말하면, 영국과 독일의 어느 경우에도 아무런 특정 범위의 영향권이 새로 만들어진 것은 아니지만, 원칙적으로는 문제가 된 나라에 가장 큰 이해관계가 되는 요점들을 보호하고 안전하게 지키기 위한 각별한 노력을 기울여 왔다.

프랑스 · 일본 협정의 전문에는 단지 문호 개방 원칙만이 언급되어 있다. 그러나 그 뒤를 이어 나열되어 있는 조항들 속에서 영향력의 범위가 중요함을 암시하는 내용들이 발견된다. 이 조약의 초안을 작성할 당시에 이러한 내용을 도입하는 데에는 매우 큰 어려움들이 생겼다. 중국 사람들이 일본 사람들보다도 이 조약에 대하여 더 밀접한 이해관계를 가졌기 때문에 그들은 이 조약의 어휘에 대하여 더 주의 깊게 관찰하고 숙고했다는 것은 당연하다.

이 조약이 발표되었을 때 상해에 있는 지방 신문들이 이 조약에 관하여 여러 가지로 논평했다. 그러나 사실상 체약국의 이웃에 있는 지방의 평화와 안전을 보장하는 공개된 조문의 어휘 뒤에 어떤 특별한 의미가 숨어 있는 것은 아니었다. 프랑스 · 일본 협정의 전반적인 정책은 프랑스와 일본이 소유하고 있는 지역의 이웃 지방에 있는 모든 불안을 피하려는 데에 목표를 두고 있었던 것이 사실이어서 청국 쪽에서 어떠한 두려움을 가질 이유는 없다. 영향력의 범위가 제한되었다고 일본 쪽에서 논평한 적이 있었고, 어떤 일본 사람들은 이 조약이 외견상 보이는 것처럼 그렇게 단순하지 않다는 사실이 증명될 것이라고 나에게 말했다.

프랑스 · 일본 협정으로 우리가 얻은 또 하나의 유리한 점은 안남에서 우리의 상업적 입장이 개선되었다는 것이다. 이 조약이 서명되기 전까지만 해도 일본 사람들은 프랑스에서 썩 좋은 인상을 받았던 것은 아니다. 그러나 이 조약에 첨부된 선언 덕분으로 일본 사람들은 최혜국 대우를 받음으로써 아주 상당한 이익을 얻었다. 이상과 같은 유리한 점 이외에도 이 조약은 이미 프랑스 사람들의 의심을 없애는 데 효과를 가져왔으며 앞으로도 그럴 것이다. 벌써 우리는 프랑스 시장에서 일본 채권의 판매와 관련하여 이 조약으로부터 물질적인 이익을 얻고 있다.

이 조약의 체결에 관하여 말하면, 이노우에 가오루(井上馨) 후작이 이를 가장 열성적으로 옹호했으며, 이토 히로부미(伊藤博文) 공작과 야마가타 아리토모(山縣有朋) 공작 그리고 가쓰라 타로(桂太郞) 후작이 강력히 그것을 지지했음을 나는 인정할 수 있다. 사실 이 정치인들이 지난 사이온지 긴모치(西園寺公望) 내각으로부터 그 정책의 여러 과정에 관하여 끊임없이 협의를 받았기 때문에, 현 내각이 그 전임자들을 공격할 아무런 근거가 없다. 프랑스와의 조약은 1907년 6월 10일에 서명되었다.

편집자 후기

프랑스 · 일본 협정 문안은 〈부록 D〉에 수록되어 있다. 비록 행간만 읽어보더라도 하야시 다다스가 이 조약에 대하여 무엇인가 거두절미식으로 간단히 취급하고 있는 이유를 매우 분명히 알 수 있지만, 이 프랑스 · 일본 협정은 하야시 백작이 그의 비록(秘錄)에서 취급한 이상으로 많은 주의를 기울일 가치가 있다. 하야시 백작은 자기의 서술에서 일본 외무성이 공개적으로는 문호 개방 정책을 지원하고 있는 것으로 보이지만, 사실은 '영향권'(sphere of influence)이란 옛 정책을 유지하고 있었다고 기록하고 있다. 그렇게 기록함으로써 하야시 백작은 청국에서 교역에 종사하는 모든 계층, 그리고 특히 만주와 일본이 특별히 지배하고 있는 여러 지역과의 교역에 종사하던 모든 계층이 일본 외무성에 대하여 누차 제기했던 신의가 없다는 비난을 전적으로 입증하고 있다.

다른 견지에서 볼 때 프랑스·일본 협정은 영일동맹의 필연적 결과였으며 같은 해에 서명된 러일협정의 보충물이었다. 이 3개 협정은 소위 '중국 합동 사업'(China Pooling Syndicate)이라는 배타적 이익을 위해 사실상 원(圓)을 만들어 청국을 에워싸 차단했다. 이 사업체는 영국·일본·러시아 및 프랑스로 구성되었으며 독일과 미국은 제외되었다.

그러나 하야시 백작은 자기가 노력한 결과에 아주 만족했고 또 이 협정이 마땅히 찬사를 받을 것이라고 자신만만했지만, 사실상 그의 바람만큼 따뜻한 환영을 받지는 못했다. 일본 내에서도 내각의 전반적인 정책에 호의적이지 않았던 한 중견 정당은 이 조약이 단지 피상적일 뿐만 아니라, 실제로는 그때까지 이해관계를 추구해 왔던 제4의 국가인 러시아를 중국 문제에 끌어들인 것에 지나지 않는다고 생각했다. 가쓰라 타로파의 기관지인 《고쿠민신문》(國民新聞)에 투고한 한 필자는 다음과 같이 말했다.

> 프랑스는 일본만큼 청국에 대한 이해관계가 그렇게 깊은 것은 아니었는데, 이 새 협정은 청국 보전의 보호자로서의 일본과 동등한 자리로 프랑스를 격상시켰다.

《스펙테이터》(*Spectator*)지는 윌[3](Putnam Weale) 씨가 『동아세아 내의 다가오는 투쟁』(*The Coming Struggle in Eastern Asia*)이란 책에서 인용했던 길고도 참으로 놀랄 만한 논평에서, 청국을 지배하기 위해 형성되었던 영국·프랑스·러시아 및 일본으로 구성된 하나의 고리(環)는 독일과 미국을 제외하는 한 효과가 없다는 것이 증명될 것이라고 지적했다. 주간 논평지는 독일을 무시하고 이 매혹적 동맹에서 독일을 제외시킨 일본의 정책은 그릇되고 어리석은 짓이라고 지적했다. 이 기사를 쓴 사람은 다음과 같이 말하고 있다.

> 청국은 런던에 있는 무역업자만큼이나 베를린에 있는 무역업자들에게도 흥미를 끈다. 만일 다른 나라들이 독일을 교묘히 제외시켰다면, 독일은 하나의 공평한 자문관으로서 청국에 대처하는 수단을 선택했을는지도 모른다고 말할 수 있다. 독일이 어느 커다란 협정에서 벗어나 있을 때는 그 협정이 최종적인 것으로 받아들여질 수가 없다.

북경에서 5중 차관협상(Quintuple Loan Negotiations)을 추진했던 인사들은 이 예언이 적중했던 것을 이해하게 될 것이다. 오늘날 청도(青島)가 함락되었음에도 불구하고 북경에서는 독일이 어느 유럽 열강보다도 더 존경을 받고 있다. 그것은 오직 이 나라만이 그 차관에 참여한 대가로서 정치적으로 휘두를 도끼를 갖고 있지 않은 것으로 보였기 때문이다. 영국에 대한 독일인의 혐오감이 생긴 것은 어느 정도까지 청국의 운명을 결정하려고 의도했던

---

3) 윌(Putnam Weale, 1877~1930) : 영국의 출판가. 심슨(Bertram L. Simpson)이라는 익명을 갖고 있다. 1896~1901년에는 청나라 세관에서 근무했고, 1900년 의화단 사건 당시에는 북경 공사관에서 근무했다. 영국 탐험대의 통역관으로 종사하였다.

위의 여러 가지 국제 협정으로부터 독일을 의식적으로 제외시켰기 때문에 생긴 것이었는가를 풀어보는 것은 후세 역사가들에게 하나의 흥미로운 연구 과제가 될 것이다.

신해혁명(辛亥革命)이 보여준 바와 같이 청국의 최후 운명을 결정하면서 이러한 여러 협정들이 실제적으로는 별로 영향을 주지 못했다는 점에 대하여는 큰 이론(異論)이 없다. 위에서 인용된 조항에서 미국이 제외되었던 것은 다른 장에서 말한 바 있는 루트-다카히라 협약(The Root-Takahira Agreement)에서 어느 정도 보완되었다.

《스펙테이터》지가 옹호했던 정책은 그것이 저주받았던 만큼이나 분별없는 것이었다. 그것은 모든 열강이 어떤 형태가 되든지 간에 한 동맹으로 들어가서 서양의 지배를 받아들이도록 청국에 강요하는 것일 뿐이었다. 4억의 인구를 가진 나라를 지배하겠다는 바로 그 생각이 우스꽝스러운 것이다. 어느 때인가 한 모하메드 교도가 인도의 관리에게 다음과 같이 말했다고 한다.

> 만일 우리가 실제로 영국인들에 대항하여 궐기해야 한다면, 우리는 터번을 너희 위로 던지기만 해도 너희들을 짓눌러 죽일 수가 있다.

1911년에 신해혁명이 일어났을 때 나는 극동을 여행 중이었다. 같은 기차에 탔던 한 선교사가 나에게 이렇게 말했다.

> 그런데 만일 그들이 진정으로 외국인들에 대항하여 지팡이만 들고 우리에게 몰려오기만 해도, 지구상의 어떤 세력도 우리를 구할 수 없을 것이다.

청국의 지방 신문은 그 조약의 작성자만큼이나 명확하게 그 조약의 어휘 뒤에 숨어 있는 이면을 간파할 수 있었다. 그들에게는 이 조약이 영향권과 약탈 정책을 부활한 것 이외에는 아무것도 아니었다. 《남방보》(南方報)의 다음과 같은 문장은 그들의 불신과 혐오감이 어떠했던가를 웅변하고 있다.

> 프랑스·일본 협정문의 발표는 자연히 중국 사회에 소요를 일으켰다. 그러나 만일 중국 신문의 내용이 어떤 암시를 하고 있다면, 영국 신문들의 논조에서 표현된 바와 같이, 그 발표는 외국인들에게는 전혀 반대 효과가 나타났다. 우리 신문들은 이 협정 속에서 중국에 축하할 만한 것이라고는 아무것도 볼 수가 없으며 이 협정의 체결로 말미암아 국가의 보전이 더 강력히 보장되었다든가 또는 극동의 평화가 더욱 안전하게 되었다고 위로의 표정을 지으며 말할 수 없다.
>
> 비록 이 협정의 발효가 그들에게는 무엇인가 의외의 것으로 다가왔겠지만, 거의 모든 중국 신문들이 이 협정이 주는 효과의 중대성을 이해하고 있다. 황색인종에 대한 백인들의 전통적이며 선천적인 경멸감은 서로를 이해하는 데 극복할 수 없는 하나의 장애물로 보인다. 그리고 이제 이 세계가 처음에는 영일동맹의 광경을 보고, 이제는 영국과 러시아의 도덕적 지지를 받고 있는 프랑스·일본 협정의 광경을 보게 되었다. 체약국들을 제외한다면, 이 협정의 체결로써 독일과 청국의 두 나라가 직접 또는 간접으로 영향을 받게 되었다. 독일은 자신의 고립을 느끼게 되었으며 청국의 이해관계는 그전보다도 더 위태로운 입장으로 떨어졌다.
>
> 중국 신문들에게 무엇인가 무의미한 느낌을 갖게 하는 것은 일부 열강들이 청국의 독립과 보전을 존중한다는 자기들의 의향을 끝없이 되풀이한다는 것이다. 중국의 어느 한 신문이 말했듯이, 그러한 해결은 단지 눈멀고 낡아빠진 우리 정부의 귀를 즐겁게

할 수 있어도 중국 사람들을 속이기에 충분한 어떤 진지한 울림도 가지고 있지 못하다. 이 협정의 조건에 따라 청국에서의 일본과 프랑스의 영향력은 크게 증강되었다. 지난날 청국으로부터 조차되었던 곳에 이제는 거의 점령권이 부여되었으며, 임차되지는 않았으나 임차된 영토 부근에 있는 것은 무엇이든지 조차 지역에 포함될 위기에 놓여 있다.

청일전쟁 후 청국에서의 일본의 세력 범위는 복건성에 국한되어 있었다. 그러나 지금은 요동반도에 대한 일본의 이해관계 때문에 직예(直隷)와 산동의 두 반도가 그 세력 범위에 들어갔다는 소식을 우리는 들었다. 이 협정의 조건에 따라서 프랑스의 세력 범위도 확대되었다. 청국을 약탈하던 초기 과정에서는 운남(雲南), 광동 및 광서 지방을 자기의 몫으로 해야 한다는 것이 프랑스의 막연한 야망이었다. 그러나 지난 몇 년 사이에 우리는 프랑스의 야망이 점차로 성장해 온 것을 보았으며, 지금은 위의 성들이 실제로 그 나라가 몇 년 동안에 걸쳐 계획한 것에 대한 보답이 되기에 이르렀다.

청국의 독립과 영토 보전을 붕괴시키는 데 대한 프랑스와 일본의 전술이 거의 일치하여 왔음을 유의해야 한다. 프랑스는 우선 안남을 청국의 종주권으로부터 단절시켰고 그 후에는 그 지역을 탈취했으며 그리고는 점차로 운남 경계와 광동·광서로 침입해 들어와서 지금은 이들 지역의 내부 지방에까지 팔을 뻗치고 있다. 반면에 일본은 조선이 첫 번째 목표물이었으며, 그곳으로부터 만주로 관심을 돌렸고, 지금은 직예와 산동이 일본의 장악에 들어갈 형편에 있다.

영일동맹은 극동의 평화를 보전하기 위해 체결되었다고 그들은 주장했다. 그러나 황폐화된 만주의 형편은 그 동맹의 효과와 역효과를 웅변적으로 입증하고 있다. 기능적인 어조로 출발하고 있는 프랑스·일본 협정이 우리 청제국을 위하여 재앙으로 끝나지 않도록 희망하고 또 기도하자.

위에 언급한 것을 『이홍장 회고록』(*Memories of Li Hung-chang by Foster*)에 있는 다음의 문장과 비교해 볼 수 있을 것이다.

> 외국인들은 자기들이 우리 땅을 조차했다고 말하지만 우리는 그 땅이 영원히 사라진 것으로 알고 있다.

부 록 D

프랑스·일본 협정 전문(1907년 6월 10일 체결)

일본국 황제 폐하의 정부와 프랑스공화국 정부는 양국 간에 존재하는 우호 관계를 공고히 하고 장차 양국 관계로부터 오해의 원인을 완전히 제거하기를 희망하면서 이를 위해 협약을 체결하기로 결정했다.

일본국 정부와 프랑스국 정부는 청국의 독립 및 영토 보전과 청국에서의 양국의 상업 신민 또는 인민에 대한 균등대우주의를 존중하는 데 동의하며, 두 체약국이 주권, 보호권 또는 점령권을 가지고 있는 영역에 인접되어 있는 청제국의 여러 지방에서 질서와 평화 상태가 유지될 것을 특히 고려하여 아시아대륙에서의 두 체약국의 상호 지위와 영토권을 보지(保持)하기 위해 전기(前記) 여러 지방에서의 평화와 안녕을 확보하는 목적에 대하여 상호 지지할 것을 약정한다.

위 증거로서 아래 적은 프랑스국 주차 일본국 특명전권대사 구리노 신이치로와 프랑스국 외무대신 겸 원로원 의원 피숑은 각기 정부로부터 정당한 위임을 받아 이에 기명·조인한다.

1907년 6월 10일

파리에서 본서를 작성한다.

구리노 신이치로(栗野愼一郎) Sgn.

S. 피숑(S. Pichon) Sgn.

동 선언서

일본국 정부와 프랑스국 정부는 일본국과 프랑스령 인도지나와의 관계에 대한 통상조약을 체결하기 위해 상의를 개시하는 것을 다른 날로 미루고 이에 우선 다음과 같이 협정한다.

일본국 관리와 신민은 프랑스령 인도지나에서 신체와 재산 보호에 관한 모든 사항에 대하여 최혜국대우를 받을 것이며, 프랑스령 인도지나의 신민과 보호민은 일본제국에서 이와 동일한 대우를 받는다. 단 본 협정은 1896년 8월 4일 일본국과 프랑스국 사이에 체결된 통상항해조약의 기한 종료와 함께 그 효력을 상실한다.

1907년 6월 10일 파리에서

구리노 신이치로(栗野愼一郎) Sgn.

S. 피숑(S. Pichon) Sgn.

제7장

러일협정

지난해 사이온지 긴모치(西園寺公望) 내각이 붕괴되고 현재의 제2차 가쓰라 타로(桂太郎) 내각이 구성되었을 때, 재정 개혁과 우리 외교 정책의 개선이 새 내각의 정강 중 기본 강령으로 선언되었다. 우리 사이온지 내각의 각료들이 매우 서툴게 작성한 것이라고 알려진 이 두 개의 개혁 정책은 오직 우리가 거둔 성공을 통해서만 적절히 시행될 수 있을 것이다. 1908~1909년의 예산이 편성될 당시에 전직 수상인 가쓰라 후작은 새 내각과 긴밀한 협의를 가졌다. 그렇기 때문에 이 예산에 대하여 가쓰라 후작도 어느 정도의 책임이 있다.

1909~1910년의 예산에 관하여는, 예산 편성 준비 조치를 취하기 전에 사이온지 내각이 붕괴되었기 때문에 그 예산의 어느 부분에 대하여도 이 내각의 책임이 없다. 당시의 예산은 현 내각이 편성한 것이므로 이 내각만이 예기치 못한 그리고 불만족스러운 그 예산의 성질에 대하여 답변할 수 있을 뿐이다. 우리라면 훌륭한 예산, 아마도 더 좋은 예산을 편성할 수 있었을 것이라고 자신할 수 있었다. 내가 외무대신으로 재직할 당시 재정 문제는 나의 소관 업무가 아니었을 뿐만 아니라, 나는 재정 문제를 잘 알지 못했으므로 대장대신이 내각에 제출한 설명으로 만족해야 했고 그 설명이

내각에 만족스럽게 보이는 한 나도 역시 승인했다.

그러나 나는 이러한 업무 수행 상태가 매우 만족스러운 것이라고는 생각지 않는다. 정부의 재정 정책은 외교 정책에 매우 밀접한 영향을 끼치지 않을 수 없다. 특히 어떤 나라가 채권국일 경우 그 나라의 재정 정책은 여러 외국에 직접적으로 영향을 준다. 따라서 대장대신은 진정한 재정전문가로서 일본 재정의 실상을 적절히 설명할 수 있는 능력을 가지고 있어서 일본 사람이나 외국인 일반 투자가에게 신뢰심을 줄 수 있는 인물이어야 한다.

외교 문제에 관하여 나는 이왕에 채택된 것과 비슷한 노선을 옹호해 나갈 것이다. 나는 사이온지 내각에서 책임이 무거운 외무대신 직을 맡고 있었으며, 그러한 중요한 각료직을 맡은 나는 공개적 발언과 현안 사건에 대한 논평을 삼갔다. 그러나 이제는 내가 대신의 직책을 벗어났기 때문에, 외교 문제의 관리에 관하여 사이온지 후작의 내각에 대한 비난을 되돌아볼 때가 온 것으로 믿는다.

지금의 내각이 우리의 소위 외교적 비활동성을 공격하여 왔기 때문에 그 점에 관하여 가쓰라 후작이 불평하는 것을 누구인가는 들어야 한다. 여당 측의 영향을 받고 있는 2~3개 신문들도 우리를 공격했다. 그러나 각 신문들의 공격 목적은 다양하다. 어떤 신문들은 어느 정부이든 무차별하게 공격한다. 그리고 항상 정부를 공격하는 그 이유 때문에 그들은 또한 우리도 공격한다. 어떤 신문들은 더욱 뚜렷한 동기가 있는 것으로 보이는데, 그럴 경우 비평은 청국 같은 어떤 특정한 사항에 한정된다.

일본의 일반인들은 외교 문제에 대하여 냉담하다. 나는 진정으로 그들이 외교 문제에는 거의 무관심하다고 말할 수 있다. 그러나 일단 외교 문제에 대하여 약간의 관심을 갖도록 요구하는 어떤 문제가 발생하면 그들은 당장에 술을 마신 것처럼 흥분하는 것

같이 보인다. 꼭 술에 취한 사람이 술인지 물인지 분간하지 못하는 것처럼 그들은 아무것도 할 수 없는 것같이 행동했다.

이와 마찬가지로 일반 민중들은 외교 정책 문제에 관하여 관심이 각성되어 있을 때라 하더라도 외교 활동이 존재하는지 않는지를 구분하는 것이 전적으로 불가능하다. 어떤 사람들은 직접 외무성을 규탄하고, 일반 민중들은 외교 활동이 취약하다고 외무성을 맹렬히 공격하기 시작한다. 그런 규탄을 하는 사람 중에는 사정을 더 잘 알고 있어야 할 많은 숫자의 중의원(衆議院) 의원들도 있었다. 그리고 실제로 알고 있는 많은 사람들이 그 진실을 말함으로써 내각을 도와줄 수 있을 때는 개인적인 이유로 뒷전으로 물러서는 경향이 있다.

빈번했던, 비이성적이고 분별없는 공격을 여기서 다루는 것이 유치할는지도 모른다. 이런 이들에 대하여는 품위 있는 침묵을 지켜나가는 것이 상책이다. 그러나 비이성적인 공격일지라도 만일 그것이 내각의 교체를 가져오기 위한 목적으로부터 시작된 것이라면 오직 자기 방어를 위해서라도 그 공격을 다루지 않을 수 없고 응답하지 않을 수 없다. 혹독한 비난의 주제가 된 전 내각의 외교 정책의 가장 중요한 항목들 중에는 아직 확정되지 않은 문제인 만주에 대한 일본의 전후 정책, 청국과 조선에 대한 정책, 미국 이민 문제뿐만 아니라 러일협정, 러시아의 상업 및 어업 문제 그리고 프랑스 · 일본 협정이 들어 있다.

이러한 여러 사항과 관련하여, 문제를 결정하면서 사이온지 전 내각과 가쓰라 현 내각이 공동 책임을 져야 할 것과 우리만이 책임을 져야 할 것을 구분해야 한다. 만일 이러한 구분이 적절하게 그어진다면 전 내각에 대한 현 내각의 공격에 대하여 전 내각만이 홀로 답해야 할 것이냐, 혹은 아니냐에 따라서 그 공격이 합리적인지 아닌지가 당장에 드러날 것이다.

그러한 구분을 짓는 것은 또한 외교 문제에 대한 성급한 비평가들의 공격을 잠재우고 일반 대중이 외교 문제에 관하여 적절한 연구를 하도록 격려하기 위하여도 바람직하다. 대부분이 우스꽝스러운 것이지만, 우리에게 쏟아지는 비난들에 대한 해명의 결과가 정부에 대한 그 이상의 무책임한 비난을 중지시키는 것이라면 그때에는 좋은 성과를 거두게 될 것이며 장차 자유스러운 외교 활동이 많이 촉진될 것이다.

나는 다음 장에서 만주와 청국에 대한 일본의 전후 정책을 다루려 하지만 이 장에서 이 말을 해야 할 특별한 이유가 있다. 왜냐하면 우리에 대한 가쓰라의 공격의 저의는 비록 우리가 상대방에게 다소 양보를 했지만 러·일 간의 상업 및 어업 협정에 대한 것보다는 오히려 청국에 대한 우리의 전후 정책에 집중되어 왔기 때문이다.

가쓰라 파가 러시아와의 협약에 대한 공격을 조심스럽게 피할 수 있었던 이유는 포츠머스조약(Treaty of Portsmouth) 내에 이들 협약에 규정되어 있는 내용이 포함되어 있었고, 또 그 협약들은 포츠머스조약으로부터 나온 자연스러운 산물이었기 때문이다. 결국 그 조약에 책임이 있는 인물들은 자기들이 시작했던 일을 완결하기 위해 절실하게 필요했던 보충적 조약들을 능히 공격할 수 없었다.

사소한 문제점들이 토의 대상으로 제기될 수 있는 것은 분명하지만 양측이 합의할 수 있는 결과에 도달하기 위해서는 조약을 체결하면서 상호간에 양보가 필요하다. 어떤 위대한 이탈리아의 정치가가 말한 바와 같이 만족스러운 유일한 조약이란 모든 당사자에 대하여 불만족스러운 것일 수도 있다. 러시아와 체결된 우리의 새 조약들이 약간 불완전한 점들이 포함되어 있다는 것을 시인한다고 해도 그것이 소위 외교 활동의 부재라고 우리를 공격할 만한 충분한 이유가 되지 못한다. 사실상 우리에게 퍼부은 모든 공격 속에서 어느 한 사람도 이 조약 중 어느 구절이 불리하다고 주장한 적이 없다. 그렇기 때문에 그들도 만족하고 있을 것으로 추정할 수 있다.

러일협정으로 말할 것 같으면, 그것은 제1차 가쓰라 내각에 의하여 체결되었던 포츠머스조약이 불완전했기 때문에 생긴 것이다. 나의 견해로서는, 이 협약의 체결에 관하여 우리를 공격하고 있는 현 내각은 체약당사국의 권한과 특전을 전적으로 구분하지 않고 있다. 이 협정은 실제로 제1차 가쓰라 내각이 체결한 포츠머스 조약에 대한 단지 하나의 필연적인 결과에 지나지 않는다. 비록 포츠머스에서 서명된 만족스럽지 못한 평화 조건에 관하여 굉장히 많은 비난이 발표되었지만, 그때의 분위기를 잘 알고 있는 사람들은 그 협상이 진행되고 있던 그 당시에 우리가 평화를 이룩해야 할 절대적 필요성이 있었다는 것을 인정한다.

우리가 지금 논의하고 있는 협정의 체결에 대하여도 그와 비슷한 이유가 있었다. 외교관들은 일반 사람들에게 어떤 내용을 설명하는 것이 분명히 불가능한 환경에 처할 때 가장 큰 당혹감에 빠지게 된다. 예를 들면 포츠머스에서 있었던 일본과 러시아의 협상은 파리의 조건부 항목에 관한 독일과 프랑스 간의 협상과 비교될 수 없다는 것은 더 말할 나위도 없다. 그 분위기는 매우 달랐다. 국내 여건과 군사적 상황에 관하여 사실을 정확히 알고 있던 사람은 누구도 우리가 포츠머스조약에서 많은 이득을 거두리라고 기대하는 것이 전적으로 불가능했다. 이 조약이 불완전한 점들을 많이 가지고 있을 수밖에 없었던 것은 당연하다.

당시 저 유명한 히비야공원(日比谷公園)의 난동을 알면서 회고해 볼 때, 모든 사람들이 히비야공원의 난동은 외교 업무에 관한 일본인들의 조잡한 심리 상태에 대한 확고한 증거라고 생각하지 않을 수 없다. 물론 포츠머스조약이 러일전쟁을 종식시키기는 했지만 일본의 입장에서 볼 때 그것이 불충분하고 불만스러운 것이었다는 사실을 수긍하지 않을 수 없다. 포츠머스 조약이 체결되자마자 야마가타 공작과 이토 공작이 조약을 보완할 러시아와 일본 간의 어떤 협약의 체결을 위해 일을 시작했던 것은 그들이 이 조약의 불충분성을 인식한 때문이었다.

1907년 초순에 딜론 박사[1](E. J. Dillon)가 2개의 논문을 영국의 잡지에 기고하여 러시아와 일본이 국교를 회복할 필요성이 있음을 주장했다. 당시 러시아 외무대신 이스월스키[2](A. P. Iswolsky)가 이 논문들을 세인트 페테르부르크 주재 일본 대사 모토노 이치로[3](本野一郎)에게 보여주었다. 이 논문은 러시아의 어떤 고위 정부 당국자와 대화를 가진 후에 쓴 것이 분명하며, 모토노 대사는 이 논문에 제시된 선상에서 러시아 정부가 일본과 어떤 협정 체결을 하려고 하는 분명한 의향이 암시된 것이라고 믿었다. 모토노는

---

1) 딜론 박사(Emile J. Dillon, 1854~1933) : 영국의 언론인, 아일랜드 태생. 런던 《데일리 텔레그라프》(*Daily Telegraph*)의 특파원으로서, 아르메니아 · 스페인 · 크레타 · 프랑스 · 청국 등에 주재하였다.

2) 이스월스키(Aleksandr P. Isvolskii or Iswolsky, 1856~1919) : 제정 러시아의 외교관. 일본 주재 공사(1900~1902)로 있을 당시 의화단 사건 후의 정국을 수습하기 위해 조선의 영세중립안을 일본 측에 건의했으나 일본의 반대로 실패했다. 그 뒤 덴마크 주재 공사를 거쳐 러일전쟁 후 외상이 되었다. 1907년 만몽분할(滿蒙分割)에 관한 러일비밀협정을 체결했으며, 제1차 세계 대전 당시에 프랑스 대사를 역임했다.

3) 모토노 이치로(本野一郎, 1862~1918) : 메이지 · 다이쇼 시대의 외교관, 사가(佐賀) 출생. 프랑스 리용대학에서 수학했으며, 외무성의 번역관 · 참사관 · 정무국장 · 공사관의 서기관 역임했다. 법학박사(1893). 벨기에 · 프랑스 · 러시아 주재 특명전권공사(1898)를 지냈다. 러일전쟁 전후 외교적 절충에 공이 크다. 남작(1907). 러시아 주재 전권대사로 러 · 일 협상을 체결(1908)했고, 데라우치 마사다케(寺內正毅) 내각에서 외무대신을 역임했다. 제1차 세계 대전 이후 난국을 처리한 공로로 자작을 수여받았다.

이 논문에 대하여 일본 외무성의 주의를 환기시키면서 이에 대한 견해를 타진했다.

나는 딜론 박사에 대하여 약간 언급하지 않을 수 없다. 그의 아버지는 영국인이요 어머니는 아일랜드인이었다. 그는 유럽 대륙의 여러 대학에서 공부한 후 몇 개의 권위 있는 학위를 받았다. 얼마 동안 그는 러시아의 여러 대학교에서 교수로 있었으며 또한 오데싸(Odessa)에서 한 신문사를 경영했다. 그는 한 러시아 숙녀와 결혼하여 세인트 페테르부르크에서 살았다.

내가 런던 주재 공사와 대사직에 있을 때, 딜론 박사는 《데일리 텔레그라프》(*Daily Telegraph*)의 세인트 페테르부르크 특파원이었는데 아마 아직까지도 그 곳 특파원으로 있을 것이다. 그는 확실히 모든 러시아 일에 관하여 탁월한 지식을 가지고 있었으며, 그가 러시아에 관하여 《데일리 텔레그라프》에 언급한 것은 항상 가장 권위 있는 것으로 간주되었다.

나는 런던에 주재하고 있을 때 그를 두서너 번 만났다. 위테 백작(Count de Witte)이 러시아의 수석 전권 대사로서 포츠머스 평화 협상을 위해 미국으로 가고 있을 때, 딜론 박사가 런던에서 나를 방문했다. 나는 장시간 여러 가지 화제를 가지고 그와 얘기를 나누었다. 그가 나를 방문한 가장 중요한 목적은 이토 후작을 일본의 수석 강화(講和) 사절로 미국에 파견하도록 일본 정부를 유도하기 위하여 내가 할 수 있는 모든 것을 다하도록 나에게 요청하려는 것이었다. 평화 협상이 포츠머스에서 진행되는 동안 위테를 위하여 미국의 언론을 조종한 사람이 바로 딜론 박사였다. 그 당시에 포츠머스에 집결한 대부분의 저명한 영국 및 미국의 특파원들은 일본에 호의적인 경향을 가지고 그곳으로 갔었다.

딜론 박사는 매사에 무엇이든 기탄없이 실제로 있는 그대로의 실상을 발표하는 데 이들 특파원을 이용했다. 일본에 호의적으로 여론을 조성하는 문제에서 누구도 그를 당할 사람이 없었다. 그는 거의 전적으로 미국 신문들에 의존하여 그런 활동을 했으며, 포츠머스에 있는 미국 신문의 특파원들에게 항상 매사에 정확한 상태를 말해 주었다. 반면에 일본 쪽에서는 그처럼 한 것이 아무것도 없었다. 강화사절단에 한 명의 일본 외무성 직원이 소속되어 있었던 것은 사실이나 신문 기자들을 접대하는 것이 그의 임무였다. 실제로 그는 그 일 이외에는 아무것도 할 일이 없었다. 또한 그는 무슨 성명서가 나오면 그것을 부정하는 일을 주요 업무로 삼았다.

나의 외교 경험에 비추어 나는 그러한 방법을 가장 유감스러운 일로 생각했다. 포츠머스에서의 언론에 관한 양측의 활동을 비교해 보면, 교섭이 개시될 때로부터 심판관의 부채(煽)가 일본 쪽을 향해 있었으며, 근본적으로는 일본 당국자들이 그 교섭의 진전에 관하여 너무나도 많은 침묵을 지킨 탓으로 언론 관계에서 침체에 빠졌던 입장이지만, 그곳에서 끝끝내 벗어나지 못했던 것은 당연했다. 내가 언급하고자 하는 러일협정만 하더라도 그것은 이스월스키뿐만 아니라 야마가타 공작과 이토 공작도 앞서 말한 딜론 박사의 논문에서 윤곽이 제시된 바와 같은 그런 협정의 체결이 전적으로 필요하다는 것을 인정했다.

전 내각의 주요 인사들과 회의를 가졌지만 러일협정의 제의에 대하여는 그쪽에서도 아무런 반대가 제기되지 않았다. 따라서 모토노에게 훈령을 보내어 러시아 정부 입장을 타진하여 그들이 협정의 체결을 진지하게 바라고 있는지 알아보도록 했다. 그가 이번 문제는 놓칠 수 없는 기회라고 보고서를 보냈을 때 나는 그에게 협약 교섭을 위한 공식적 권한을 부여한다는 내용을 타전했다. 협정 교섭은 시작한 바로 그때부터 아무것도 거리끼는 것이 없어서 아주 차근차근 진척되어 1907년 7월 30일에 서명되었다. 이 협정에 관하여 때때로 원로 정치인들과 회의를 개최했으며 이 회의에는 가쓰라 공작도 참석했는데 상정된 협약 내용에 대하여 단 한 번도 어떤 반대가 제기된 바 없었다.

야마가타 공작 자신도 이 일에 매우 깊은 관심을 가졌으며 이 협정이 성공적으로 체결되었을 때 매우 만족스러움을 나타냈다. 사실상 야마가타 공작은 자신이 홀로 이 협정 체결의 공을 이룬 것처럼 이 협정을 자랑스러워했다. 비록 가쓰라 후작은 그렇게 깊은 만족감을 나타내지는 않았지만 그렇다고 이 협정에 어떤 반대도 보인 적은 결코 없었다. 그리고 이 협정이 전쟁과 평화에 대한 자기 행동을 반영한 것으로 그가 생각했었다는 보도가 믿을 만한 것이 아닌 한, 그의 내각이 이제 와서 이 협정이나 우리를 공격해야 할 아무런 이유가 없다.

편집자 후기

러일협정(Russo-Japanese Convention)은 프랑스-일본 협정과 마찬가지로 극동의 현상 유지를 보장하기 위한 단조로운 문서로서, 포츠머스조약에서 규정한 시베리아철도와 러·일 간의 기타 협약들에 한 달 앞서 진행되었다. 적어도 러시아 쪽에서는 이 협약 자체를 한낱 외교상의 예의 이상으로는 고려하지 않은 것으로 보이지만 일본 측에서는 이 협약이 국내 정치와 밀접하게 연관되어 있었다.[4]

4) 부록 E(본서, 242-243쪽) 참조.

제1차 사이온지 내각은 막간의 일시적 내각에 불과했다. 그 내각은 임명된 날부터 극심한 비판의 대상이 되었으며, 특히 만주 철수를 강력하게 반대했고, 실제로 철수하기로 합의된 날을 약 1년이나 연장시키는 데 성공했던 군부로부터 반대를 받았다. 기본적으로 하야시 백작 때문에 그 내각은 육군과 늘 충돌했는데, 그것은 군인들이 목표로 삼고 있는 바 만주의 영원한 점령에 하야시 백작이 반대했기 때문이 아니라 그러한 중요한 평화 조건의 이행에 실패함으로써 그로부터 일본이 입을 심각한 신뢰의 상실이 어떠한 것이 될지를 그가 이해하고 있었기 때문이다.

사이온지 내각이 권력을 잡고 있었고 따라서 자기들이 국사를 처리할 작정이라고 생각한 점에 하야시 백작의 실수가 있었다. 일본의 정책은 원로 정치인들이 결정하고 내각은 단지 잠정적으로 그것을 시행할 뿐이다. 군부에 소속되어 있는 대부분의 원로 정치인들 때문에 일개 대신으로서 육군의 야망을 즐겨 꺾고 있다는 것을 스스로 발견하게 되었을 그 어려운 입장을 우리는 쉽게 이해할 수 있다. 사이온지 내각은 충분히 연명을 한 후에 가쓰라 후작이 그 뒤를 이어 권좌로 복귀했다.

비록 일본 외무성이 가끔 러일협정이 극동 평화의 도구가 되는 문서 중의 하나라고 언급하기는 했지만, 일반적으로 외교계에서는 이 협정이 중요하지 않다고 생각했다. 그 후 협정의 내용은 체약국의 어느 쪽도 신뢰하지 못하는 구절들의 공허한 반복에 불과한 것임이 충분히 입증되었다. 분명히 하야시 다다스 백작은 중의원에서 일본 대신이면 누구나 듣기가 무서우면서, 피할 수 없는 말, 즉 '부정적' 정책이라는 질책에 대한 대답으로 내놓기 위한 것으로서 이 협정을 기꺼이 교섭했음은 의심할 나위도 없다. 만일 이 협정 문서에 언급된 청국과의 조약, 협정 및 계약이 첨부되었거나 공포되었다면 이 협정은 상당히 중요한 것이 되었을 것이다.

그럴 경우 이 협정이 법고문(法庫門) 철도 사건과 관련하여 러시아가 일본의 배후에 있었는지, 그리고 이때 러시아와 일본이 청국의 주권이 폐지될 때까지 철도 연변의 정책에 대한 행정 권한을 이 양대 세력에 주었던 동청철도협정(Chinese Eastern Railway Agreement)에 관한 예외적 해석에 합의를 했는지에 대한 좋은 증거가 되었을 것이다.

이 두 가지 중 어느 한 가지 사항에 대하여도 하야시 백작은 아무 말도 하지 않았으므로, 이런 문제들은 토의되지 않았다고 추론하지 않을 수 없으며, 그렇지 않다면 이 문제들에 대한 합의가 가져다 준 상당한 외교적 성공을 그가 공개하지 않고 자제할 수는 없었을 것이다. 일본과 러시아의 극동 관계를 규제하는 것으로서의 1907년 협약은 1910년 협정과 그 후 공포되지 않았으나 잘 알려진 문서로써 완전히 대치되었다.

부 록 E

러일협정(1907년 7월 17일)

협 약

일본국 천황 폐하의 정부와 전 러시아 황제 폐하의 정부는 일본과 러시아 사이에 다행히 회복된 평화스럽고 우호적인 관계를 확고히 다지기를 열망하고 또한 장차 두 제국의 관계에서 모든 오해의 소지를 피하기 바라며 다음과 같은 조관(條款)을 협정한다.

제1조 체약 당사국은 다른 체약 당사국의 현 영토의 온전함을 약정한다. 또한 이미 본 두 체약 당사국 간에 여러 가지 등본을 교환한 바 있는 조약, 협약 및 계약이, 이러한 제반 권리가 기회 균등의 원칙에 모순되지 않는 한, 일본과 러시아 간에 체결된 제 특별 협약뿐만 아니라 1905년 9월 5일(러시아력 8월 23일) 포츠머스에서 서명된 조약에 의하여 본 체약 당사국 중 어느 일방이 얻은 모든 권리를 존중함을 스스로 서약한다.

제2조 양 체약 당사국은 청제국의 독립과 영토 보전, 그리고 그 나라에서의 모든 국가의 상업과 산업에 관한 기회 균등의 원칙을 인정하며, 또 현상을 존속하며 모든 평화적 수단을 다하여 이 원칙을 존중할 것을 스스로 서약한다.

위의 증거로서 다음 서명자들은 각기 자기 정부의 승인을 받아

이 협약에 서명 날인한다.

명치 40년 7월 30일, 러시아력 1907년 7월 17일 세인트 페테르부르크에서 본서를 작성한다.

모토노 이치로(本野一郎) Sgn.

이스월스키(Iswolsky) Sgn.

제8장

미일협정

다음으로 내가 고려해 보고자 하는 사항은 제2차 가쓰라 타로(桂太郎) 내각에 의하여 1908년에 체결된 미일협정[1])이다. 이 협정은 워싱턴 주재 일본 대사인 남작 아오키 슈조(青木周藏)가 이전의 내각인 제1차 사이온지 긴모치(西園寺公望) 내각에 제의한 적이 있다. 그러나 당시 사이온지 내각은 이 협정을 승인하지 않았으나 현재의 제2차 가쓰라 내각에 의하여 갑자기 체결되었다.

현재 권력을 잡고 있는 정치가인 가쓰라 공작의 입장에서 보면 이 협정의 서명이 하나의 외교적 성공으로서 고려될 수도 있다. 또 지난 내각이 외교적으로 활동이 없었다고 일반 사람들이 일컫는 것과는 대조적으로 우리 외교 정책에 활력을 불어넣은 상징으로 고려될 수도 있다.

현 내각이 이 협정에 서명해야 할 충분한 이유가 있었음은 의심할 나위도 없으나 그와 마찬가지로 전 내각도 이 협정이 불필요한

---

1) 이 협정은 실제로는 루트(Elihu Root) 씨와 워싱턴 주재 일본 대사인 다카히라 고코로*(高平小五郎) 간의 각서 교환이었다.(편자 주)

*다카히라 고코로(1854~1926) : 메이지 · 다이쇼 시대의 외교관, 이와테현(岩手縣) 출생, 가이세이(開城)학교에서 수학. 외무성의 총영사 · 공사 · 외무차관을 역임했고 외무대신 겸 관방대신을 지냈다. 또한 미국 주재 공사(1900)로 재직하면서 포츠머스회의 전권위원(1905)을 지냈고, 미일중재조약을 체결(1908)했다.(역자 주)

것으로 생각할 충분한 이유가 있었음은 의심할 나위가 없다. 더 나아가서 현 총리대신 가쓰라 공작도 앞선 내각이 이 협정에 동의하기를 거부했던 여러 가지 사유가 온당한 것이었다고 인정할 만한 좋은 증거가 있다.

그러므로 결국 이제 와서 그 협정을 우리가 체결하지 못한 것이 외교의 비활동성 때문이었다고 그가 주장하는 것은 온당치 않다. 그와 마찬가지로 이 협정이 체결된 것은 곧 우리의 외교 업무의 활력이 소생된 때문이라고 주장하는 것도 시기상조이다. 독자들이 여러 사실에 입각하여 스스로 결론을 내도록 하는 것이 보다 공정할 것이다.

1907년의 봄이 끝나갈 무렵에 워싱턴 주재 일본 대사 아오키 슈조 자작이 돌연 도쿄 외무성에 있는 나에게 전보를 쳐서 자기가 개인 자격으로 미국 대통령 루즈벨트(T. Roosevelt)에게 미일조약(American-Japanese Treaty)을 암시했던바 그가 이를 받아들였다고 보고했다. 더 나아가서 그는 제의한 협약 조건이 1906년 외교각서의 내용과 동일한 것이라고 보고했는데 미국 대통령도 이 조건에 동의한 바 있었다.

이 전보를 접수한 외무성은 제의된 조건들, 이를테면 우호적인 국가의 호혜적 특전을 존경한다는 것은 국제간 업무의 일반적 예의로 고려되어야 마땅하다는 확고한 견해를 가지고 있었다. 이러한 존경을 보장하기 위해 모든 열강 간에 특별한 협약을 체결한다는 것은 그 필요성이 있을 경우라 하더라도 결코 이를 위한 충분한 시간이 없었다.

더욱이 이민 문제를 제외하고는 미국과 일본 간에 우호 관계를 해칠 만한 일이 일어날 것이 없었는데, 일본 대사는 전문에서 자기가 특히 이번 조약에는 이민 문제를 제외시켰다고 부언했다. 그럴 경우에 아오키 자작이 제의한 그 조약은 불필요한 것으로 고려될 수밖에 없었다. 그리고 만일 그 조약이 체결된다면 그것은 오직 양국 간에 마찰을 불러일으킬 만한 성질이 있으며, 그렇지 않으면 어떤 특별한 목적도 없는 협정을 체결했다는 의심만을 일으킬 수 있는 것이었다. 외무성은 이런 취지의 견해를 내각에 제시했으며 내각은 이를 받아들였다.

그러나 그 무렵에 아오키 자작의 전보 사본이 당시 서울 주재 일본 통감인 이토 히로부미(伊藤博文) 공작에게 전달되었다. 우연히 가쓰라 공작도 그때 서울에 있어서, 두 사람은 일본의 대미 외교에 관한 간단한 토의에 들어갔다. 이들은 우선 본국 정부의 의향을 알거나 그 동의도 얻지 않고 외교적 교섭을 수행하기 위해 아오키 자작이 행한 시도를 비난했다.

제의된 것과 같은 선언문을 백 번 발표한다 해도 미·일 우호 관계에 장애가 될 수도 있는 노동 및 이민 문제가 해결되지 않고서는 '공허한 문서'(vain letters)가 될 것이라고 그들은 말했다. 이토 공작과 가쓰라 공작의 의견은 외무성 및 내각의 의견과 합치되었다. 따라서 현 내각이 이 조약의 체결을 위해 어떤 다른 이유를 가지고 있었을지라도 앞선 내각이 미일협정을 체결하지 못했다고 해서 그것이 외교 활동의 부재를 의미하는 것이라고 주장할 수 없다.

만일 어떤 대사가 개인 자격으로 자기가 신임장을 가지고 파견된 정부에 어떤 제의를 한다면, 그것이 자기 정부의 훈령에 따라 행동하면서 상대국 정부의 의사를 측정해 보는 것이라고 믿는 것은 하나의 외교적 관례이다. 자기가 신임장을 제정한 상대방 정부가 자기의 견해에 동의하지 않는 경우에도 그 정부는 어떻게든지 제안자의 감정을 상하지 않는 방법으로 그 제의를 거부할 수도 있고, 그가 자기 정부의 위신을 상하지 않으면서 자기의 제의를 철회할 수도 있다.

그러나 만일 어떤 대사가 자기 멋대로, 비록 개인 자격으로라도 자기 정부의 견해를 알아보지도 않고 어떤 것을 제안하고 또 이 제안이 상대 국가에 의해 수락되었으나 본국 정부에 의하여 거부되었다면 결과적으로 심각한 문제가 일어날 것이다. 본국 정부는 대사의 시각에서 그 문제를 검토한 것이 아니므로 대사의 그런 제의를 수락할 수가 없다. 그렇지 않으면 대사가 외무대신처럼 보일 것이고 외무대신은 그 대사로부터 훈령을 받는 격이 될 것이다.

만일 어떤 정부가 위와 같은 방식으로 자기 나라의 대사가 제의한 것을 승인하지 못할 입장이라면, 관계된 상대국 정부는 그 이상 더 그가 내놓는 성명을 신임하지 않을 것이며 그 정부의 위신과 그 대사에 대한 신임이 모두 상처를 입어야만 하는 결과를 낳을 것이다. 통신 수단이 불완전했던 옛날에 해외에 있는 공사들은 부득이 자의로 행동하곤 했다. 그러나 오늘날에는 동부 아시아에 있는 아주 사소한 사건도 머나먼 유럽과 미국의 구석구석에까지 파급된다. 현대에는 전보가 발명되어 해외에 주재하는 공사들은 국가 간의 우호적 감정을 상할 모든 위험을 쉽사리 피할 수가 있다. 공사들이 일방적으로 행동함으로써 신임을 잃을 모험을 더 이상 할 필요가 없게 되었다.

현 내각이 체결한 미일조약의 원문은 아오키 자작이 전 내각에서 워싱턴 주재 대사로 있을 때 준비했던 조약 초안과 아주 유사하다. 무슨 이유로 가쓰라 공작이 작년에는 반대했던 협정을 이제 다시 필요한 것으로 생각하게 되었는지는 알려져 있지 않다. 그러나 미국 신문들의 논조를 보면, 이 조약의 체결이 일본에 대한 미국인의 감정이나 미국 내의 일본인에 대한 우호적인 감정을 새로 불러일으키는 데 영향을 준 것은 미국 함대와 미국 실업인 대표에게 베풀어 준 환영회보다도 훨씬 더 못했다는 것이 분명해졌다.

사실은 이 두 환영회가 실제로는 후임 내각에 의하여 마무리되었지만 그것은 애당초 사이온지 내각에 의하여 마련되었던 것이다. 내가 위에서 말한 것으로 볼 때 현 내각이 미일조약과 관련하여 앞선 내각을 공격할 아무런 이유가 없다. 이민 문제에 관하여는 가쓰라 내각이 앞선 내각의 정책을 채택했으므로 이에 관하여 아무런 할 말이 없다. 나는 별도의 장에서 이민 문제를 다루려고 한다.

미국과의 문제[2)]

캘리포니아주에서 일어난 반일 운동과 관련하여 말한다면, 일부 미국 사람들은 장차 미국과 일본 사이에 반드시 전쟁이 발생한다는 소문이 난 데 대하여 책임이 있다. 이 미국인들은 일본이 필리핀열도와 하와이에 눈독을 들이고 있으며, 태평양에서 미국보다 일본 해군이 너무 우세하기 때문에 전쟁이 불가피하게 되었으며, 또 일본이 해산된 병사들을 은밀히 하와이에 파견하고 있으며 그 결과 미국도 역시 은밀하게 전쟁을 준비 중에 있다고 주장함으로써 자기들의 견해를 뒷받침한다.

이러한 소문들은 사실과 다르며, 대수롭지 않은 일부 지방 신문

2) 하야시 다다스 백작은 '미국 이민 문제'에 관하여 별도의 장을 쓴 적이 없는 것으로 보인다. 그러나 아마도 지방 신문에 기고하여 자기의 집대성한 저작 속에 포함시키려 했던 다음의 원고 속에서 그 일에 관한 자신의 견해를 부분적으로 모을 수 있다.(편자 주)

들의 상상의 날개에 불과하다. 참으로 명성이 있는 미국 신문들은 진정으로 양국 간에 심각한 어떤 견해 차이가 없다는 것을 보이면서 이러한 근거 없는 소문을 부정한다. 불행하게도 전쟁에 관한 이러한 근거 없는 소문들이 미국에서 화제를 제공하고 있지만 유럽에서는 이를 걱정하고 있다.

그러나 만일 우리가 미국과 일본 사이에 그렇게 오랫동안 존립하여 왔던 우호적 관계를 냉정하게 반성해 본다면 그러한 걱정이 변함없이 남아 있다는 것을 발견하게 될 것이다. 사소한 견해 차이가 있었던 것은 사실이어서 일본 정부는 자신이 미국 정부에 대하여 타당한 권리를 확보하는 것이 바람직하다고 주장했다.

샌프란시스코의 반일 선동은 하나의 작은 일에 불과하여, 크게 신경 쓸 일은 아니다. 그에 관해서는 가능한 한 빨리 사건의 결말을 짓기 위해 가능한 모든 조치가 강구되고 있다. 이민 문제는 아주 간단히 해결될 수 있다. 그동안 양쪽에 오해가 있었다. 학교 문제는 우리가 가지고 있는 조약상 권리에 대한 위반이지만, 이민 문제는 미국이 관계되고 있는 한 단지 샌프란시스코 경찰의 행정 착오에 불과하다. 그들은 일본에 대한 자기들의 책임을 인식하고 같은 사건이 다시는 일어나지 않도록 보장해 주었다.

일본 측으로서는 하와이에 이주한 일본인들의 행위로 말미암아 사태가 복잡하게 된 것이다. 내가 외무성의 부대신으로 있을 때 1894년의 조약에 따라 미국은 일본 사람들의 미국 이민을 제한할 수 있었다. 우리는 미국이 제2조에 부가했던 구절에 강력하게 반대했으나 아무 소용이 없었다.

미국 국무장관인 그리스콤[3](L. C. Griscom) 씨는 이 조항을 수락

---

3) 그리스콤(Lloyd C. Griscom, 1872~1959) : 미국의 외교관. 페르시아 주재 공사(1901~1902) · 일본 주재 공사(1902~1906) · 브라질 대사(1906~1907) · 이태리

하지 않는 한 조약 개정은 합의할 수 없다고 단호하게 거부했다. 우리는 마음이 내키지 않으면서도 이에 동의했다. 왜냐하면 영국과의 조약 개정이 유예 구절 때문에 불확실했으며 따라서 새로이 출발할 필요가 있었기 때문이었다. 이 조약에 따라서 미국은 일본인의 이민을 제한할 수 있었으며, 우리도 같은 제한을 할 수 있었다.[4)]

하와이가 미국의 영토로 되기 전에 많은 일본인들이 그곳에 있었다. 그 섬이 미국으로 합병되자 그곳에 살고 있던 일본인들이 매년 수천 명씩 캘리포니아로 이주했다. 미국의 관계 당국은 이러한 이주를 금지시켰다. 우리는 일본 사람들이 그렇게 이주할 수 있다고 믿는다. 왜냐하면 일단 그들이 하와이로 이민해 가 있었으니 그들은 미국 영토에 있었으며, 조약상의 권리에 따라 그들은 여행의 자유를 누리고 있었기 때문이다.

미국 사람들은 이러한 여행 자유를 허용하지 않는다. 우리는 미국 사람들이 조약 규정상 거부할 권리가 없다고 생각하고 있다. 그러나 우리가 너무 항의하면 그때는 미국이 일본인들의 하와이 이민을 모두 폐쇄해 버리겠다고 위협할 터인데, 이렇게 되면 하와이에 사는 일본인들에게는 미국의 본토 여행 금지보다도 더욱 불리한 사태가 벌어질 것이다.

미국 정부는 일본에 대하여 호혜적 이민권을 허용하는 조약 체결을 제의해 왔다. 우리는 이 제의를 거부했으며 그것을 받아들일 의향이 없다. 내각은 이민 문제나 이와 비슷한 문제를 해결하는 유일한 길은 현 조약 중 제2조의 말미에 있는 구절 전체를 삭제하는

대사(1907~1909) 등을 역임했다. 제2차 세계 대전 당시인 1918년에는 퍼싱(John J. Pershing) 장군의 참모이자 연락 장교로서, 프랑스 제77사단에서 근무했다.

4) 일본이 같은 제한을 할 수 있도록 되었지만 이 규정은 실제로 미국에 영향을 주지 못했다. 왜냐하면 일본에 이민가려는 외국인 노동자들은 오직 중국인들뿐이었는데, 그들은 이민이 금지되어 있었기 때문이다.(편자 주)

것이라고 결의했다. 몇 년 안에 이 조약이 폐기될 날이 올 것이며 새 조약에는 일본인들이 미국 본토로 이주하는 자유에 아무런 제한이 없을 것이다.

그러나 지금 일을 서두르는 것은 좋지 않다. 그리고 최근의 샌프란시스코 난동 기간에 일본인이 입은 재산상의 피해에 관하여 심각한 문제를 제기해도 아무 소용이 없다. 인종적 편견이 개재되면 어느 쪽도 분별 있게 논의할 수 없다. 따라서 우리는 이 일을 우호적인 방식으로 토의할 수 있을 때까지 기다리지 않으면 안 된다.

1905년의 히비야공원(日比谷公園) 난동 때 일본인들이 외국인의 재산을 파괴했다. 그러나 그 당시에 있었던 불평에 대하여 일본인들이 귀를 기울였겠는가? 그때와 지금의 분위기는 비슷하다. 인종적 편견이라고 할 수 있는 일본인에 대한 적대감이 샌프란시스코 난동의 밑바탕에 깔려 있다. 모든 존경할 만한 일본인들과 미국인들은 이 일에 관하여 합의가 되었지만, 인종에 대한 편견과 혐오감을 일소하는 것은 가장 어려운 일이라는 점은 더 말할 나위도 없다.

이 일은 만족스럽게 해결될 것이다. 일본과 미국의 정치인들은 이 점에 관하여 합의했으므로 일반 사람들도 조용히 쉴 수 있을 것이다. 신문의 무책임하고 선동적인 언어는 오직 이 문제를 복잡하게 할 수 있다. 일본의 어떤 문제도 미국의 지시를 받지 않는다. 우리는 일본 사람이 몽골족으로 분류되는 것에 동의하지 않았다. 만일 미국 정부가 일본 사람을 그렇게 분류한다면 그것은 그들 자신의 일이다.

학교 문제에 관하여 살펴보면, 이것은 조약에 명시된 권리를 우리가 위반했음을 의미하는 것으로 우리는 믿고 있다. 그러나 이 사항은 매우 어렵고 또 복잡한 것이며, 아마도 조약의 개정을 통해 조정되도록 남겨 두어야 할 것이다. 일본 정부와 국민은 모두 일본에 대한 미국의 오랜 우호 관계를 기억하고 있으며, 장차 학교 문제에 관해 만족스러운 해결을 볼 것이라는 점에 자신이 있다.

우리는 루즈벨트 대통령에게 큰 도움을 받았다. 그는 정당하고 현명한 해결을 얻기 위해 가능한 모든 일을 다 했다. 그러나 그도 법으로써 자기에게 주어진 범위를 넘어갈 수 없다는 것은 당연하다. 그는 항상 일본인들의 우정에 큰 가치를 두었으며, 우리는 그가 베풀어 준 우정에 관한 증거가 양국 간의 관계를 강화시키게 되기를 희망한다. 그는 우리와 마찬가지로 장차 미국과 일본 사이에 전쟁이 일어난다는 것은 단지 신문기자들의 이야기이며, 어떠한 환경 아래에서도 그러한 일은 결코 일어날 수 없다고 믿고 있다.

일본과 미국 간의 세 가지 문제는 이민 문제, 학교 문제, 그리고 청국 문제이다. 아마도 이들 문제 중 어느 한 가지도 일본과 미국 간의 전쟁으로 확대될 수는 없다. 전쟁은 오직 이해관계의 충돌이나 개인감정의 충돌 또는 이 두 가지로부터 일어날 수 있다. 미국과 일본 간에 전쟁을 정당화시킬 만한 이해관계의 충돌이나 개인감정의 충돌은 없다. 두 나라 사이의 감정은 정중하다. 일본은 미국을 자신의 은인으로 여기고 있다. 일본은 미국으로부터 많은 도움을 받았고 발전을 이룩하면서 미국에 깊은 은혜를 입었다. 실제로 미국에 대한 일본의 느낌은 50년 전과 마찬가지로 지금도 정중하다.

일본이 하와이와 필리핀에 대하여 야심을 가지고 있다고 주장하는 사람들이 다소 있다. 상식적인 사람이면 누구나 일본이 미국과 같은 강대국으로부터 그 나라가 가지고 있는 값진 소유물을 빼앗으려고 한다는 것이 얼마나 미친 짓인가를 이해할 수 있다. 마땅히 더 잘 알고 있어야 할 사람들 가운데에도 미국을 멸시하고 미국은 군사적인 나라가 아니며, 그 나라의 함대는 시원치 않다고 말하는 경향이 있다. 이것은 커다란 잘못이다. 왜냐하면 미국은 천부적으로 강한 나라이며, 막대한 자원을 가지고 있는 아주 부자 나라이다. 미국인들은 매우 정력적이다.

태평양의 진정한 문제는 필리핀에 대한 일본의 야심이나 그런 허무한 생각과는 아무런 관계가 없으며 중국의 영토 보전과 문호 개방의 원칙을 유지하는 것이다. 이 원칙을 유지할 필요성에 관하여 모든 열강이 합의했으며, 미국은 우리가 이를 실현하도록 돕기 위하여 매우 노력하고 있다.

일본은 중국에서의 문호 개방을 유지하기 위해 러시아와 싸웠으며, 중국의 영토 보전을 확실하게 하고 중국을 세계 시장에 개방하는 수단이 되어 왔다. 일본은 이제 자기가 노력한 대가를 거두어들이기 시작했다. 일본의 목적을 수행하는 데 대한 미국의 도움은 매우 값진 것이 될 것이다. 그리고 미국은 일본이 자신의 맹세를 지키지 않으려는 의도가 없다는 것을 확신해야 할 것이다.

외교 업무는 임박한 중요 업무를 처리하는 것일 뿐만 아니라 장래도 바라보아야 한다. 외교란 법률적인 업무나 며칠 동안에 해결되는 일처럼 간단히 이루어질 수는 없다. 청국의 개방은 오늘 내일의 일이 아니라 여러 해가 걸리는 일이다. 이것이 우리가 미국과 제반 사항을 토의할 때 모든 문제를 한꺼번에 토의하고자 바라는 이유이다.

의견의 차이를 보이고 있는 이민과 학교 문제는 반드시 우호적인 대화 속에서 해결되어야 한다. 이러한 문제와 관련하여 전쟁을 거론하는 것은 어리석은 짓이다. 미국과 일본 사이에는 전쟁을 일으킬 만한 한 치의 이유도 없다. 그리고 내가 언급한 그러한 소문들은 그것들이 널리 퍼져 돌아다니는 것을 빼놓고는 관심을 둘 가치조차 없을 것이다.

부 록 F

미일협정 전문

워싱턴 주재 일본 대사와 미국 국무성 장관 간에 교환된 각서

일본 대사로부터 국무장관에게
1908년 11월 30일
워싱턴 주재 일본 대사관

각하,

근간 몇 차례에 걸쳐 본인이 영광스럽게도 각하와 가졌던 면담 때의 의견 교환을 통하여 태평양 지역 내의 원거리에 있는 중요한 도서(島嶼)를 소유하고 있는 미국과 일본 정부는 이 지역 내에서 공통 목표, 정책 및 의도로 활기 띠게 되었음을 보여주었습니다. 이러한 목적, 정책 및 의도에 관한 솔직한 표명이 일본과 미국 간에 오래 전부터 존재하여 왔던 선린과 우호 관계를 강화시켜 줄 뿐만 아니라 일반적 평화 보전에 실질적으로 기여하리라고 믿기 때문에, 일본제국 정부는 본인이 이러한 공통 목적, 정책 및 의도에 관하여 자기들이 이해하고 있는 개요를 각하에게 제시할 것을 승인했습니다.

(1) 태평양에서 자유롭고 평화적인 양국의 상업 발전을 격려하는 것이 양국 정부의 소망이다.

(2) 어떠한 침략적 의도로 기울어진 바 없는 양국 정부의 정책은 앞에서 말한 지역 내의 현상 유지와 청국 내에서 상업 및 산업상 기회 균등 원칙의 준수를 지향한다.

(3) 따라서 양국은 위의 지역 내에서 상대국에 소속되어 있는 영토 소유권을 호혜적으로 존중할 것을 확고하게 결의한다.

(4) 양국은 또한 양국이 취할 수 있는 모든 평화적 수단에 의하여 청국의 독립과 영토 보전, 그러고 청국에서의 모든 열강의 공동 이해관계를 지원함으로써 청국 내에서의 모든 국가의 상업 및 산업상 기회 균등 원칙을 보전할 것을 결의한다.

(5) 만일 어떤 사건이 발생하여 앞에서 말한 현상 유지 또는 위에서 정의한 기회 균등 원칙을 위협하면, 양국 정부는 어떤 조치를 취하는 것이 유용하다고 생각하는가에 관하여 서로 의견을 교환한다.

만일 위에서 개술한 바가 미국 정부의 견해와 합치될 때 각하가 이를 확인하여 주시면 감사하겠습니다.

미국 국무장관으로부터 일본 대사에게

1908년 11월 30일

미국 국무성

각하,

본인은 태평양 지역 내에서의 양국 정책에 관한 양국 정부의 이해를 정립하고 근간에 우리가 가졌던 면담을 통하여 상호 의견을 교환했던 결과를 정리한 오늘 날짜 각하의 각서를 본인이 접수했음을 확인하는 바입니다. 상호 이해에 관한 이 표명은 우리 양국 간의 행복한 관계에 합당한 것으로서, 우리 양국 정부가 과거에 아주 빈번하게 선언했던 일치된 극동 정책에 관한 상세한 상호 확인의 기회로서, 미국 정부로부터 환영받게 되었음을 통보하게 되어 기쁩니다. 본인은 다음 구절 안에 함축된 양국 정부의 선언에 관하여 미국을 대리하여 각하께 통보할 수 있음을 기쁘게 생각합니다.*

---

* 여기에 다카히라 고코로(高平小五郎) 남작이 제시한 것과 같은 선언문이 뒤따르고, 루트(Elihu Root) 씨의 서명이 있다.(편자 주)

제9장

외교정책(1)

매수할 것인가, 말 것인가?

나는 러일조약, 러일협정, 프랑스·일본 협정, 그리고 미일협정에 대하여 이미 앞선 내각과 관련해서, 이민 문제와 같은 이유들 때문에 사이온지 긴모치(西園寺公望) 내각이 협정을 체결할 수가 없었으므로, 외교 정책을 근거로 하여 가쓰라 타로(桂太郎) 내각이 공격할 만한 과실을 사이온지 내각이 범한 것이 없다는 점을 지적했다. 사실상 가쓰라 내각은 이 점에 관하여 전임자들을 직접적으로 공격할 수는 없었다. 만일 가쓰라 내각이 외교 업무에 관한 어떤 점들을 들어 전임자인 사이온지 내각을 공격할 수 있었다면 그것은 중국 정책이었을 것이다. 그러나 이 공격은 가쓰라 내각의 각료가 신문과 중의원 회의에서 정부의 중국 정책을 문제로 제기했던 중의원 의원들로부터 나왔다.

앞선 내각이 공격을 받은 가장 중요한 사항은 만주(滿洲)에서 우리의 권리와 특권을 얻기 위해 수억 원의 돈과 10만 명의 생명을 소모했다는 것이다. 그렇기 때문에 우리는 만주에 대한 정책을 이완시켜서는 안 된다는 것이다. 우리는 지금도 이미 확보한 권리를 더 확장해야 하고, 그곳에서 우리 입장의 기반을 더욱 강화해야 마땅하나 어떠한 이유로도 중국 사람들을 우리의 적으로 만들어서는 안 된다는 것이다. 일본의 목적은 동양의 평화를 유지하고 청국의 신뢰와 친선을 얻는 것이어야 한다.

반대자들의 주장에 따르면 사이온지 내각의 업무 수행 방법으로 미루어 판단하건대, 그렇게도 막대한 국력을 소모해서 우리가 만주에서 얻었던 모든 특권을 할 수 없이 포기하려고 노력하고 있고, 반면에 청국 내에서는 반일 선동과 동시에 외국인들에 양여되었던 권리와 특권을 축소하려는 반외국인 선동이 커다란 기반을 확보했고, 일본은 급속도로 중국 사람들의 신임을 상실해 가고 있다는 것이다. 결과적으로 앞선 내각에 대한 정적(政敵)들은 우리가 청국에서 외교적으로 크게 실패했으며, 우리의 외교관들이 아주 무능하다고 주장했다. 이러한 사항들이 사이온지 내각에 대한 공격의 주제들이었다.

우리가 만주에서 우리의 권리와 특전을 확대하려고 하는 것은 청국의 권리와 충돌되며 만일 우리가 그러한 권리를 확대시킨다면, 우리는 중국 사람들의 신의를 잃게 되고 또 어떤 경우에 우리가 자신의 권리를 더 깊숙이 확보하려고 원할지라도 그것은 여러 가지 조약에 규정되어 있는 것 이상을 초월할 수는 없다. 또한 만일 우리가 그러한 규정을 넘어선다면 결국 우리는 이미 포기하지 않으면 안 되었을 것이라고 우리 내각은 집권 당시에 설명한 바가 있었다.

다시 말해서, 비록 여러 가지 조약에 의해 우리가 청국에서 특전을 얻었다고 하지만 중국 사람들은 결국 가능한 한 그 영향력의 범위를 제한하려고 시도할 것이다. 반면에 우리로서는 가능한 한 청국에 대한 우리의 영향력을 확장시키기 위한 터전을 확보하기 위해 노력하지 않으면 안 된다. 결국 양측에는 반대를 위한 근거가 있는 것이 분명하며 나쁜 감정과 이해관계의 충돌을 피할 수 없게 되었다.

내각의 이와 같은 설명에 답하여, 그 반대자들은 우리가 만주로부터 러시아를 몰아낸 사실을 설명하는 입장에서 보면 중국 사람들의 이익을 위한 일본 측의 아량으로 고려되어야 함에도 불구하고, 중국 사람들이 우리의 이러한 봉사를 감사하게 생각하도록 하거나 우리의 여러 제안에 동의하도록 하는 데 실패했기 때문에 그들의 신의를 상실했다고 말했다. 요컨대, 우리 내각의 외교 정책에 관하여 그 반대자들이 제기한 견해는 우리가 자신을 위해 모든 것을 취해야 마땅하고 동시에 러시아 사람들을 몰아낸 데 대한 우리의 커다란 봉사를 그들이 감사하게 만듦으로써 중국 사람들의 신의를 얻어야 한다는 것이었다.

그들의 주장에 따르면, 우리가 만주에서 러시아인들을 대신하여 교체되었다는 단순한 사실 때문에 중국 사람들이 우리를 싫어해서는 안 된다는 것이다. 그러나 나의 견해로서는 그러한 논의는 지극히 비합리적이며 이기적이다. 우리가 만주에서 러시아를 몰아낸 것은 우리 자신의 이해관계를 보호하고 싶었기 때문이었다. 우리의 행동은 우리 스스로의 생존을 위해 필요했다. 설령 우리가 만주에서 러시아의 이권을 인수하지 않았고 그 나라를 포기했다고 하더라도 어떤 다른 나라가 우리 대신에 만주에 진출했을는지도 모르며 그렇게 되면 우리는 마땅히 또 하나의 커다란 전쟁을 치르지 않을 수 없게 되었을 것이다.

우리가 만주를 붙잡고 있는 것은 우리 자신의 보존을 위해서이지 인도주의적 배려에서 행동한 것은 추호도 아니다. 중국 사람들도 이 사실을 알고 있다. 우리가 청국을 위하여 싸웠다는 것은 도리어 진실을 호도하는 것이다. 그러한 말 속에 어떤 진실이 있을지는 모르지만, 다른 사람들이 그것을 믿기를 기대하는 것은 '귀머거리가 종을 훔치면서 남들도 자기처럼 종소리가 안 들리기를 바라는 것'과 같다. 비록 우리가 러시아인들을 몰아냈지만 우리는 그들 대신에 들어왔다. 따라서 중국 사람의 입장에서 보면 우리는 '호랑이 뒤에 따라온 늑대'와 같았을는지도 모른다.

러시아 사람들이 만주에서 스스로 행동한 방식에 비추어 볼 때 그들은 마치 그 지역 전체를 흡수 통합하려고 했던 것처럼 보인다. 우리 측으로서는 엄격히 조약 규정의 정신에 따라 우리의 일을 수행하려고 노력했다. 결과적으로 러시아와 일본의 입장에 커다란 차이가 있었던 것은 엄연한 사실이다. 그러나 청국의 입장에서 보면 그 차이란 단지 1도(度)밖에 되지 않았다. 국내에서 우리를 헐뜯는 사람들은 우리가 청국으로부터 너무 많이 거두어들였는지도 모른다고 상상하고 있기 때문에 중국 사람들이 그 조정에 불만을 품는 것이 당연하다고 생각한다.

중국 사람들의 신의를 얻는 유일한 길은 청국 정부가 제안한 모든 것에 동의해 주는 것이다. 자기의 유리한 점을 주장하는 일과 상대방과의 친선을 확보하는 일은 같은 종류의 일이 아니다. 이 두 가지 일을 함께 수행하는 것은 불가능하다. 이 두 가지에는 아무런 공통점이 없다. 이것은 개인 간에도 그렇고 국가 간에도 마찬가지다. 그러나 우리가 꼭 그렇게 해야 할 이유가 없는 한, 다른 사람들의 감정을 무시하지 않도록 주의하여야 한다. 그런데 일본 군대가 만주를 점령한 이래 그곳에서는 우리가 중국 사람들의 감정을 상하게 하는 경우가 자주 일어났다.

구체적으로 말한다면, 전쟁이 일어난 이래 만주로 갔던 거칠고 사나운 일본인들이 그곳에 있는 중국 사람들을 난폭하게 다루었을 뿐만 아니라 고급 장교들까지도 아무런 도덕적 원칙이 없는 사람들임을 스스로 노출했다. 그들은 청국의 고위 관리들에게 매우 빈번하게 무례한 짓을 범했다. 이러한 사건들은 중국 사람들이 일본인을 불신하게 만든 원인이 되었으며, 그것이 조약 규정에 따라서 행해질 수 있는 것인지를 다시금 생각해 보아야 할 것이다.

만주 사태와 관련해서 일본과 러시아에 대한 중국 사람들의 감정을 연구하기 위해서 해야 할 가장 중요한 일은 청국에 대하여 취한 일본과 러시아의 조치들을 비교해 보는 것이다. 내가 영일동맹에 관한 장에서 이미 말했던 바와 같이, 메이지 28~29년(1894~95)의 전쟁 이후 요동(遼東)반도가 일본으로 돌아오자, 러시아는 독일 및 프랑스와 더불어 이에 개입했으며 우리로부터 그것을 빼앗아 청국에 되돌려 주었다. 그 뿐만 아니라 러시아는 청국이 우리에게 지불해야 할 전쟁 배상금 3억 냥과 반환보상금 3천만 냥의 차관을 보증해 주었다. 결국 청국은 연리 4%의 아주 낮은 이자로 프랑스에서 채권을 매출할 수 있었다.

이 결과 청국은 러시아에 대하여 매우 고마운 생각을 가지고 있었으며 러시아가 차관 보증 조건으로 만주 북쪽을 관통하는 시베리아 철도 건설의 특전을 요구했을 때 청국은 기꺼이 이에 동의했다. 무라비에프 백작(Count Muravieff)은 대련(大連)과 여순항(旅順港)의 조차(租借) 및 만주를 관통하는 철도 건설을 계획할 당시 힘의 과시를 통하여 중국 사람들을 위협할 마음을 가졌으나 겉으로는 청국의 '체면'을 세워 주도록 했다. 러시아의 국력이 절정이었던 때에 만주로 건너간 러시아 사람들은 대체로 봉급이 아주 높고 돈을 물 쓰듯 하는 장교들이었다.

또한 여순항에 이르는 철도 건설, 여순항의 건설 공사, 그리고 대련항의 건설 공사는 막대한 자금을 필요로 하던 차에 중국 사람들은 자연히 이런 자금이 풀림에 따라 상당한 혜택을 입게 되자, 러시아 사람들은 중국 사람들에게 가장 좋은 고객으로 환영받게 되었다.

그 당시 우리의 가장 저명한 정치인 중 한 사람은 이홍장(李鴻章)과 이야기를 나누던 중 러시아 사람들의 계획 시행을 위해 이러한 특별한 자유를 러시아 사람들에게 허용하면 결국 만주에 대한 청국의 주권을 소원(疎遠)하게 만들 것이라고 경고했다. 이에 대하여 이홍장은 일정한 시한 내에 만주를 청국에 반환한다는 약속이 있으므로 결국 중국 사람들은 아무것도 걱정할 필요가 없다고 말했다.

사실상 이홍장은 어느 모로 보나 서양에 대하여 잘 알고 있는 입장은 아니었으나 그는 확실히 러시아의 진의를 모를 만큼 그렇게 무지하지는 않았다. 나는 그가 달리 대답할 말이 없었기 때문에 이런 대답을 한 것이라고 확신한다. 그는 오직 그를 방문한 손님 앞에서 자기의 체면을 세우고 싶었다. 내가 그렇게 생각한 이유는 이 대화를 나눈 다음부터 러시아와 일본에 대한 청국의 태도가 천천히 변화하기 시작하여 점차로 아예 비우호적으로 되어 갔기 때문이다.

의화단(義和團)의 난 뒤에 러시아는 결국 자기들의 뜻이 이루어지리라는 기대로 안달하기 시작했으며 공개적으로 만주 점령을 추진함으로써 중국 사람들로부터 노골적인 반감을 샀다. 실제로 그 당시 중국 사람들은 러시아에 대항하여 군대를 증강시키고 있던 일본 사람들을 좋아하기 시작했다. 그러나 러시아와 일본 간의 평화 협정이 체결되자 일본 사람들이 만주에서 여러 가지 사업을 하는 러시아 사람들의 후계자가 되었으며, 일본은 요동반도를 다시 차지했을 뿐만 아니라 남만주 철도와 요동반도 및 그곳 철도의 부수적 이권을 얻었다.

더 나아가 일본군 참모부는 만주 전역의 이곳저곳에 군사 행정 부서를 설치하고 여러 가지를 수용(收用)하기 시작했다. 그런데 이러한 수용은 전쟁이 끝난 후에 착수되었기 때문에 군사상으로 필요한 범위 밖의 것이었다는 것은 의심할 나위도 없다. 또 이러한 수용은 청국 정부가 준수하기로 합의했던 북경조약(北京條約)에서 정한 경계선 밖의 지역에서 이루어졌다. 이 외에도 많은 일본 사람들이 만주로 들어가 이러한 수용을 통해 모든 이익을 빼내가는 일이 흔히 있었다. 그 결과 일본 사람들에 대한 중국 사람들의 태도가 매우 비우호적으로 바뀌었으며 청국 관리들까지도 항의하기 시작했다.

일반적으로 말하면 전쟁에서 이긴 병사들은 이 세상에서 자기들이 가장 소중하게 여기는 자신의 생명까지도 희생함으로써 승리한 것이다. 따라서 그들이 명성을 얻고자 하며, 승리와 모험의 결과로서 자기들이 이룩한 무력의 성공을 영예스럽게 하기 위하여 가능한 한 많은 특전을 취하려고 하는 것은 당연하다. 이것은 너무도 인간적이다. 프러시아 군이 사도바(Sadowa)에서 승리한 후, 그 연로한 황제와 참모총장 몰트케[1](H. von Moltke) 및 그의 부하들은 오스트리아로부터 가능한 한 많은 이익을 차지하려고 했다.

독일제국의 통일의 날을 위한 장래를 멀리 내다보고 있던 철혈재상 비스마르크[2](O. von Bismarck)는 병사들의 욕망을 억제할 수 없는 자신의 무능에 너무나 실망한 나머지 거실에 들어가서 울었

1) 몰트케 백작(Count Helmuth von Moltke, 1800~1891) : 프러시아의 군인. 참모총장(1858~1888)으로서 수상인 비스마르크와 전쟁성 장관인 폰 룬(von Roon)의 의회 지지를 받아 프러시아군을 재조직(1858~1863)하였다. 1871년에는 육군 원수가 되었다.

2) 비스마르크(Otto. von Bismarck, 1815~1898) : 프러시아의 정치가이자 독일제국의 초대 수상. 괴팅겐과 베를린대학에서 법학을 공부하였다. 오스트리아의 독일 지배에 반대하고 프러시아 지도하에 독일 국민의 단결을 옹호하였다. 러시아 대사(1859) · 프랑스 대사(1862) · 프러시아 수상 및 외상(1862) 역임했으며, 1871년 새로운 독일 제국의 첫 번째 수상이 됨과 동시에 공작이 되었다.

다. 이 사건은 그 자신의 메모 속에 기록되어 있다. 러일전쟁 후 우리의 병사들이 얼마나 자랑스러워했고 또 저돌적이었던가는 쉽게 상상할 수 있다. 전쟁 후 병사들이 그곳에서 행한 짓 때문에 우리는 중국 사람들로부터 호의를 잃었을 뿐만 아니라 또한 유럽 사람들과 미국인들로부터 비우호적인 비난을 받았다.

위에서 언급한 바와 같이 병사들의 그러한 행동이 원만한 외교 활동을 저해한다는 것은 부정할 수 없다. 당시 외무대신 가토 다카아키 씨(후에 남작이 됨)가 만주 철도의 국유화에 반대하여 사임했던 것은 사실이다. 그러나 그의 사임은 또한 만주 문제에 대한 국내외의 두 반대 세력들의 활동 사이에서 샌드위치가 되어 버린 탓도 있었다. 사이온지 후작이 수상으로 있을 당시 은밀히 만주를 방문했던 것도 개인적으로 그 실정을 조사하고 싶었기 때문이었다. 이러한 분위기에서 외무대신이라는 공직에 있는 사람으로서 우리의 특권을 더욱 신장하는 동시에 중국 사람들의 친선을 잃은 것을 방지하는 데 성공할 수 있는 사람은 아무도 없었다.

내가 영국에서 돌아와 외무대신으로 임명받은 것은 1906년 5월 19일이었다. 5월 22일에 원로 회의가 개최되었는데 이 회의는 이토 히로부미 공작, 야마가타 아리토모 공작, 오야마 이와오(大山巖) 공작, 마쓰카타 마사요시(松方正義) 후작 및 이노우에 가오루 후작, 모든 각료, 가쓰라 타로 공작, 야마모토 곤노효에[3](山本權兵衛) 제독 그리고 총참모장인 고 고다마 겐타로[4](兒玉源太郎) 장군이

---

3) 야마모토 곤노효에(山本權兵衛, 1852~1933) : 해군·정치가, 가고시마현(鹿兒島) 출생, 해군병학교(海軍兵學校) 졸업. 제2차 야마가타 내각부터 제1차 가쓰라 내각까지 해군대신을 역임했다. 청일전쟁, 러일전쟁 시에는 대본영(大本營)에서 활약했다. 제3차 가쓰라 내각이 호헌(護憲) 운동으로 붕괴되자 입헌정우회(立憲政友會)를 결성(1913)해 조각(組閣)했지만 시멘스사건으로 사직하였다.

4) 고다마 겐타로(兒玉源太郎, 1852~1906) : 군인, 야마구치현(山口縣) 출생. 청일전

참석했다. 오랜 시간 논의를 거친 후 가능한 한 빨리 군사 행정 요원을 폐지하고 북경조약에 정해진 경계선 너머에 있는 지역에 배정된 연대들을 철수시킨다는 것이 결정되었다. 그리고 이러한 철수는 그 조약에 정해진 일정 이전이라도 실시해야 하고 경계선 너머 지역들은 청국 정부에 가능한 한 빨리 넘겨주어야 마땅하다는 것도 결정되었다.

그러나 일단 착수된 수용 활동이 이루어지기를 갈망하는 것은 인간적 본성이다. 그 당시 만주에서 있었던 각종 자산의 수용은 거의 1년에 걸쳐 시행되었으며 이 시기에 우리의 행정하에 있던 그 지방 사람들은 마침내 우리 관리들과 여러 가지 복잡한 관계로 얽혔던 것을 기억하지 않으면 안 된다. 따라서 이 원로 회의의 여러 결정을 수행하기란 매우 어려운 일이었다. 숙의를 거듭한 후 계획은 천천히 시행되었다. 이러한 협상에는 청국 관계 사항뿐만 아니라 사할린에서 근무하는 관리들, 여순항에 있는 적십자 병원, 사찰과 묘지 및 기타 러시아와 관련된 사항도 포함되어 장시간에 걸쳐 토의되었다.

청국에 대한 우리의 태도와 관련해서 본다면 일본 병사들이 전쟁에 승리한 후 행한 여러 가지 비이성적인 사례들로 말미암아 그 교섭은 매우 어려웠다. 전쟁으로 인하여 발생한 대부분의 주요 사항들과 만주에서의 전후 사건들은 사이온지 내각의 통치 기간 동안에 처리되었다. 외무성은 국내 정치 상황이 허락하는 한 청국에게 합리적인 태도를 취했으며 오늘날까지도 최종적으로 해결되지 않은 것은 극히 소수에 지나지 않는다.

확실히 청국 외교는 이따금 배신적인 것이어서 우리는 중국

쟁 후에 육군 대장이 되었으며, 만주철도창립위원장으로 활동하였다.

사람들로 하여금 자기 꾀에 넘어가도록 준비되어 있었다. 우리는 중국 사람들이 요구하는 것에 대하여 어떤 경우에서든지 "예, 예, 그렇습죠."라고 말할 수만은 없었다. 뿐만 아니라 그 무렵 그곳에는 또 다른 여건하에서 배외(排外) 선동이 일어났다. 그 목적은 외국인들에게 승인된 이권을 중지시키는 것이었으며 이러한 일반적 배외 감정에 편승하여 특별히 반일 선동이 심각하게 일어났다. 그 결과 우리의 협상은 이중으로 어렵게 되었다.

중국 사람들이 제의한 것이면 무엇이든지 우리가 동의하려고 하지 않는 한 그들의 호감을 얻는다는 것은 사실상 불가능했다. 물론 상대방이 요구하는 모든 것에 동의할 준비가 되어 있다면 협상은 이 세상에서 가장 간단한 일이다. 중국 사람들의 호감을 늘 사야 한다는 일본 국민들의 요구는 우리가 중국 사람들을 기만해서는 안 된다는 의지로부터 나온 것이라고 나는 생각한다. 그런데 일본의 야당은 그 호감을 사려는 것 때문에 정부를 비난했다.

중국은 세계에서 가장 위대한 문명 발상지 중의 하나이기 때문에 개화된 제도와 관습이 이미 그곳에 있다는 사실을 알지 않으면 안 된다. 반면에 일본 사람들은 단지 최근에 와서 서양 문명을 수입하여 모방했다. 일본 사람들이 청국에 가서 중국 사람들과 어울려 보면 자신들이 어떤 면에서도 중국 사람들에 비하여 열등하지는 않다고 생각할 수도 있다. 그러나 만일 일본 사람들이 자기들의 금테 장식을 일단 벗기만 하면 자기들이 원래 중국에서 수입한 것만 남아 있다는 것을 발견하게 될 것이다.

결국 일본 사람들은 모든 문명에서 중국 사람들보다 뒤진다는 것이 분명하게 된다. 확실히 우리는 국민적 단합과 선사시대 이래 지금껏 우리가 가지고 있는 무사도(武士道)라고 하는 우리 특유의 관념을 가지고 있다. 이러한 점에서는 우리가 이 세상에서 어느 나라보다 뒤떨어지지 않으나, 내가 말하고자 하는 것은 사회 문명의 정보에서는 아무리 마음이 내키지 않더라도 중국이 일본보다 훨씬 더 풍요롭다는 것을 우리가 인정하지 않으면 안 된다는 것이다. 우리가 외국에 있는 중국 사람들을 보면 그들은 자기들을 둘러싸고 있는 환경에 스스로를 적응시키기 위해 노력하고 있으며 자기들의 언행에 매우 조심하는 것을 발견한다.

따라서 그들에게는 옷을 달리 입고 있는 사실을 빼놓고는 아무것도 우리의 관심을 끌 만한 것이 없다. 그러나 우리가 북경에 가서 그 나라의 고위 관리와 어울려 보면 일본에 있는 우리와는 전혀 다른 세계에 들어간 것을 알게 된다. 집, 옷, 사교적 관습, 들어가고 나가는 예절까지도 엄격하게 규제되고 있다. 순수한 서양 문명 속에서 자라난 서양 사람들에게는 이런 것들이 매우 강력한 인상을 주지 않을 수도 있지만, 중국 문명에 서양 문명의 장식을 가진 일본 사람들로서는 중국 사람들에게 어떤 특이한 경외감을 느낀다.

확실히 메이지(明治) 시대의 새로운 분위기 속에서 자라났던 젊은이들에게는 약간 차이가 있을는지 모르지만 그들도 내가 피력한 인상에서 완전히 벗어날 수는 없을 것이다. 뿐만 아니라 상류사회에 속한 중국 사람들은 우리와는 다르지만 모두가 훌륭한 교육을 받고 있다. 그들은 일본인들처럼 건방지지도 않고 자존망대(自尊忘大)하지도 않다. 그들은 마음이 매우 넓으며, 학문이 깊고, 여유 있으며, 사교에 재간이 있다. 또한 그들의 생활 수준은 일본 사람들보다도 아주 더 높다. 따라서 만일 우리가 중국 사회에 들어간다면 우리는 서양 문명을 보는 기회를 잃는 동안에 점차로 중국풍으로 동화되어 무의식적으로 '중국화'되어 결국 중국의 문제들을 동정하게 될 것이다.

이와 같이 일본 사람들이 중국 사람으로부터 초대를 받아, 중국과 일본은 '마차와 바퀴' 또는 '순치지간'(脣齒之間)과 같다 보니, "중국은 서양 문명에 추종하는 방식에서 훨씬 더 뒤떨어져 있기 때문에 지도와 육성을 받기 위해 일본에 기대를 건다."는 등의 좋은 말로 된 특유의 외교적 언사를 듣게 되는 경우가 있다. 그러면 일본 사람들은 곧바로 들떠서 중국 사람들과 우호 관계를 맺는 것이 불가능하다고 말하는 것은 잘못이라고 당장에 단정해 버린다.

그 결과 일본 사람들은 우리의 외교 방식이 모두 잘못되었고 중국 사람들은 전혀 비합리적이거나 완고하지도 않으며 그 나라에서 일어나는 배외 선동은 외국인들의 비합리성 때문이며, 따라서 중국 사람들을 규탄할 것이 못 되고, 우리는 마땅히 우리가 양보할 것은 양보하고, 중요하지 않은 일들은 참견하지 않고 중국의 개발과 지도는 일본의 임무인 이상 우리가 원하는 중요한 사항들에만 매달려야 한다고 당장에 단정해 버린다.

낙관주의자들은 일본에 돌아와서 전국을 다니면서 이러한 일반론을 떠들어댄다. 그들은 자신들이 중국과 중국 사람들에 관하여 알 만한 것은 다 알고 있는 것처럼 생각한다. 우리가 결국 중국 사람들을 속이기까지 한 여러 제안을 내놓았던 것은 바로 이런 사람들의 노력을 통하여 나왔던 것이다. 그렇게 어처구니없는 실수를 하는 비판자들은 이 나라와 또 현직에 있는 사람들에게 아무런 좋은 충고를 줄 수가 없으며, 특히 외교적 협상이 벌어지고 있는 시점에서는 더욱 그렇다.

만일 우리가 그들의 충고를 따르고 중국인들의 호감을 사기 위해 무엇이든지 양보해야 한다면 그때 우리는 마땅히 모든 것을 다 내줄 준비를 해야 한다. 우리가 양보해 줄 수 있는 것은 청국이 원하는 바로 그것이 아니며 그들이 원하는 것은 우리가 반드시 차지하고 있어야 할 바로 그것이다. 이러한 사람들은 중국인들의 표정과, "우리는 귀하의 지도를 바랍니다."라든가 "우리는 귀하의 도움을 필요로 합니다." 등등 그들이 대개 존경의 뜻으로서 사용하는 좋은 언사로 말미암아 오도되었다.

중국인들의 편에서는 스스로를 비하하는 뜻에서 그런 말들을 사용하는데, 일본의 우리는 그러한 말들을 방송이나 신문에서 공개하고 우리가 연설할 때 이런 말들을 인용한다. 이것은 실제로 이웃나라 사람들에게 커다란 모욕이며 우리의 외교 활동에도 심각한 해로움을 끼친다. 일본 사람들이 약간만 생각이 있더라도 귀국해서 이러한 요점들을 국내에 있는 일본 사람들에게 알려야 한다.

14~5년 전까지만 하더라도 중국인들은 자신들이 일본인보다 우월하다고 생각했었다. 심지어는 그들이 청일전쟁에서 지고 다소 낙담했던 때에도 자신의 패배를 솔직히 인정하지 않았던 것이 사실이다. 만약 우리가 중국인의 입장에 있었다면 우리는 이 점을 양해하고 이해할 수 있었을 것이다.

"우리는 일본인으로부터 지도와 교육을 받고 싶다."고 그들이 말할 때 그것은 진심이 아니며, 우리가 미개한 야만인들의 경우에만 쓸 수 있는 '속임수' 정책을 그들에게 기도하려는 것도 부질없는 짓일 것이다. 그러한 정책을 청국에 취하는 것은 우리와 동등한 수준인 한 나라의 지성에 대한 최대의 모욕이 될 것이다. 만일 중국인들이 그러한 정책으로 모욕을 받았다는 생각을 머릿속에 갖게 된다면 그것은 우리의 외교 활동에 크게 해로움을 끼칠 것이다.

중국인들이 일본인들을 선생님으로 고용하는 것은 그들이 일본인들을 필요로 하거나 또는 일본 사람들의 지도와 교육을 받고자 원하기 때문이 아니다. 그 진정한 이유는 일본인들을 값싼 임금으로 고용할 수 있고 또 일본인들이 큰소리를 치지만 사실은 일반적으로 서양 사람들보다 훨씬 더 쉽사리 관리할 수 있기 때문이다. 청국 전체를 통하여 교사로 초빙된 일본 사람의 숫자가 많고 적은 것이 일본의 위신을 올리는 데 아주 큰 차이를 이루는 것은 아니다.

적은 봉급으로 교사를 고용하려는 중국인들은 비난을 받아야 한다. 이 교사들 중 많은 숫자가 말단 관리들의 환심을 사서 그들의 특혜를 받으려고 한다. 대개 이 교사들은 중국인들의 눈에 높게 보이도록 하기 위해 다른 교사들의 나쁜 일에 관한 보고를 할 수도 있으며, 이런 종류의 추악한 행동이 청국에 있는 일본 교사들에 의하여 아주 흔히 자행되었다.

내가 청국에 있는 일본인 교사들에 관한 이러한 일들을 말하는 것은 일본인 교사들이 일본의 위신에 피해를 입히고 있으며, 또한 중의원 제24차 회기 중에 일본인 교사들이 청국에서 쫓겨난 것은 외교상의 실패라고 몇몇 중의원 의원들이 사이온지 내각을 공격했기 때문이다. 정부의 몇몇 관리들까지도 이러한 불평에 귀를 기울였었다. 이 얼마나 어이없는 실수인가!

자기들 스스로는 이 세상에서 성공하는 지름길을 알고 있다고 생각하고 청국 정부의 고관들을 매수하고 부패시키기 위하여 뇌물을 쓰고 이런 방편을 통하여 자신들의 외교적 목적을 성취시키는 것을 옹호하는 사람들이 있다. 청국과의 관계에서 뇌물을 주는 것은 만주에서 러시아인들이 권리를 인정받기 위해 쓰는 방편이 되었다고 말하는 사람들도 있다. 물론 이러한 논의가 공개적으로 사용된 것도 아니다. 그러나 나는 우리 이웃 정부의 고관들에 대하여 이러한 방편이라도 써야 한다고 주장하는 사람들의 바로 그 정신이 우리가 실패한 근원이라고 판단한다.

그뿐만 아니라 나는 그들이 청국과의 관계에서 오고가는 뇌물에 대하여 잘못 알고 있다고 생각한다. 우선 청조(淸朝)가 나라를 통일하고 정부를 수립했을 때 관리들은 명조(明朝)의 관리들의 낭비가 어떠한 결과를 가져왔는가에서 교훈을 얻어 그들 전임자들의 전철을 밟지 않기로 엄숙히 결심했다. 정부 대신들은 자기들의 후손에게 교훈을 주기 위해 그 당시의 화가들에게 만주 사람들의 생활상을 두루마리에 그리도록 지시했다. 나는 그 두루마리 그림을 보았는데 그 그림들이 보여준 생활수준은 오늘날의 몽고인들의 수준과 대략 같은 것으로 보였다.

내가 12~3년 전에 북경에 갔을 때 규모가 굉장하고 모양이 훌륭한 공공건물들, 도로 및 도시의 하수구들이 이제는 파괴되어 있거나 또는 보수할 의도가 전혀 없이 방치되어 있는 것이 눈에 뜨였다. 이것은 후세의 만주 사람들이 낭비의 결과에 대한 경고와 검소하라는 교훈에 대한 의미를 잘못 이해했기 때문에 방치해 둔 것이라고 누군가가 내게 설명해 주었다. 이러한 검약은 만주 사람들의 통치 초기에 그들이 채택한 정책이었다. 그래서 관리들의 봉급이 매우 적었다. 이 정책은 오늘날까지도 유지되고 있다.

예컨대 제1및 제2계급의 1급 관리로서 황제의 스승, 황제의 수석 시종무관 및 제국대학 교수들, 황태자의 스승 및 정부 대신들의 연간 수입이 545냥 60전밖에 되지 않는다. 환율은 1냥이 1.5엔이며, 이 연간 수입 금액을 일본 돈으로 환산하면 818.40엔(£81.10s)이 된다. 제1계급의 2급인 성장(省長)과 제2계급의 2급인 관구 사령관들은 연간 498냥 45전을 받으며 이것을 일본의 엔화로 치면 747.60엔(£74. 7s. 6d)이 된다. 성장이나 관구 사령관들이 '검약 생활 장려 형식'으로 특별 수당을 추가로 받은 것은 사실이다. 그러나 정규 급여와 특별 급여의 합계가 그들의 공직 수행상 위신을 지키기에는 충분하지 못하다.

만주 사람들의 통치 초기에 관리들은 정복자로서의 긍지를 가지고 일반 사람들을 대할 수 있었으며 어떻게든 그들의 생활을 유지해 나갈 수 있었다. 그러한 정책이 원래보다 많은 노력을 하도록 사람들을 채찍질하는 데 보다 좋은 정책으로 사용되어 왔을지 모른다. 로마인들이 외국을 다스릴 때 그들은 궁핍 속에서도 긍지를 가졌으며 그들이 군사적 성공의 열매를 향유하기 시작하면서 곧 낭비하게 되었다. 그것은 만주 사람들에게도 똑같았다. 만주 사람들이 중국 문명의 영향을 받기 시작하고 중국의 부유층과 교제하게 되자 그들은 몇 푼 안 되는 자기들의 봉급을 불충분하게 여기고 그것으로는 자기들의 위엄을 유지할 수 없는 것으로 보기 시작했다.

내가 북경에 있을 당시 이홍장은 내각태학사(內閣太學士)로 외무대신의 역할을 맡고 있었다. 그는 현량사(賢良寺)라고 하는 한 절에서 살고 있었다. 그의 봉급은 제1계급의 1급 관리의 것이었다. 그러나 그는 외무대신으로서 1,000냥의 특별 급여를 추가로 받고 있었는데 그것의 공식적인 명칭은 '검약장려금'이었다. 누구든 만일 현량사를 방문했다면 그 사람이 승려들이 살고 있는 몇 채의 오막살이들을 빌려서 사무실을 설치하고 10명의 시종자와 그 친척들이 작은 집에서 살고 있는 것을 발견하게 될 것이다.

거기에는 또한 공식적으로는 500원 정도의 급여를 받고 있으며 또 이홍장의 지지자이기도 한 수명의 장교들과 20~30마리의 말과 노새가 있음을 보게 될 것이다. 그러나 이 장교들은 모두 이홍장 개인으로부터 봉급을 받고 있었다. 내가 그곳으로 이홍장을 보러 갔을 때 그는 나에게 일종의 휴게실을 보여주었는데 그것은 넓은 공간도 없었고 침대는 거칠고 싼 것으로서 병사들의 숙사 내에서 사용되는 것과 비슷한 것이었다. 마룻바닥은 아무것도 깔지 않았으며 양탄자도 없었고 의자는 평범한 서양식의 딱딱한 나무 의자였다.

내가 거실에 들어갔을 때 이홍장은 고무로 만든 공기 방석에 앉아 있었다. 그는 일어나서 그 방석을 나에게 권했다. 그래서 나는 "나는 젊으니 방석이 없어도 좋습니다. 그러나 귀하는 연로하시니 내가 들어올 때 앉아있던 대로 계속 깔고 앉으십시오."라고 말했다. 그러자 그는 "나는 치질이 있어서 잘 앉을 수가 없습니다. 그러니 용서하십시오."라고 말하고 다시 그것을 깔고 앉았다.

그의 바른 편 마룻바닥에는 국제법에 관한 잡다한 책들과 천문학 서적들이 흩어져 있었다. 책상 위에는 붓, 먹, 종이 및 봉투 등이 보였다. 이처럼 그의 집무실은 간소하게 꾸며져 있었다. 그의 생활은 매우 간소한 것이었으나 자기 위엄을 지키기 위해 매달 쓰는 돈은 쉽사리 수천 냥이 되었다. 아주 낭비적이고 호화스러운 생활을 하며 두루마리로 된 서예와 그림, 골동품을 사랑하는 높은 관리들이 얼마나 많은 돈을 쓸 것인가를 추정한다는 것은 아주 불가능하다.

옹동화[5](翁同龢)는 광서제(光緒帝)의 서예 선생님으로서 전에 일본 공사관이 있던 조명장(朝明莊)에 살고 있었다. 그는 자기 별채의

5) 옹동화(翁同龢, 1830~1904) : 청말의 대신이며 유신파 인물, 자는 성보(聲甫)요, 호는 숙평(叔平)이며 만년의 호는 병암거사(瓶庵居士), 강소성(江蘇省) 상숙(常熟)인. 함풍(咸豐) 원년에 장원으로 합격하여 동치(同治) 4년(1865)에 동치제의 스승이 되었다. 1875년에 서리형부시랑(署理刑部侍郎)이 되고 다음해 광서제(光緒帝)의 스승이 되었고, 1879년에는 공부상서(工部尙書)에 임명되었으며, 1882년 군기대신(軍機大臣)이 되었다. 1884년 중불전쟁 시기에 항전을 주장하여 장지동(張之洞)을 지지하고 이홍장을 반대했다. 또한 1894년 청일전쟁 때도 이홍장이 주화(主和)하려고 하자 이에 반대했으며, 1895년에 총리아문대신을 겸임했다. 그는 제당(帝黨)의 영수로서 무술변법(戊戌變法) 시기에 광서제에게 강유위(康有爲)와 가깝도록 말해 유신파(維新派)를 지지하고, 광서제에 의한 친정(親政)을 실시하였으며 광서제가 변법을 실시한다고 선포한 지 4일 만에 자희태후(慈禧太后)에 의해 광서제가 유폐되자 그도 관직을 박탈당한 후 지방관(地方官)에 의해 엄격히 통제와 구속을 받다가 1904년 병으로 사망했다. 그는 시문(詩文)에 능했고 특히 서예가 뛰어났다. 저서로는 『옹문공공일기』(翁文恭公日記)와 『병성시문고』(瓶聲詩文稿)가 있다.

건물에 통상 약 300명의 시종을 거느리고 있었다. 내가 알고 지내던 한림원장(翰林院長)은 월 40원의 봉급을 받았으나 매월 500~600원을 생활비로 썼다. 이처럼 관리들은 일반적으로 높은 생활수준 때문에 많은 생활비를 부담하지 않을 수 없게 되었다. 그러나 그들의 봉급은 몇 세기 전에 수립된 관료 조직에 의해 고정되어 있었고, 오랫동안 변함없이 유지되어 왔으며 또 변경시킬 수도 없었다. 따라서 관리들은 어떤 다른 곳에서 부수입을 얻을 수밖에 없기 때문에 그와 같은 사태가 벌어진 것이다. 그 결과 북경의 관리들은 지방 관리로부터 뇌물을 받고 지방 관리는 백성으로부터 뇌물을 받았다.

서양에서도 옛날의 지방세의 징수가 중개수수료의 수준으로 하청되던 시절이 있었다. 소작을 짓는 사람들은 일정한 금액을 정부에 납부하고 자신들이 수확할 수 있는 한 최대의 수확을 올린다. 또 관리들은 여러 공무(公務)와 관련하여 일반 사람들에게 봉사해 주고 봉사를 받은 사람들로부터 수수료를 받는다. 이러한 제도들은 결국 봉급제의 일부로 인식되었다. 이러한 제도는 진정으로 좋지 못한 것이지만 그렇다고 이것을 반드시 뇌물의 일종이라고 부를 수는 없다.

청국 정부가 하나의 골동품이 되었고 또 부패한 것은 사실이다. 청국이 뿌리 깊은 악을 많이 가지고 있으며, 이러한 정부 밑에서 뇌물이 성행했던 것은 사실이지만 위에서 말한 봉급 제도와 관련하여 그런 뇌물이 중국 내에서 공개적으로 관례화되어 있다고 말할 수는 없다. 우리는 가끔 청국에서 어떤 관리를 만나려면 명함에 5달러 지폐를 붙여야 한다는 말을 듣는다. 그렇지 않으면 그 집 하인이 방문객을 들여보내지 않는다는 것이다. 내가 북경에 주재할 때 왕자나 고위 관리를 만나기 위해 중국 사람들은 명함에 50달러

짜리 지폐를 붙여야 하지만, 이것은 뇌물이 아니라고 들었다. 이런 것들은 그 나라 안에 팽배하여 있는 사례금의 타락된 제도라고 부르는 것이 보다 더 정확할 것이다.

옛날에 중국 사람들은 일본 사람들에게 "일본 사람들은 봉급이 높기 때문에 타락하지 않을 수 있다."고 말했다. 나는 일본 관리의 봉급 제도에 관하여 신중한 주의를 기울이기 시작하지 않으면 장차 매우 좋지 못한 관례가 생길는지도 모른다고 생각한다. 그러나 내가 방금 말한 것과 같은 공개적인 뇌물 또는 사례금 제도가 있다는 단순한 이유 때문에 우리가 그 나라의 고관을 만날 때 돈을 사용하여 우리의 외교 목적을 성취하려고 했다면 그것은 불미스런 일이 되었을 것이다. 가령 우리가 그들을 매수하기로 결정했다고 상상해 본다면, 청국 조정의 고관을 움직이기 위하여 필요한 금액은 200~300엔에서부터 2만 엔에 이르는 일본제당주식회사(日本製糖株式會社)의 뇌물보다 훨씬 더 큰 금액이 소요되었을 것이다.

잠깐 생각해 보자! 우리 저명인사들의 명예의 값은 참으로 싸다. 그러나 중국의 저명인사들은 그렇게 싸게 스스로를 팔지는 않을 것이다. 물론 이 말은 단지 보다 쉽게 이해를 돕기 위해서 하나의 가정적인 경우를 상상하여 말하는 것에 불과하다. 러시아가 실제로 청국의 고관들을 매수하기 위해 뇌물을 사용했다고 가정해 보자. 청일전쟁 후 3국이 간섭하여 요동반도를 중국에 되돌려 주었을 때 파리에서 발행한 채권 금액은 전쟁 배상금 및 요동반도의 반환 대가를 포함하여 3억 3천만 냥이었다. 이 채권은 연리 4%의 이자로 발행되었다.

러시아 정부가 이 채권을 보증했으며, 내가 기억하는 바로는 100프랑의 액면가가 98프랑으로 거래되었다. 청국 정부로부터 받은 금액이 얼마였는지는 비밀이기 때문에 나는 알지 못하지만 아무리 높게 잡아도 90프랑 이상은 넘지 못했을 것이다. 그렇기 때문에 여기에 8프랑 또는 8%의 차이가 생긴다. 전체 발행 공채는 3억 엔을 약간 상회했을 것이다. 이 금액의 8%는 28,800,000엔이며, 그만큼 이자가 계산된 것이다. 그리고 채권 인수비, 세금 및 기타 비용은 비교적 많지 않았을 것이다. 그 비용이 2백만 엔이라고 해도 2,680만 엔이 남는다. 이 금액이 은행과 공채 발행에 관심을 가졌던 재정가에게 돌아간 것을 말해 준다.

이 금액을 청국 사람들과 나누어 먹었다고 가정하면 중국 사람들이 1,340만 엔을 받았을 것이고, 만일 그들이 10%만 차지한다고 하더라도 총액과 순금액 차이는 268만 엔이 된다. 이렇게 큰 금액의 뇌물이 만주 철도 부설 계약의 서명을 얻어내는 데 실질적으로 효과가 있었는지도 모른다. 만일 러시아가 실제로 그러한 매수 방법을 썼다면, 그것은 그 나라가 북경에 동청은행(東淸銀行)을 설립하여 러시아 특유의 방식에 따른 사업을 한 이래로 러시아가 파리에서 채권을 발행한 선례에 따라서 그 후 계속 매수 정책을 실시하여 왔음에 틀림없다.

자, 이제 우리 정부에게 청국 관리들을 매수하라고 권고하는 사람들의 건의를 받아들인다면, 그리고 앞에서 말한 러시아의 경우가 사실이라고 수긍한다손 치더라도, 일본이 지금의 입장에서 그러한 큰돈의 뇌물을 쓸 수 있을까? 러시아가 이러한 매수 정책을 썼다고 하더라도 러시아에 대한 중국 사람들의 태도가 어떤 것인가를 생각한다면, 중국 사람들이 러시아를 기분 좋게 대하여 주었다고 말할 수는 없다. 중국 사람들은 형편상 어쩔 수 없이 자기의 의사와는 달리 러시아의 제의를 받아들이지 않을 수 없었으며, 그 이상 견딜 수 없다는 것을 알게 되자 그들은 자국을 도와줄 다른 나라들이 있는가를 두루 살펴보았다.

러시아의 남만주 철수에 관한 협상에 대하여 말하면, 세인트 페테르부르크에서 근무하던 나의 동료인 양유[6](楊儒)는 그 협상으로 말미암아 슬픔을 이기지 못하고 발병하여 죽었다고 나는 생각한다. 뇌물로 이웃 나라의 고관을 매수하는 것은 프랑스에서 부르봉 왕조 시대에 행하여졌으나 의회에서 예산이 결정되는 오늘날에 와서는 그러한 방법은 결코 실시될 수가 없다.

우리나라에 관하여 말하면, 첫째로 우리나라는 그러한 자금을 위한 재원이 없으며, 설령 우리가 그러한 재원을 가지고 있다손 치더라도 그것은 단지 몇 십만 엔 정도일 것이며, 그것이 국가의 높은 목적을 위한 자금으로 사용될 수 있을지라도 어떤 큰 목적을 위하여 사용하기에는 너무나 불충분할 것이다. 청국 정부를 다루면서 겪는 어려움은 이 이외에 어딘가 다른 곳에 있을 것이며 매수라든가 권모술수, 강경 자세, 속임수 또는 그 밖의 이와 비슷한 어떤 터무니없는 짓과는 아무런 관계가 없다.

---

6) 양유(楊儒, ?~1902) : 청말의 애국외교가, 자는 자통(子通)이고 호는 퇴암(退庵), 한군정홍기인(漢軍正紅旗人)으로 거인(擧人) 출신. 1892년 주미・주스페인・주벨기에 3국 공사를 지냈고, 1895년에는 태상시(太常寺) 소경(少卿)이 되었다. 1896년에는 러시아・오스트리아・네덜란드 3국의 공사가 되었으며, 1900년에는 러시아가 중국의 동북 지방을 점령하자, 다음해 1월에 전권대신으로 임명되어 러시아에가 담판을 했으며 담판 중에 러시아 측이 동북 지방 점령에 따른 조관에 서명할 것을 강요했으나, 그에 따르지 않았다. 결국 1902년 2월 19일 러시아의 세인트 페테르부르크에서 병으로 사망하였다. 원문은 Yang Ji로 되어 있으나 Yang Jou의 오기이다.

제10장

외교정책(2)

친구 간의 거래

중국은 지난날 주변 외국들에 대하여 자신을 천자(天子)의 땅이라고 자랑하여 왔다. 이 나라는 자신의 많은 것을 자랑스럽고 교만스러운 방식으로 분장시키는 습성을 지녀 왔다. 그래서 외국의 공격을 받고 그 침략의 저지가 불가능했을 때라도 중국은 여전히 자부심과 교만을 지켰다. 청조(淸朝)와 원조(元朝, 汗朝)가 외국으로부터 중국에 들어오자 이번에는 이들이 자부심 많고 교만하게 되었다. 금(金)나라 때도 마찬가지였다. 정부가 강력할 때는 그 정부의 권세 때문에 그 정부 관리들의 자부심이 다른 사람들에 의해 양해된다. 그러나 그 정부가 권세를 잃으면 다른 무리들이 이에 복종하지 않을 것이다. 청조에서는 문관이 무관보다 훨씬 더 높은 존경을 받는다.

이번의 전쟁 행위가 끝나면 중국은 외국에 대하여 자신을 자랑할 수 없을 것이다. 그러나 정부는 자기 국민들에게 종전(終戰)을 감추려 하고 관리들도 항상 무슨 방법으로든지 그 나라의 체면을 살리려 하고 있다. 이 '체면'이 어떤 외교 교섭에서든지 그 중국 관리들의 첫 번째 고려 사항이 된다. 어떤 사건이 일어났다고 가정하자. 만일 중국 정부가 요구 사항의 20%만 양보한다면 나머지는 아무런 문제가 생기지 않을 일에도 중국의 관리들은 자기들이 양보하기

싫다는 국민적 체면을 살리려고 애쓰다가 결국 100% 모두를 잃는다.

말하자면, 중국의 입장에서 보면 자기들은 결코 외국과 교제를 구하는 첫 번째 당사자가 될 수 없다는 것이다. 그들은 자기들의 국경 안에 외국인들을 두고 싶어 하지 않는다. 그러나 외국인들이 자기 자신의 사정 때문에 중국에 들어와서 여러 가지 어려운 문제를 일으키기 때문에 여러 가지 요구를 하는 쪽은 중국이 아니라 외국인들이다. 결국 외국인 축출이나 조약에 의해 개방된 항구의 폐쇄를 요구하는 선동이 일어나게 된다. 그렇지만 중국 사람들은 총칼로 그 외국인들을 당해낼 수 없으며, 그들 자신이 어찌할지 다른 방도를 알지 못하기 때문에 무한정 시간을 끌어야 한다.

이것이 중국 외교정책의 요체이다. 만일 어떤 사건이 문제를 심각한 상태로 몰고 가면 그때서야 중국은 권모술수나 이이제이(以夷制夷)를 써 자기는 중간 위치에서 어부지리(漁父之利)를 구한다. 이것이 말하자면 두 마리 호랑이를 서로 싸우게 하는 방식〔二虎競食計〕을 쓰는 것이다. 그런데 한쪽 호랑이가 죽고 다른 쪽 호랑이가 부상을 당했다 해도 중국은 지금 그 부상당한 호랑이를 쫓아버릴 수 있는 힘마저 남아 있지 않다.

비록 중국이 이이제이의 계략을 쓴다 하더라도 결국 관계된 두 나라 중 어느 한 나라에 의해 궁지에 몰리게 될 것이다. 비록 이 점을 분명하게 바라볼 수 있는 지성적인 대신들이 그 조정에 있고 그들이 불가피한 것을 양보하여 신속히 제반 사항을 해결하려고 한다 해도 항상 나라의 체면을 살리는 것만 주장하고 있는 또 다른 층의 인사들이 앞서 말한 지성적인 대신들을 맹렬히 비난하고 나설 것이기 때문에 진정으로 그 대신들은 자기 목이 붙어 있기 어렵다는 것을 알게 될 것이다.

그러면 그들이 살리고자 하는 '체면'이란 무엇인가? 그것은 옛날처럼 자기들의 자존망대(自尊忘大)한 태도를 계속 유지하려는 것이다. 그들은 다른 나라들과 동등한 조건에 서는 것을 불만스럽게 여긴다. 그러한 입장의 상태는 어느 정도까지 거의 모든 나라에서 발견될 수 있다. 신의를 바탕으로 하는 외교적 입장에 서 있는 사람들은 가끔 자기 자신이 국내에 있는 사람들과 외국 사이에 끼어 진퇴양난이 된 것을 발견하게 될 것이다. 중국에서는 이것이 극단으로까지 간다. 이것이 중국과 교섭하면서 다른 나라 외교관들이 겪는 주된 어려움이다.

그렇기 때문에 중국의 관리는 비록 자기들이 지성적이라 하더라도 궁지에 몰릴 때까지 계속하여 일을 연기했다가 그 일을 조정의 고위층에 보고하여 그 지시대로 따를 뿐이다. 왜냐하면 그 외에는 다른 대안이 없기 때문이다. 아무도 어떤 책임을 지지 않으면서 일은 마침내 그렇게 처리된다. 만일 그들이 너무 일찍 일을 해결하면 그들의 국가적 '체면'을 잃게 될는지도 모르며, 그때 만일 그들이 국가적 '체면'을 잃게 되면 외국이 그들을 비난하고 이로써 후손들에게 하나의 나쁜 예를 남기게 된다.

내가 중국과 상대하여 일을 처리할 때 나는 이러한 불가피한 주위 사정을 잘 알고 있었지만 그럼에도 불구하고 나는 교섭을 끈질기게 계속하여 나아갔다. 북경에 있는 외교 관계 고위 관리들은 개인적으로는 지성인들이었으며, 모두 무엇이 자기 나라를 위하여 좋고 무엇이 나쁜가를 이해하고 있었다. 내가 청국과 벌였던 교섭 중에 신속한 판단력을 가졌던 사람으로는 이홍장과 서윤[1](徐

1) 서윤(徐潤)(1838~1911) : 자본가. 자는 윤립(潤立)이요, 호는 우지(雨之), 또는 우재(愚齋), 광동성 향산현(香山縣, 지금의 中山)인. 부친 보정(寶亭)은 일찍이 청정부의 군관을 역임했다. 유년 시절 집에서 글을 배우고, 함풍(咸豐) 2년(1852) 숙부를 따라 상해에 가 영국인 상사인 보순양행(寶順洋行)에 들어가, 1861년에는 매판(買辦)에 오르고 다음해 상해에 보원사업(寶源絲業)상회를 열고 순흥잡화상(順興雜貨

潤)이 있었다. 내가 그들이 재빠른 판단력을 가졌다고 말할 때는 토의되고 있는 사항의 중요성에 따라서 그것이 상대적으로 그렇다는 뜻으로 이해되어야 하며 토의가 진정으로 중요한 사항에 이르면 이 관리들까지도 재빠른 판단을 내린다고 말할 수는 없었다. 그것은 모두가 정도의 문제였다.

매우 명쾌한 판단력을 가지고 있기 때문에 내가 상찬(賞讚)했던 인물은 옛날의 공친왕[2](恭親王)이었다. 그는 진정 천재라 부를 수 있다. 그의 지위는 매우 확고했고 그가 한 일은 그 정부 안에 있는 높거나 낮은 다른 어떤 사람들도 결코 할 수 없는 일들이었다. 북경에 있는 관계의 주변 환경은 내가 기술한 바와 같아서 열강들은 피고의 입장을 취하는 외에는 달리 어떤 짓도 할 수 없다. 왜냐하면 원고의 입장은 패배의 길이기 때문이다. 열강들은 반드시 방어적 입장에 항상 머물러 있을 준비가 되어 있어야 한다. 그렇게 함으로써 어떤 쪽으로 일이 결정되든 패배해서는 안 된다. 그리고 그들은 중국이 기다리기를 바라는 한 기다릴 준비가 되어 있어야

商)을 설립했다. 1866년 이홍장에게 무기 등을 바친 공로로 사품(四品)에 오르고 1868년에 보원상업점(寶源祥業店)을 열고 강서(江西)의 만강(漫江), 호남(湖南)의 상담(湘潭) 및 호북(湖北)의 숭양(崇陽) 등지에서 차(茶)와 의료 사업에 진출했다. 1873년에는 초상국(招商局)의 회판(會辦)이 되고, 1876년 중국 자체의 최초의 보험업을 시작했다. 1878년에는 조양(漕粮) 해운에 공이 있어 2품(二品)의 직을 받고 이홍장의 상주(上奏)로 도원본반(道員本班)에 이르고 1881년에 청정부로부터 개평광무국(開平礦務局)의 회판에 임명되었다. 1881년에는 귀지(貴池) 탄광을 개척했다. 그의 동생 서광보(徐廣甫) 등과 함께 상해에 동문서국(同文書局)을 열고 또한 상해에 부동산을 경영하여 토지가 약 3천 무(畝), 가옥이 약 5천 채 이상이 되었다. 이후 부동산 투기에 실패하여 그 직책을 박탈당했다가 1903년 북양대신 원세개에 의해 초상국의 회판에 임명되고 다음해 상해상무총회협리(上海商務總會協理)가 되었고, 1906년 대리총판(代理總辦)이었다가 그 직책을 박탈당했다.

2) 공친왕(恭親王, 1832~1898) : 청조 함풍제(咸豊帝)의 아우. 애로우호 사건과 태평천국(太平天國)의 난의 사후 수습을 맡아 북경조약을 체결했으며, 서태후와 공모하여 의정왕대신(議政王大臣)에 올랐으나 그 후 실각하여 실의(失意) 속에 사망하였다.

한다. 왜냐하면 중국인들과는 서둘러서 되는 일이 없기 때문이다.

외국 신문들이 이러한 사정들에 대하여는 전연 생각도 없이 중국과 외국 간의 일은 당장에 해결되어야 하며 그렇지 않으면 외국이 지는 것이라고 말하는 것은 중국의 외교술을 모른다는 것을 보여주는 것이다. 사실 그러한 권고는 정부에 대한 하나의 공격이며 그것을 받아들인다는 것은 심각한 일이 될 수도 있다.

중국과 교섭 중에 있는 외교관에 대한 언론의 공격은 단지 그 외교관의 수족을 묶는 결과밖에 가져오지 못한다. 그 교섭이 부당하게 질질 끌어 감정의 충돌을 가져오는 수도 분명히 있다. 그렇지만 이러한 것들은 중국 사람들을 지도하고 교육시켜 주기를 그들이 바라고 있다든가 또는 이와 유사한 부질없는 생각에 관하여 자기 멋대로 설명한 내용을 공개함으로써 입는 감정상의 상처보다는 훨씬 더 참을 만한 것이다.

오늘날 중국과 일본 사이에 일어나고 있는 외교 문제는 때때로 일어날 수밖에 없는 것들이다. 우리는 이러한 문제에 대비하고 있어야 한다. 이러한 문제들이 양국 관계에 누를 끼칠는지 모른다고 걱정할 이유는 없다. 비록 어떤 곤란한 문제가 발생한다고 하더라도 그것이 우리만의 잘못은 아니며 중국도 또한 그 책임의 일단을 져야 할 것이다. 만일 우리가 잘못을 저지르고 있다면 그때 이 긴장을 제거하기 위해 외무성이 할 수 있는 한 가지 일은 청국이 주장하는 대로 모든 것을 양보하는 일일 것이다.

신문이나 야당이 전 사이온지 긴모치(西園寺公望) 내각의 대청 정책 때문에 그 내각을 공격한다든가 동정적인 정책을 통하여 청국의 우정을 사는 것을 옹호하기 위해 지난 8월과 9월(1907)에 한 것처럼 일본의 외교 방식의 개선을 요구하는 것은 부질없는 짓이다. 흔히 증명된 것처럼, 그 결과로 북경에 있는 모든 중국 사람들은 가쓰라 타로(桂太郎) 내각이 권력을 잡게 되면 지체 없이 청국이 요구하는 모든 것을 받아들일 것이라고 믿게 되었다. 이것은 북경에 살고 있는 사람들의 증언이다.

어느 내각이 권력을 잡든 그것은 아무런 상관이 없다. 외교 업무는 서둘러서 되는 것이 아니다. 일본 야당이 사이온지 내각의 외교 정책을 공격한 것은 일본 사람들이 그 정책을 인정하지 않기 때문에 그런 것이 아니라는 것을 중국 사람들은 알게 되었다. 그들은 일본이 그들을 기만했거나 또는 기만한 것처럼 그들에게 보였다는 것을 알았다. 청국은 크게 실망했으며 협상은 계속 질질 끌어 나갔다. 일반적으로 아주 결정적인 어떤 문제점이 있지 않는 한 외교 정책에 관하여 어떤 정부를 공격한다는 것은 매우 큰 잘못이다. 왜냐하면 그것은 그 정부의 외교 정책을 단순히 정당의 이유 때문에 또는 정당 간의 싸움 때문에 정당의 정강 중 한 정책으로 사용된 것을 의미하기 때문이다.

중국과 교섭하면서 우리는 그 나라의 모든 성(省)과 지방 문제를 고려할 넉넉한 시간을 가지고 우리의 주장을 내세우고, 끈기 있게 설명하고 우리가 취하고 있는 입장에 대한 제반 이유를 차근차근히 설명하고 싶다. 우리는 마땅히 상호 양보하며 협약이 마침내 서명될 때까지 기다릴 준비가 되어 있어야 한다. 우리는 중국 사람들에게 자랑하거나 거만해서는 안 된다. 왜냐하면 그렇게 함으로써 우리는 그들의 감정만 상하게 할 뿐이기 때문이다. 그 나라 대신과 신사들에 대한 우리의 태도는 마땅히 정중해야 하며 따뜻한 우정을 심도록 노력해야 한다. 그 외에는 달리 성공할 길이 없다.

아마도 우리는 지금 중국이 러시아나 독일에 관심을 쏟고 있을 것이란 말을 듣고 있을 것이다. 이러한 일로 우리가 고민해서는 안 된다. 이것으로 고민하는 것은 시간 낭비이다. 그것은 이이제이(以

夷制夷)란 중국의 오래된 계략에 불과하다. 내가 앞에서 말한 대로 오직 한 가지 해야 할 일은 침착해야 하고 질투심을 버리고 기다리는 것이다. 사이온지 내각이나 가쓰라 내각 중 어느 쪽이 집권을 하든지 우리의 외교 정책에는 아무런 차이가 있어서는 안 된다. 단순히 소문만 듣고 어느 내각을 공격하는 것은 칭찬할 만한 일이 못 된다.

중국의 정책에 관한 나의 글이 도리어 길어져 버렸다. 다쓰마루(龍丸) 사건에 관하여 간단히 그 개요를 말하고 이 글을 끝내려 한다. 나는 가끔 이 사건에 관하여 이미 말했어야 하지만 이제 여기에서 상세하게 깊이 들어가려는 것은 아니다. 다쓰마루의 화물은 중국 사람들과 외국인들이 선적한 것이었고 일부는 일본 사람들이 선적한 것이었다. 이 일본 사람들의 화물은 소총들이었고 수취인은 아모이(厦門)에 거주하고 있었다. 모든 선하증권(船荷證券)과 기타 서류들은 완벽한 상태였다. 이 선박이 만조를 기다리며 아모이 근처에서 계류하고 있을 때 청국 장교들이 기선 함정을 타고 와서 다쓰마루에 올라갔다. 그들은 일본 국기를 내리고 배를 압수하여 광동으로 호송했다. 압수 이유는 내륙의 반란군들이 사용하려고 한 무기를 이 선박이 가지고 있었다는 것이다.

그러나 전시금제품(戰時禁制品)에 대한 출항 금지 조치는 오직 전쟁 기간 동안에 적대국 또는 중립국의 선박이 나포될 수 있을 때에 한하여 허용된다. 어떤 나라도 단지 자기 영토 내에 반란이 생겼다 하여 금제품을 압수할 권리는 없다. 비록 선적 화물이 무기라 하더라도 그 나라가 외국 선박을 나포할 아무런 권리가 없다는 것은 확실하다.

청국은 그 무기가 일본 국적의 선박으로부터 하역될 때 그것을 압류하여 스스로 그것을 반란의 진압에 사용할 수 있었다고 상상할 수도 있다. 청국군 장교들의 행동은 바로 해적 행위와 같다.

사이온지 내각은 청국의 내륙 지방에 반란이 생겼다는 것을 인정했고 또 내부 사정도 잘 알고 있었다. 일본 각료들은 반란이 번진 지방의 관리들을 동정했다. 만약 청국의 지방 관리들이 그 무기가 반란군에 들어가도록 스스로 방임하지 않는다면 각료들은 이것을 매입하고자 했으며, 그 무기 판매자와의 거래 협상을 도와 주고자 했다. 그러나 일본 각료들은 청국이 그 선박 소유자에게 손해 배상을 해야 마땅하고 또 관례에 따라 일본의 국기에 대하여 행한 모욕에 대하여 사죄해야 마땅하다고 주장했다.

반면에 청국으로 가는 무기 선적에 관한 규정을 발표한 일본 정부는 아모이로 보내기 위해 무기를 선적하는 것을 금지하기로 합의했다. 이 사건은 이러한 근거 위에서 해결되었다. 만일 이 사건에 관한 위와 같은 조정이 만족한 것이라고 생각되지 않았다면 우리가 청국에 보내는 무기선적품을 청국이 압수했을 때 우리는 그것을 내어줄 수밖에 없었을 것이며, 국기에 대한 모욕도 불만을 가진 채 방치해 둘 수밖에 없었을 것이다. 더 나아가서 그 선박 소유주에게 입힌 피해도 변상 받지 못했을 것이며, 오히려 기타 외국인들이 화물에 입힌 피해를 일본 정부가 보상해 주지 않으면 안 되었을 것이다.

내가 보기에는 오직 두 가지 대안이 있는 것 같다. 만일 우리가 후자를 택했다면, 중국 사람들은 물론 기뻐했을 것이다. 그러나 일본 사람들은 확실히 기뻐하지 않았을 것이다. 나는 사이온지 내각이 모든 형편을 두루 살펴 이 사건에 관하여 유화적 조치를 취한 것은 매우 적절했다고 생각한다. 나는 그것이 공명정대하고 공평한 것이었다고 믿는다. 그리고 광동 지방의 관리들이 일본 상품의 배척을 선언한 것은 매우 불합리한 것이라 나는 믿는다.

그러나 청국이 여러 나라로부터 규탄을 받게 되는 원인이 되는 것은 바로 이러한 행위들이다.

제11장

열강과 청국

청일전쟁 전까지만 해도 청국은 아시아의 잠자는 사자로 생각되었다. 그러나 그 전쟁은 청국이 사자는커녕 단지 하나의 잠자는 오소리에 불과하다는 것을 보여주었다. 청국의 영토 분할의 시기는 청일전쟁의 결과와 더불어 시작되었다. 독일은 산동에 있는 교주(膠州)를 조차했으며, 러시아는 여순항(旅順港)과 관동(關東)을 탈취했으며, 프랑스는 안남(安南) 지방의 변방에 있는 점유지에 대한 비준을 얻어냈다.

그 당시 극동 정책의 현저한 특징은 러시아, 독일 및 프랑스의 3국 동맹(The Triple Alliance)이 청국에 대하여 공동 압력을 가하는 것이었다. 영국, 미국 및 일본은 상당한 불안과 의혹의 눈으로 그러한 연대 활동을 관망하고 있었다. 그렇지만 이들 3국 또한 그때 이 문제에 관하여 결정적인 행동을 취할 입장은 되지 못했기 때문에 이러한 상태는 1900년의 의화단(義和團)의 난 때까지 개선되지 못한 채 그대로 지속되었다. 누가 실제로 그 반란을 선동했는가는 알려지지 않았지만, 러시아에 가장 책임이 있다고 열강이 생각하고 있는 것은 의심할 나위가 없다. 왜냐하면 반란이 임박했

---

* 이 장의 상당 부분은 1908년 11월에 《주오고론》(中央公論)지에 하야시 다다스 백작이 발표한 것이다.(편자 주)

다는 것을 잘 알고 있던 러시아가 그것을 열강에게 경고하지 않을 다른 이유가 없기 때문이다.

그러나 누가 반란을 선동했는가 하는 문제보다 더 중요한 것은 청국으로부터 열강을 몰아내기 위해 청국으로 하여금 그러한 난폭한 수단에 호소하도록 유도한 것은 무엇인가 하는 점이다. 청국은 열강이 각기 갈라져 있다는 것을 이해하고 있었으며, 또한 양대 세력 집단이 항상 반목하고 있음을 알았다는 것이 그에 대한 설명이 되고 있다. 따라서 의화단의 난은 열강의 양대 집단 간의 알력과 그들 간의 통상적인 이해관계의 충돌로 인하여 발생한 것이라고 말할 수 있다.

의화단 사건은 청국으로 하여금 열강의 야망에 대항하고 스스로 우월한 위치를 내세울 기회를 제공했다. 그러나 청국의 태도는 지나친 것이었다. 반란이 너무 심각했기 때문에 모든 열강으로 하여금 타의에 의해 연합해서 함께 원만히 대처토록 했다. 모든 열강의 연합에 당면하자 청국은 무서워 떨었으며 참담하게도 평화를 호소하게 되었다.

그 결과 방대한 배상금이 지불되었고 강력한 공사관 경비 병력이 배치되었다. 독일 공사관 경내에는 요새가 건축되어 청국의 왕실을 지휘했다. 이것은 열강이 하나가 되어 함께 대처한 결과였으며 열강이 모두 함께 작용하면 무엇이든 원하는 대로 얻을 수 있다는 것을 가르쳐 주는 교훈이었다. 그러나 만일 열강이 각각 독자적으로 움직이면 완전히 좌절되어 버린다는 것이 확실해졌다.

철도, 채광권, 교사 임명, 특권, 그리고 상품의 수출입은 모두 수익성 많은 기업이 담당했으며, 열강이 만일 자기들만의 이익을 위하여 항상 싸우고 다투지 않는다면 이러한 수익성 많은 기업을 지배할 수도 있었다. 열강이 서로 분규를 일으키기만 하면 청국은 곧 대항 세력을 정비하여 자기의 뜻에 맞도록 몰아가는 전통적인 정책을 채택한다.

일부 일본인들은 영국의 세력이 청국에서 쇠퇴해 가고 있다고 말한다. 나는 그렇게까지 말하지는 않겠지만, 영국의 영향력이 청국에서 뿌리를 내리지 못했다고 하는 데는 확실히 동의한다. 유럽의 영향력도 전과 마찬가지로 청국에서 그렇게 강하지 못하다고 말할 수밖에 없다. 그러나 만일 유럽의 영향력이 청국에서 그 지위를 잃어 가고 있다면 그것은 유럽 열강이 서로 항상 경쟁하여 스스로의 노력을 무력화시키고 있기 때문이다. 각국이 자신의 사업을 돌보는 대신에 유럽 국가들은 항상 자기 이웃 나라의 사업에 참견하며 그들의 사업과 이익을 감소시키는 데 노력하고 있다.

예를 들면, 일본은 만주에서 어떤 사업에 착수했고 또 그 사업은 합법적으로 취득된 것이고 청국도 그것은 일본의 것이라고 인정했다. 그런데 어떤 영국 회사와 영국인들이 바로 청국에서 역시 상업적 업무를 착수하려고 모색하고 있었으며 이것은 일본이 합법적으로 착수한 사업과 충돌되었다. 영국 사람들은 자기들이 사업의 착수를 잘못했는데도 불구하고 일본이 잘못한 것으로 만들려고 애를 썼고 이 점에 관하여 실제로 청국에 제소했다. 그 결과는 어떻게 되었나? 영일동맹의 체결에도 불구하고 이 양국 간의 이해관계는 충돌할 수 있다는 것을 청국은 알게 되자 결국 영국과 일본이 충돌하도록 작동시키려는 그들의 야망이 부추김을 받게 된다. 이것은 내가 말할 수 있는 많은 예 중의 단지 한 가지에 불과하다.[1)]

---

1) 하야시 다다스 백작은 법고문(法庫門) 철도 사건을 말하고 있음이 분명하다. 이 사건은 일본이 문호 개방을 유지하겠다고 한 일본의 맹서는 단지 종이조각에 불과하며 영일동맹에서 같은 맹서를 되풀이했지만 이것은 단지 하나의 겸손한 의례적

어떤 외교관들은 자기 나라의 이익을 앞세우는 데 너무 열중한 나머지 그 외의 다른 일을 모두 잊어버리게 된다. 그러한 정열은 확실히 우수하고 또 칭찬할 만한 것이지만, 그런 외교관들이 너무 지나쳐 공개적으로 청국 정부에 대한 다른 나라 정부들의 권리를 경시한다면 그때 가서는 청국이 강대 세력 간의 이해관계가 서로 상반된다는 것을 인식하게 되어 열강이 서로 충돌하도록 음모를 꾸미게 된다. 그런 경우에 청국이 열강보다 더 슬기롭게 조치하는 것은 아주 쉬운 일이다.

내가 북경 주재 일본 공사로 주재할 당시 나는 청국에 상표 등록에 관한 법률을 도입할 것을 제의했고 영국 공사가 나의 제의를 지지했다. 그러나 독일 공사가 알려지지 않은 어떤 이유로 이 제의에 동의하는 것을 거부하여 이 일은 이루어지지 못했다. 오늘날 청국 시장에는 가짜 상표가 많은데, 일본 사람들이 가짜 상표를 만든 사람들이라고 비난받고 있다. 그러한 주장은 일본의 명예를 훼손시킨다. 이러한 종류의 사건들은 열강과의 불화를 드러내는데, 중국 사람들이 이러한 불화를 이용하지 못할 만큼 그렇게 둔한 것은 아니다.

이와 비슷한 상황이 오늘날 미국 내에서 부르짖고 있는 일본의 무역에 반대하는 아우성 속에 나타나고 있다. 만주(滿洲)라는 시장이 일본의 수중에 들어왔는데 이는 일본의 교역 방법이 아주 좋기 때문이다. 그러나 미국 사람들은 이 성공을 질투하면서 일본이 만주 교역을 독점하고 있다고 불평한다. 미국 내의 극단주의자들은 우리를 협박할 정도로 나왔으며, 미국과 청국이 동맹을 체결해야 한다고 주장한다. 이러한 의견의 불일치는 열강의 참된 이해관계에

형식에 불과했다는 것을 전 세계에 확신시키게 된 첫 번째의 중요한 사건이었다.

치명적이다. 왜냐하면 의견이 불일치한 상태의 열강은 결국 자기들의 치명적인 부분을 청국이 공격할 수 있도록 허점을 드러내기 때문이다.

만일 열강이 청국에 대항하여 연합하기만 한다면 청국에 어떤 조건이든지 명령할 수 있다는 것을 역사상 여러 사건이 반복하여 증명해 주었다. 그러나 만일 그 열강이 불협화음을 내고 독자적으로 행동한다면 그들은 슬프게도 청국의 슬기에 굴복하고 말 것이다. 이러한 성질의 반복되는 경험을 통하여 열강들은 가슴 아픈 교훈을 얻었어야 한다. 근래에 와서 청국에 대한 열강의 태도가 상당히 변화되었다. 이러한 변화로 말미암아 열강의 행동 통일이 극히 제한된 범위 내에서 가능하게 되었다. 오늘날 정치적 고려는 그 중요성에서 경제적 고려 사항과 비교해 볼 때 보다 작은 것이 되었다.

러시아는 자기 나라의 궁정(宮廷)에 있는 도당들의 계략을 만족시키기 위해 시베리아의 황량한 땅을 식민지로 바꾸었으며 태평양 연안에 하나의 부동항을 획득했다. 이것이 쓸데없는 짓이라면 이 세상의 어떤 강국도 이러한 일을 기도하지 않았을 것이다. 영국이 위해위(威海衛)를 확보하고 독일이 교주를 조차한 것은 사실이다. 그러나 이 두 지역은 상업적으로는 아주 작은 중요성밖에 없으며 이 양국은 자기들의 위신을 잃지 않고 할 수만 있다면 이 지역에서 기꺼이 빠져 나오려 할 것이다. 필리핀 군도에 대한 미국의 점유도 같은 입장임이 사실이다. 사실상 미국 내에서도 현재 필리핀 군도를 유지하고 있는 것에 반대하는 감정이 강하며 매년 더 강하게 되어 가고 있다.

청국에 대한 열강의 정책은 상업적 범위의 확장에 있다. 청국 영토의 일부분을 장악하려는 열강의 욕망은 더 이상 없다. 왜냐하면 청국은 관리하기가 매우 어려운 나라이며 인구가 매우 많기 때문이다. 요즈음은 어느 열강도 청국의 분할을 원하지 않는다. 그리고 일본도 다른 나라에 못지않게 그렇다. 분할이란 전반적인 재난을 의미한다. 물론 청국이 분할을 자초할는지도 모르지만 현재로서는 그렇게 될 것 같지 않으며 열강도 이런 암시를 받아들이는 것을 매우 꺼려 할 것이다.

청국은 신비에 싸인 나라이다. 청국이 진정으로 무엇을 원하는지를 알 수 없다. 왜냐하면 자기 나라를 둘러싸고 있는 그 신비로움을 그 나라의 가장 가까운 우호 국가들에게 밝히는 것을 불명예스럽게 생각하는 것 같기 때문이다. 따라서 외부 세계가 이 나라 안에서 일어나고 있는 것에 관한 정확한 사실을 알아내기란 쉽지 않다는 것은 놀라운 일이 아니다. 북경에 주재하는 다른 나라의 외교관들이 그 나라의 일을 알려고 열심히 노력하지만 결과는 빈약한 실적밖에 올리지 못한다.

지난번에 일어난 안휘(安徽)의 반란은 심각한 결과를 가져올 수도 있고 아니면 단지 후라이팬 속에서 튀기는 보잘것없는 불꽃에 불과할는지도 모른다. 청국과 관련한 어떠한 추리도 항상 어림없는 것이 되어 버리며, 또 그러한 봉기가 널리 번질 대규모의 소요 사태를 가져올 것이라고 말하는 것도 매우 시기상조이다. 청국에 대한 열강의 태도는 반드시 청국의 국내 사정과 관련해서 검토되어야 한다. 이 세계에서 가장 성공적인 혁명은 러시아의 피터 대제(Peter the Great)의 개혁과 일본의 메이지유신(明治維新)이었다. 안휘의 봉기는 이 두 혁명과 아무런 유사점이 없다. 그러나 여기에는 색다른 하나의 커다란 중요 사건이 될 가능성은 있다.

청국의 광서제[2](光緖帝)는 앞으로 9년 안에 예비 입헌(豫備立憲)을 실시하겠다고 약속하는 칙령을 국민에게 발표했다. 그가 서거했기 때문에 그 약속이 당초 의도했던 대로 실현될 것인지는 의심스럽다. 청국이나 러시아와 같은 전제 군주 국가에서 어떤 현명한 군주가 왕위를 계승하게 되면 국내외에 커다란 업적을 이룩한다. 그러나 그 정부가 보통 수준의 지성을 가진 주권자의 수중에 들어갈 때 그 정부는 자기의 정치권력의 강화를 꾀하는 권모술수에 능한 사람들이나 또는 정치적으로 아무 권력도 없는 사람들까지도 그 권력을 꾀하려는 기회만 주게 될 뿐이다.

청국은 매년 많은 젊은이들을 해외로 유학 보내고 있는데 훗날 그들이 돌아오면 정부에서 봉사토록 임명받은 것은 사실이다. 그러나 이런 종류의 임명이란 일반적으로 기술적인 것이어서 실제로는 정부가 무능한 보통 사람들의 수중에 들어가게 된다. 왜냐하면 그들은 단지 옛날 방식에 의한 정부의 관념만을 가지고 있기 때문이다. 이러한 부류의 인간들이 정부의 통제권을 관장하는 한 행정 개혁은 불가능하다.

자희태후[3](慈禧太后)와 광서제는 두 개의 상반된 정파를 대표했

---

2) 광서제(光緖帝, 1871~1908) : 본명은 재첨(載湉), 애신각라(愛新覺羅)씨의 만족(滿族)으로서 순친왕(醇親王) 혁현(奕譞)의 둘째 아들, 익호는 덕종(德宗), 연호는 광서(光緖). 1875년 동치제(同治帝)가 죽자, 자희태후(慈禧太后, 서태후)에 의해 황제로 지명되었다. 그가 너무 어려서 명의(名義)상으로는 자안(慈安)·자희태후가 섭정하였으나 실권은 자희태후 일인에 의해 장악되었다. 광서 13년(1887)부터 친정을 했으나 자희태후에 의해 통제를 받았고 그에게는 단지 황제라는 허명(虛名)만이 있을 뿐이었다. 그리하여 제당(帝黨)과 후당(后黨)의 권력 투쟁이 일어났고, 1895년 청일전쟁 패배 후 그는 권력을 잡기 위해 부국강병을 실현하려는 유신변법파(維新變法派)의 주장을 받아들이고 1898년 변법의 조(詔)를 내리고 유신파 인물을 등용하지만 후당 관료와 수구파 인물의 원한을 사기에 이르렀다. 자희태후가 수구파의 영향력을 믿고 정변을 일으켜 광서제를 유폐시키자 그는 낙백(落魄) 속에 세상을 떠났다.

3) 자희태후(慈禧太后, 1835~1908) : 청말 동치(同治)·광서(光緖) 양조의 통치자. 엽혁나납(葉赫那拉)씨로서 나납태후 혹은 서태후(西太后)라고도 칭했다. 만주 양황기인(鑲黃旗人), 함풍제(咸豊帝)의 비(妃). 그의 부친 혜정(惠征)은 일찍이 안휘성(安徽省) 휘령지광태도원(徽寧池廣太道員)이었다. 함풍 원년(1851) 수녀(秀女)로 선발

다. 이 정파들이 지금은 제거되었으므로 청국의 앞날에 어려운 사태의 광경은 더 이상 없겠지만, 장차 특히 행정 분야에서는 진정으로 여러 가지 신속한 변화가 일어날는지도 모른다. 그러나 설령 전 황제가 약속했던 대의(代議) 정부가 결코 실현되지 못하는 경우라 하더라도, 열강과 관련된 상황에 틀림없이 영향을 줄 매우 중요한 변화가 이미 전개되기 시작했다. 청국 사회의 모든 계층에 대의 정부의 출범을 위한 준비가 이루어졌다. 신문들이 어느 곳에서나 발행되고 있으며 각 지방에 정당들이 창당되었다. 이 모든 정당들이 택할 수 있는 구호로서 외국 사람들이 얻은 권리들을 청국에 다시 반환시킨다는 것 이상으로 더 좋고 인기를 끄는 것이 있겠는가? 이보다 더 영감을 주는 구절은 상상할 수도 없다.

물론 청국의 위정자들이 젊은 정치인들을 위해 그러한 정당의 표어를 승인하지 않을지도 모른다. 반면에 그 표어를 격려하여 그 나라의 행정 남용과 권리 남용으로부터 주의를 돌려 일반 대중의 마음을 외교 업무에 초점을 맞추도록 하는 것이 그 당국자들에게 아주 잘 어울리게 될는지도 모른다. 권리 회복 운동의 진짜

된 그는 일찍이 궁에 들어가 의귀인(懿貴人)으로 봉해졌고, 1854년에는 의빈(懿嬪)으로, 또한 1861년에 재순(載淳)을 낳은 후 의비(懿妃)로 제수되었다. 다음해에 의귀비(懿貴妃)로 된 후 1861년 함풍제가 죽고, 그의 아들 대순이 즉위하게 되자, 연호를 기상(祺祥)이라 하고 모황태후(母皇太后)를 거쳐서 휘호를 자희(慈禧)라 했다. 서궁에 기거하고 있었으므로 서태후라 칭하기도 했으며, 1861년 11월 공친왕(恭親王) 혁흔(奕訢)과 결탁하여 궁정의 정변을 일으켜 섭정 대신 재원(載垣)·단화(端華)·숙순(肅順) 등을 살해한 후 수렴청정을 한 후 연호를 동치(同治)라 고쳤다. 그는 외국 세력과 지주 무장 세력을 등에 업고 태평천국의 난을 진압하고 운남(雲南)·귀주(貴州)·섬서(陝西)·감숙(甘肅) 등의 회민(回民)·묘민(苗民)의 난을 평정했다. 1875년 동치제가 죽자 즉시 그의 5세 된 조카 재첨(載湉)을 황제로 앉혀 연호를 광서(光緒)라 하고 역시 섭정했다. 1884년에는 해군에 사용할 기금을 이화원(頤和園)의 수리비로 사용했고 1898년의 무술정변(戊戌政變) 때는 광서제를 유폐하고 유신파 육군자(六君子)를 살해했다. 팔국연군(八國聯軍)이 북경을 침략한 이후 서안(西安)으로 도망하여 혁광(奕劻)과 이홍장에게 외국과 신축(辛丑)조약을 맺도록 하였다.

이름인 배외(排外) 선동은 청국에서 항상 인기가 있다. 이러한 선동은 하나의 커다란 공감대를 발견하게 되고 또 청국이 그 부와 자원을 성취하여 감에 따라 더 확대되어 나갈 것이다. 그리고 그로 인한 가장 심한 피해자는 열강이 될 것이다.

청국에 대한 과거의 경험은 나에게 사태를 파악하는 데 도움을 주고 있다. 일본은 청일 전쟁에서 청국을 크게 패배시켰으나, 그때 청국이 받은 처벌은 자신이 실제로 얼마나 취약한 것인가를 깨우치기에 충분한 것이 되지 못했으며 또한 다른 나라에 대항하여 의화단의 난의 발발을 방지하는 데도 불충분했다. 이 반란을 분쇄하기 위해 열강이 연합했고 왕궁이 파괴되어 가루가 되었다. 그렇지만 청국은 이것이 주는 교훈을 충분히 깨닫지 못했다.

이것은 하얼빈(哈爾濱)에 대한 러시아의 행정, 만주에 대한 일본의 행정과 권리, 그리고 교주에서의 독일 기업에 대하여 지금 반대가 제기되고, 청국 남부에서 미국 및 일본 상품에 대한 청국의 거부 운동으로 나타났다. 청국은 영국에 대항하여 일어설 날이 올 것이다. 영국은 청국에 대하여 가장 큰 이해관계를 가지고 있기 때문에 영국이 열강 중에 어느 나라보다도 가장 큰 피해를 입게 되리라는 논리는 합리성이 있다. 지금 이 열강에게는 자기들의 쓰라린 경험이 준 교훈을 가슴에 새길 절정의 시기다.

상당수의 일본 사람들은 정부 당국자들에게 청국을 다루면서 유화정책(宥和政策)을 취하고, 도와주고, 또 그 나라와 융화하도록 권고할 정도로 어리석다. 그러한 충고는 매우 바보스러운 짓이다. 청국은 해남도(海南島)에 살고 있는 야만족이 아니며, 외교적으로는 유럽의 위대한 제국들보다도 더 우월한 대제국이다. 청국으로 하여금 열강이 원하는 대로 하도록 하거나 또는 그들의 목표를 포기하도록 꾐수를 쓴다는 것은 불가능한 일이다.

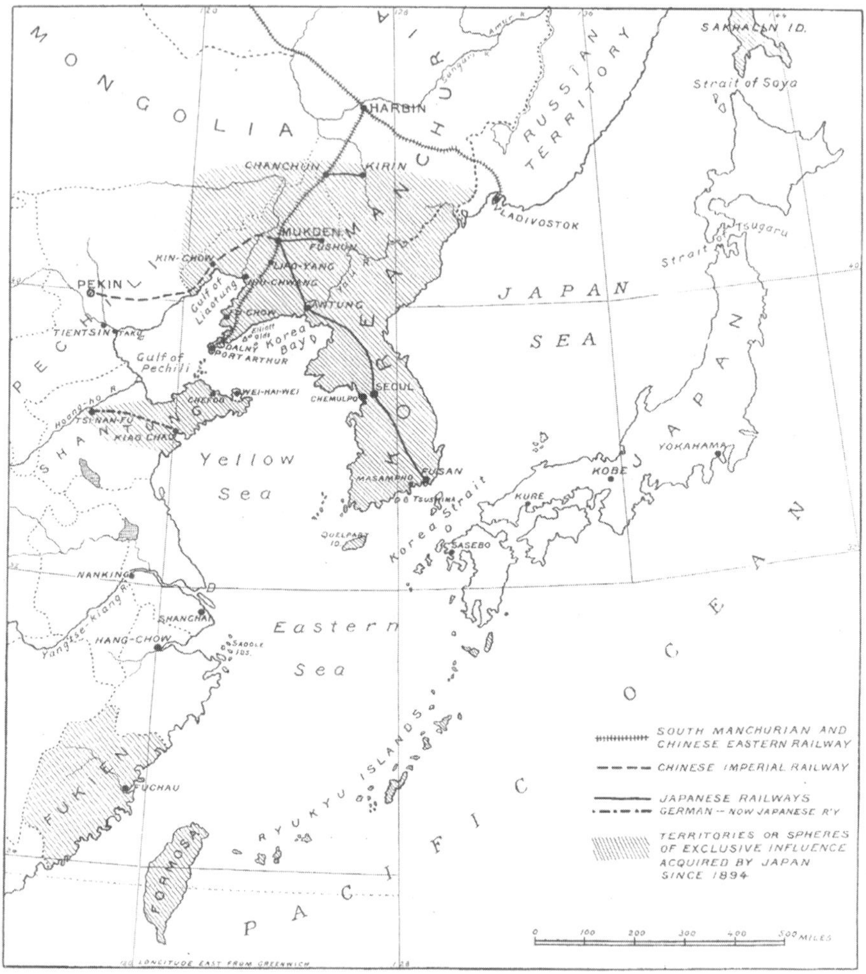

1900년 전후의 극동의 세력권

청국을 대하는 길은 열강이 연합해서 자기들이 청국에 대하여 원하는 바를 주장하고 그것을 얻을 때까지 계속 주장해 나가는 것이다. 일본 사람들은 이 방법을 이미 배웠다. 유럽이나 미국 정부는 가끔 유화정책을 옹호하지만 일본 사람들이 그랬었던 것처럼 그들도 역시 어느 날인가는 자기들의 과오를 발견하게 될 것이다. 열강 앞에는 오직 하나의 대안밖에는 없다. 즉 열강은 자기들이 원하는 것을 얻기 위해 청국으로 자기들의 연합군을 불러들일 것인가, 그렇지 않으면 청국이 잠에서 깨어난 사자처럼 열강이 얻은 모든 권리를 위협하기에 충분한 힘을 가지고 자기의 먹이를 향하여 뛰어들 때까지 이를 방치할 것인가, 이 둘 중 어느 한 가지를 택하지 않으면 안 된다.

참고문헌

1. 국 문

류형기(편),『세계인명대사전 : 서양편』, 新生社, 1973.
『世界人名大事典』, 教育出版公社, 1981.

2. 일 문

『コンサイス人名辭典 : 日本篇』, 東京 : 三省堂編修所, 1976.
『世界人物事典』, 東京 : 旺文社, 1967.
由井正臣(校注),『後は昔の記(他) : 林董回顧錄』(東洋文庫 173), 東京 : 平凡社, 1970.
『大人名事典』, 東京 : 平凡社, 1853~56.

3. 중 문

高淸海(編),『文史哲百科辭典』, 長春 : 吉林大學出版社, 1988.
『近代中國對西方及列强認識資料彙編』, 臺北 : 中華民國中央硏究院近代史硏究所, 1984.
『續修四庫全書』(507), 上海: 古籍出版社, 1995.
孫平化,『日本人物辭典』, 臺北 : 臺灣商務人書館, 1988.
楊家駱(編),『中日戰爭文獻彙編』(2), 臺北: 鼎文書局, 1972.
吳海林 · 李延沛(編),『中國歷史人物辭典』, 哈爾濱 : 黑龍江人民出版社, 1983.
李守孔,『李鴻章傳』, 臺北 : 學生書局, 1985.
臧勵龢,『中國人名辭典』, 臺北 : 臺灣商務人書館, 1985.

4. 영 문

Barnhart, C. L.(ed.), *The New Century Cyclopedia of Names*, New York : Appleton-Century-Croft, Inc., 1954.
Encyclopedia Britanica (Macropaedia & Micropaedia), Chicago : The University of Chicago Press, 1974.
Great Soviet Encyclopedia, New York : Mecmillan, Inc., 1973.
Webster's Biographical Dictionary, Springfield : G. & C. Merriam Co., 1943.
Who Was Who in the USSR, N. J. : The Scarecrow Press, 1972.
Who's Who in the Soviet Union, München : K. G. Saur Verlag, 1984.

5. 독 문

Bosl, Franz, Hofmann, *Biographisches Wörterbuch zur Deutschen Geschichte*, München : Francke Verlgem, 1984.
Hebel, W.(ed.), *Wer ist Wer?* Berlin : Berlin-Gruneward, 1963.

찾아보기

ㄹ

ㅁ